网络著作权侵权责任研究

于雯雯 著

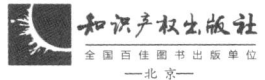

图书在版编目（CIP）数据

网络著作权侵权责任研究/于雯雯著.—北京：知识产权出版社，2020.1
ISBN 978-7-5130-6732-4

Ⅰ.①网… Ⅱ.①于… Ⅲ.①著作权—侵权行为—研究—中国 Ⅳ.①D923.414

中国版本图书馆CIP数据核字(2019)第300479号

责任编辑：赵　军　　　　　责任校对：潘凤越
封面设计：邓媛媛　　　　　责任印制：孙婷婷

网络著作权侵权责任研究
于雯雯　著

出版发行：知识产权出版社有限责任公司		网　　址：http://www.ipph.cn	
社　　址：北京市海淀区气象路50号院		邮　　编：100081	
责编电话：010-82000860转8127		责编邮箱：zhaojun99668@126.com	
发行电话：010-82000860转8101/8102		发行传真：010-82000893/82005070/82000270	
印　　刷：三河市国英印务有限公司		经　　销：网上书店、新华书店及相关专业书店	
开　　本：700mm×1000mm　1/16		印　　张：15.25	
版　　次：2020年1月第1版		印　　次：2020年1月第1次印刷	
字　　数：226千字		定　　价：68.00元	
ISBN 978-7-5130-6732-4			

出版权专有　侵权必究
如有印装质量问题，本社负责调换。

目 录

引 言 ·· 1

第一章 控制作品网络传播的权利 ······································ 6
第一节 国际层面的伞式解决方案 ·· 6
第二节 信息网络传播权 ·· 9
第三节 我国信息网络传播权法律制度沿革 ························· 19
第四节 网络著作权侵权责任的分析框架 ···························· 35

第二章 网络信息提供者的著作权侵权责任 ······················ 43
第一节 网络信息提供者的含义及法律地位 ························ 43
第二节 网络信息提供者著作权侵权责任的归责原则 ··········· 45
第三节 向公众提供行为 ·· 57
第四节 网络环境下的作品及其实质相似性认定 ················· 79
第五节 网络信息提供者著作权侵权责任的限制 ················· 89

第三章 网络服务提供者的著作权侵权责任 ···················· 105
第一节 网络服务提供者的含义及法律地位 ······················ 105

第二节　美、欧、日网络服务提供者的著作权侵权
　　　　责任……………………………………………… 113
第三节　我国网络服务提供者侵权责任的性质 ……… 126
第四节　我国网络服务提供者的连带责任构成 ……… 130
第五节　网络服务提供者著作权侵权责任的限制
　　　　——避风港制度 ………………………………… 144

第四章　网络信息获取者的著作权侵权责任……………… 169
第一节　网络信息获取者的含义和法律地位 ………… 169
第二节　在线浏览者的著作权侵权责任 ……………… 171
第三节　下载者的著作权侵权责任 …………………… 181

第五章　技术发展与网络著作权侵权责任的认定………… 186
第一节　P2P技术 ……………………………………… 187
第二节　快照技术 ……………………………………… 192
第三节　流媒体技术 …………………………………… 199
第四节　深层链接技术 ………………………………… 205
第五节　技术中立原则的思考 ………………………… 209

第六章　我国网络著作权侵权责任制度的完善…………… 216
第一节　制度价值层面的完善 ………………………… 216
第二节　制度构成层面的完善 ………………………… 221

参考文献……………………………………………………… 234

引 言

计算机网络技术及信息通信技术的发展对人类社会产生了极为深远的影响。数字网络媒介空间不仅改变了人类的生活方式，而且改变了作品的使用和传播方式。在数字网络环境下，信息可以被无限次、低成本而近乎完美地复制，并且被快速、高效地传递到世界的各个角落。在下载与上传的过程中，社会公众不仅是信息的接收者，也成为了信息的提供者和传播者。传播者的泛化削弱了著作权人对作品使用的控制能力，损害了著作权人的利益，打破了著作权人、传播者和社会公众的既有利益格局，对现行法律制度提出了新挑战：如何有效保护权利人在数字网络媒介下的著作权专有权利？❶

应该看到，网络著作权的法律保护是一项系统工程，包括网络著作权的取得制度、行使制度以及权利救济制度。网络著作权的取得制度主要涉

---

❶ 正如美国专利与商标局知识产权工作小组于1994年发表白皮书建议新的立法时所言，除非法律已经完备了保护知识产权的详尽规定以防止非法使用行为，否则作品的创作者、出版商与经销商都必须谨防电子市场。数字科技的进步、电子网络与其他通信科技的迅速发展正戏剧性地提高作品遭到复制的便利性、复制的速度与质量、盗版人操控或更改作品的能力、社会大众获取复制品的速度。高速、高容量的信息系统可以让一个人按几个键之后，将完美的数字复制品递送给其他几十个人——或是上传一份复制品到BBS之类的地方，使其他数千人得以下载或打印出无数备份。单是未经授权的上传行为就足以危及作品的市场。因此，当那些作品搭"国家信息基本建设"（National Information Infrastructure,NII）的便车而广为传播时，如果法律保护未能延伸并实际应用于教育、信息、娱乐产业等领域，NII的潜力将无从充分实现。(参见【美】约翰·网茨、杰克·罗切斯特著：《数字时代盗版无罪？》，法律出版社2008年版，第85页。)

及网络著作权专有权利的内容和其控制的使用行为，以及对于网络著作权的限制；网络著作权的行使制度主要涉及权利的商业化和资本化，包括转让、许可、融资等；网络著作权的权利救济制度主要是网络著作权的侵权责任制度。其中，取得制度是基础，行使制度是价值实现机制，权利救济制度是保障。本书主要立足于实践需求，对网络著作权保护工程中的权利救济制度——网络著作权侵权责任制度展开系统研究，根据研究需要也会涉及网络著作权取得制度与行使制度的部分内容。

随着互联网产业的迅猛发展，网络著作权民事纠纷案件数量大幅度上升。在各地方法院中，根据北京市第一中级人民法院2010年4月9日的统计数据，自1999年受理第一起网络著作权纠纷以来，该院已受理此类案件966件，在这近12年的时间里，网络著作权案件数量总体呈上升趋势，2009年案件受理量是1999年的22倍，2010年受理此类案件数量仍在继续攀升；❶上海市版权局发布的"2010年度上海十大版权典型案件"中，涉及网络著作权的纠纷就占有四席；2010年天津市法院共受理347件著作权纠纷案件，其中网络著作权纠纷占80%以上；❷重庆市第一中级人民法院的统计显示，2005年至2010年该院共受理著作权案件449件，其中网络著作权侵权案件96件，2010年1月至11月，该院受理的45件网络著作权侵权案件约占著作权案件总量25%，占比比2005年增长近10倍。❸北京市互联网法院成立以来，截至2018年10月31日，共收到立案申请5497件，其中网络著作权、邻接权权属纠纷2980件，占总数的54%。❹网络著作权纠纷案件的持续多发反映出

---

❶ 周波："网络版权典型判例推动司法进程——北京市第一中级人民法院审理网络版权案件综述"，中国知识产权报资讯网，http://www.cipnews.com.cn/showArticle.asp?Articleid=15725，访问日期：2011年6月17日。

❷ 王斗斗："2010年天津法院347件著作权纠纷，网络占80%"，http://www.ce.cn/culture/whcyk/gundong/201104/19/t20110419_22371768.shtml，访问日期：2011年6月17日。

❸ 银雪："网络著作侵权5年增10倍，侵权领域向高校延伸"，http://news.china.com.cn/rollnews/2011-04/18/content_7381577.htm，访问日期：2011年6月17日。

❹ "北京互联网法院：已审结案件平均审理8.6天"，载于新京报网，http://www.bjnews.com.cn/news/2018/11/01/516784.html，访问日期：2018年11月2日。

网络著作权侵权现象的严重以及著作权人维权意识的增强。网络著作权侵权纠纷的有效解决已经成为知识产权审判实践中的重点和难点。相关问题的研究也成为理论界关注的焦点。

从20世纪90年代中期开始，发达国家就出现了针对网络与数字技术修订著作权法的高潮。例如，美国1998年的《千禧年数字版权法》（以下简称"美国DMCA"）、欧盟2000年的《关于共同体内部市场的信息社会服务，尤其是电子商务的若干方面的第2000/31/EC号指令》（以下简称"欧盟《电子商务指令》"）和2001年的《关于协调信息社会中版权和相关权若干方面的第2001/29/EC号指令》（以下简称"欧盟《著作权指令》"），以及英国、德国等欧盟成员国根据指令进行的国内法调整等。这些立法使发达国家和地区在一定程度上形成了较为完善的网络著作权法律制度。但是随着技术和商业模式的快速发展，新型网络著作权侵权行为不断出现，网络著作权侵权法律问题并没有得到彻底解决，目前仍是国际学术界面临的重要课题之一。

国内，早在1991年国务院就颁发了《计算机软件保护条例》；2000年11月22日最高人民法院发布了《关于审理计算机网络著作权纠纷案件若干问题的解释》（后分别在2003年和2006年进行了两次修订）；2001年10月27日全国人大常委会对《著作权法》进行了修改，增加了"信息网络传播权"等内容；2006年国务院制定并颁布了《信息网络传播权保护条例》，旨在保护著作权人、表演者、录音录像制作者的信息网络传播权，鼓励有益于社会主义精神文明、物质文明建设的作品的创作和传播；2009年全国人大常委会通过了《侵权责任法》，其中第三十六条专门规定了网络用户与网络服务提供者包括著作权在内的网络侵权责任；2012年最高人民法院制定了新的司法解释《关于审理侵害信息网络传播权民事纠纷案件适用法律若干问题的规定》，原司法解释《关于审理计算机网络著作权纠纷案件若干问题的解释》失效；2017年《民法总则》生效实施。在地方层面，北京市、山东省、浙江省等还制定了专门的规范性文件，来规范和指导本辖区的网络著作权纠纷案件的司法审判工作，如北京市高级人民法院先后制定了《关于网络著作权纠纷案件若干问题的指导意见（一）（试行）》和《侵害著作权案件审理指南》等。立法的不断修订和完善，为解决网络著作权侵权问题提供了法律依据。然而，立法又总是相对滞后的，理论研究应当具有一定的包容性和前瞻性，为解决实践中不断出现的纷繁复杂的新型侵权行为提供分析工具，为立法的完善提供理论支撑。

　　本书将网络著作权侵权问题置于民法侵权法的视野之下，参考文献主要包括：一是在民法侵权法的基础理论方面，本书主要参考了《侵权行为》（王泽鉴著）、《侵权责任法原理》（张新宝著）、《侵权责任构成要件研究》（张新宝著）等著作。二是在有关网络著作权基础理论方面，本书主要参考了《版权法》（郑成思著）、《著作权法》（吴汉东著）、《网络版权法》（王迁著）、《信息网络传播权论》（詹启智著）、《版权法导论》（联合国教科文组织著）、《多媒体与著作权》（【日】中山信弘著）、《著作权之道》（【美】保罗·戈斯汀著）等专著。三是在实证法研究方面，本书主要参考了《〈中华人民共和国民法总则〉条文理解与适用》（沈德咏主编）、《〈中华人民共和国侵权责任法〉条文理解与适用》（最高人民法院侵权责任法研究小组编）、《侵权责任法立法背景与观点全集》（全国人大常委会法制工作委员会民法室编）、《信息网络传播权保护条例释义》（张建华主编）、《案说信息网络传播权保护条例》（国家知识产权局人事司组织编写）等著作。在理解我国当前网络著作权司法解释的内容及法律适用方面，《网络著作权保护法律理念与裁判方法》（孔祥俊著）提供了很大帮助；在准确把握我国网络著作权司法解释变迁方面，蒋志培、陈锦川、张先明等的文章提供了重要参考。四是在司法判例方面，《最高人民法院知识产权审判案例指导》《网络著作权经典判例（1999—2010）》（北京市高级人民法院知识产权庭编）等提供了翔实的案例资料。五是在比较法的研究方面，《中欧网络版权保护比较研究》（王迁、【荷】Lucie Guibault 著）提供了欧盟立法和研究的概况；《知识产权间接侵权研究》（王迁、王凌红著）提供了美国知识产权间接侵权理论的概况；《版权法与因特网》（【匈】米哈依·菲彻尔著）等从国际条约的层面系统研究了从1971年《伯尔尼公约》最后一次修订到"互联网条约"的订立期间有关"数字议程"的相关问题，对于理解"互联网条约"的含义以及订立过程中各国所持的观点很有助益。此外，《版权法中私人复制问题研究——从印刷机到互联网》（张今著）、《著作权合理使用制度研究》（吴汉东著）、《网络服务提供商版权责任研究》（陈明涛著）、《中国版权新问题》（宋海燕著）及《版权侵权认定》（孟祥娟著）等著作对于本书中涉及的私人复制、合理使用、网络服务提供者的著作权侵权责任、作品实质相似性认定等问题的研究具有重要参考价值。

本书在前辈们的研究基础上，以责任主体为基本线索对我国网络著作权侵权责任制度展开系统研究，主要包括网络信息提供者的著作权侵权责任、网络服务提供者的著作权侵权责任以及网络信息获取者的著作权侵权责任。以期在两个层面上能够有所发展：其一，从责任主体的角度，运用网络著作权侵权责任的一般理论，解释和分析技术创新发展所引发的网络著作权侵权现象和问题，尝试发展和完善既有理论和分析工具；其二，尝试提出若干完善我国网络著作权侵权责任法律制度的规范性建议和措施。

第一章　控制作品网络传播的权利

数字网络技术的迅猛发展为信息的网络传输提供了条件。网络信息的使用和传播已经成为现代生活不可缺少的重要组成部分。网络在为人们提供便捷生活的同时，也给人们提出了信息的正当使用和保护问题，其中一个重要议题就是网络著作权的保护。日本学者中山信弘指出："由于数控技术及运用它的多媒体的出现，我们所拥有的著作权法体系与现在的信息化时代极不相适应。"❶ 数字网络技术不仅改变了作品的存在形式，而且丰富了作品的传播方式，给著作权法律制度提出了一系列新的问题，其中首要的便是：作品的网络传播是否属于权利人的控制范围，也就是说，未经权利人许可，擅自将其作品向网络空间传播的行为，是否属于著作权侵权行为？

第一节　国际层面的伞式解决方案

我们所面临的法律问题是以怎样的权利架构来控制作品的交互式传

---

❶ 【日】中山信弘："数字时代著作权法的变化"，詹智玲译，《外国法译评》1995年第2期。

输,这是网络传播与既有传播的主要区别所在。这一问题在《世界知识产权组织版权条约》(WIPO Copyright Treaty,简称WCT)与《世界知识产权组织表演和录音制品条约》(WIPO Performance and Phonograph Treaty,简称WPPT)的制定过程中引起了广泛探讨,意见并不统一。最终外交会议采纳了"伞式解决方案",即对交互式传输进行中立的、不具有法律特征的规定。其目的在于使缔约各方有权自由决定采用现有的专有权或者创设的新的专有权来适用于交互式网络传输行为(例如,采用发行权、向公众传播权、将发行权和向公众传播权结合适用、或者规定一种新的交互式的"提供权")。❶ 反映在条文上,主要是WCT第8条以及WPPT第10、14条的内容,核心在于:"将其作品向公众提供,使公众中的成员在其个人选定的地点和时间可获得这些作品。"

按照"伞式解决方案"的安排,缔约国可以通过国内立法对交互式传输进行不同的权利设置,以达到国际公约对该行为所设定的最低保护标准。具有代表性的有三种模式:❷

一是将发行权与向公众传播权相结合。以美国为代表。认为通过交互式传输复制而发行的行为属于发行权的控制范围,❸ 同时通过交互式传输被公开表演的行为也属于公开表演权的控制范围。❹ "某些传输也可能构成复制和向公众发行复制品,但这并不意味着那些构成公开表演的传输就不再属于公开表演了。承认传输属于发行权的范围,并不会削弱公开表演权的范围。"❺ 通过传输进行复制从而发行的行为不适用首次销售原则。

---

❶ 【匈】米哈依·菲彻尔:《版权法与因特网》,中国大百科全书出版社,第725页。
❷ 【匈】米哈依·菲彻尔:《版权法与因特网》,中国大百科全书出版社,第732-743页。
❸ 《美国版权法》第106条第(3)款规定:"以销售或其他转移所有权的方式,或者以出租、租赁或借阅的方式向公众发行享有版权保护的作品的复制品或录音制品。"
❹ 《美国版权法》第106条第(4)款和第(6)款规定版权权利人享有专有权以授权或禁止实施下列行为:"(4)公开表演有版权的文学、音乐、戏剧和舞蹈作品;(6)通过数字音频传输、公开表演有版权的唱片。"
❺ 美国《知识产权与国家信息基础设施:知识产权工作组的报告》,Intellectual Property and the National Information Infrastructure: The Report of the Working Group on Intellectual Property Rights, Sept. 1995., 简称《白皮书》。

二是适用广义的向公众传播权。以欧盟为代表。欧盟《信息社会版权指令》第3条第（1）款规定："成员国应规定作者享有授权或禁止任何通过有线或无线的方式向公众传播其作品的专有权，包括将其作品向公众提供，使公众中的成员在其个人选择的地点和时间可获得这些作品。"在《信息社会版权指令》的序言中指出："对该权利应作广义的理解，即它涵盖了所有向传播发生地之外的公众进行传播的行为。该权利应当包括就某一作品通过有线或者无线形式向公众进行的包括广播在内的任何此种传输或转播。"

三是规定了一种新的权利形式"传输权"（right of making transmittable）。以日本为代表。1986年开始，日本已经将两种基本的传播权利——无线传输权和有线传输权——延及适用于任何形式的传输。1997年6月修改其《著作权法》引入"传输权"时只需消除无线传输和有线传输之间的区别。修订后的《著作权法》第23条第（1）款规定："作者应享有专有权，以授权将其作品公开传输，包括通过交互式传输使其作品可被传输。"根据该法第2条第9项之五的定义，"'使可被传输'是指：采用下述行为，使交互式传输处于此种可被传输的状态：（a）当交互式传输服务器（交互式传输服务器是指：一种与供公众使用的电信网络相连可以将已经记录或输入到其中的信息进行交互式传输的设备）已经与供公众使用的电信网络相连，在此种交互式传输服务器的公共传输存储器中记录信息；或者将存储器中记录的信息添加到此种交互式传输服务器的公共传输存储器中；或者将存储器中记录的信息转换为交互式传输服务器的公共传输存储；或者将信息输入到此种交互式传输服务器中。（b）将供公众使用的电信网络与已在公共传输存储器中记录信息或输入信息的交互式传输服务器相连，当此种连接系经由一系列行为方能完成，例如装配线路、启动交互式传输服务器、为传输或接收而操作计算机程序，则应认为该一系列行为中的最后一个行为构成连接"。

第二节 信息网络传播权

我国对交互式网络传播行为的权利控制采取了增设权利类型的立法模式,但是与日本明显不同,我国没有整合既有的传播权利类型,进而设置一种新的权利类型来涵盖几种传播方式,而是增设一种权利类型来专门控制交互式网络传输行为,从而与其他传播权利类型相并列。我国对信息网络传播权的规定主要参照了WCT第8条的表述。2001年修订《著作权法》增设了作者、表演者、录音录像制品制作者的信息网络传播权的规定。尽管第十条和第三十七条、第四十一条的法律用语不同,但所规定的权利具有同一性质,并被后来的《信息网络传播权保护条例》所明确,该条例对信息网络传播权进行了定义:

信息网络传播权:是指以有线或者无线方式向公众提供作品、表演或者录音录像制品,使公众可以在其个人选定的时间和地点获得作品、表演或者录音录像制品的权利。

从规范内容来看,我国的信息网络传播权(即将作品向公众提供,使公众中的成员在其个人选定的地点和时间可获得这些作品)只是WCT所规定的"向公众传播权"(即将其作品以有线或无线方式向公众传播)的一部分。WCT第8条有关"向公众传播权"所涵盖的点对点的交互式传播权只是一个举例,条文本身并没有对"传播"的含义进行限定。WCT第8条在定义"向公众传播权"时之所以强调点对点的交互式传播,是因为在当时随着互联网业的发展,点对点的交互式传播成为一种新兴的传播方式。《伯尔尼公约》因为受制于制定年代的科技发展水平,在肯定广播权时没有预见并明确将交互式传播也纳入其中,这就给广播权的解释带来了局限。为了适应技术发展要求,将点对点的交互式传播和点对面的非交互式传播一并纳入著作权法的保护范围,WCT特别通过举例的方式对点对点交互式传播进行了强调。❶而我国《著作权法》第十条第一款第十二项所定义的信息网络传播权正好是 WCT 第8条举例的部分。可见，我国《著作权法》通过增设信息网络传播权来专门控制作品的交互式网络传输行为，而没有设置更具一般性的向公众传播权。

一、权利构成

从主体、客体、内容方面来看，信息网络传播权的构成如下：

（一）权利主体

信息网络传播权的主体是著作权人或其授权之人。按照权利客体的原始归属，享有信息网络传播权的主体分别是作者、表演者和录音录像制作者。

1. 作者

作者是创作作品的人，而所谓"创作"是指直接产生文学、艺术和科学作品的智力活动，它是一种事实行为。本书后文将要探讨的主要是以作者为权利主体的情形。

2. 表演者

表演者是指演员、演出单位或者其他表演文学、艺术作品的人。

3. 录音录像制作者

录音录像制作者是指录音录像制品的首次制作人，因此，音像出版单位并不是当然的录制者，只有当它们是录制品的原始制作者时，才享有录制者的邻接权。

（二）权利客体

信息网络传播权的权利客体包括作品、表演和录音录像制品三类：

---

❶ 孔祥俊：《网络著作权保护法律理念与裁判方法》，中国法制出版社2015年版，第80页。

1. 作品

作品是指文学、艺术和科学领域内具有独创性并能以某种有形形式复制的智力成果。本书后文主要探讨的是以作品为权利客体的情形。

2. 表演

表演是指表演者通过自己对作品的理解和阐释，以声音、动作、表情等将作品的内容传达出来，或者借助一定的工具如乐器、道具等将作品的内容传达出来。❶ 这种表演仅指现场表演，而不包括机械表演，而且不论这种表演活动是对同一作品的表演，还是对不同作品的表演，也不论是表演专有领域的作品还是公有领域的作品。

3. 录音录像制品

录音制品，是指任何对表演的声音和其他声音的录制品。录像制品是指影视作品以外的任何有伴音或者无伴音的连续相关形象、图像的录制品。

（三）权利内容

信息网络传播权的权利内容主要包括许可权和获酬权：

1. 许可权

即任何组织和个人以有线或者无线方式向公众提供作品、表演或者录音录像制品，使公众可以在其个人选定的时间和地点获得作品、表演或者录音录像制品的，应当取得权利人的许可。结合其立法背景来看，权利主体通过许可控制的就是权利客体在信息网络媒介下的交互式传播。

2. 获酬权

即权利主体许可他人对权利客体在网络媒介下进行交互式传播时，享有获得报酬的权利。这种获酬权是法定获酬权，它是权利人在许可过程中取得的获取报酬的合同权利的基础。信息网络传播权的权利内容体现了其著作财产权的性质。

---

❶ 李明德、许超著：《著作权法》，法律出版社2009年版，第195页。

二、权利属性

著作权是由一系列子权利所组成的权利束，理论上分为著作人身权和著作财产权两大类，信息网络传播权是著作财产权中的一项，关涉著作权人的财产收益，这也是信息网络传播权在著作权法上的基本权利属性。信息网络传播权是著作权人控制作品网络传播的主要权利，但是并非唯一权利，也就是说，网络著作权与信息网络传播权并不等同。在网络媒介中，除了信息网络传播权外，著作权人的其他权利也有其适用空间，如复制权❶、演绎权以及作者人格权。

（一）演绎权

演绎权是指作者许可他人在自己作品的基础上创作作品的权利。如果他人未经作者的许可而翻译、改编其作品，就可能会侵犯作者的演绎权。在我国著作权法所规定的各种经济权利中，属于演绎权的有改编权、摄制权、翻译权和汇编权。❷ 因此，如果行为人未经著作权人许可，擅自将其网络小说改编成戏剧，再上传到互联网上，行为人就可能会侵犯原作作者的改编权。如果行为人未经原作作者的许可，擅自将其网络小说改编摄制成电影，上传至互联网上进行传播，行为人就可能会侵犯原作作者的摄制权。如果行为人未经原作作者的许可，将其作品翻译成为另一种语言文字，并上传到互联网进行传播，行为人就可能侵犯原作作者的翻译权。如果行为人未经原作作者的许可，将其作品收入百科全书后，将百科全书数字化上传至互联网，行为人就可能侵犯作者的汇编权。

---

❶ 关于复制权的一般理论，详见第四章。
❷ 我国《著作权法》第十条第十四项规定："改编权，即改变作品，创作出具有独创性的新作品的权利。"第十三项规定："摄制权，即以摄制电影或者以类似摄制电影的方法将作品固定在载体上的权利。"第十五项规定："翻译权，即将作品从一种语言文字转换成另一种语言文字的权利。"第十六项规定："汇编权，即将作品或者作品的片段通过选择或者编排，汇集成新作品的权利。"

（二）作者人格权

作者人格权是指基于作品的创作活动所产生的以创作主体人格利益为内容的权利。[1] 在世界范围的著作权/版权理论与制度样态中，主要存在法定作者人格权的肯定和法定作者人格权的否定两种模式，前者主要为大陆法系国家采用，后者主要为一些英美法系国家采用。20世纪以来，随着欧陆国家人格权理论的发展，对作者人格权理论的探讨也不断深入，富有法典化传统的欧陆国家在立法中将作者人格权法定化成为一种历史的必然。同时，欧陆国家对作者人格权法定化的立法理念，又辐射到其他继受大陆法系文化和立法体系的亚洲、拉美和非洲国家，并对国际条约产生影响，如《保护文学和艺术作品伯尔尼公约》在1928年罗马文本增加规定："不受作者财产权的影响，甚至在上述财产权转让后，作者仍有权请求就作品确认其作者身份，以及反对对其作品进行任何歪曲、割裂或以其他方式进行篡改，或与该作品有关的可能损害作者声誉的其他毁损行为。"1948年《世界人权宣言》第27条（二）规定："人人对由于其创作的任何科学、文学或美术作品而产生的人格的和财产的利益，享有受到保护的权利。"1966年《经济、社会和文化权利国际公约》也对此予以确认，从而形成了在著作权法中将作者人格权法定化并开始走向全球化的趋势。否定作者人格权法定的国家也开始逐渐将作者人格权的内容法定化，如英国1988年《版权、外观设计与专利法》专列"人格权"一章，美国1990年《视觉艺术家权利法》增加了视觉艺术作品的作者的署名权和保护作品完整权。尽管在作者人格权的权利内容方面各国立法的规定并不一致，如对收回权、修改权是否应当属于作者人格权存在较大差异，但在署名权、禁止任意歪曲作品等权利的确认和保护上则完全相同。我国现行《著作权法》规定的作者人格权包括了发表权、署名权、修改和保护作品完整权。

---

[1] 费安玲：《著作权权利体系之研究——以原始性利益人为主线的理论探讨》，华中科技大学出版社2011年版，第94页。

1. 发表权

发表权是指作者享有的决定作品是否公之于众的权利。发表权的内容包括发表作品与不发表作品两个方面。发表作品包括何时发表、何地发表、以何种方式发表等内容。发表权的行使只能有一次，作品的发表，应当是首次向社会公开，如果作品已经出版或者被展览过，说明作者已经行使过了发表权。发表权应当由作者享有，但在某些情况下，可以推定作者将其发表权转移给了作品的合法使用者行使。发表权与著作权中的各项财产权利密切相关，作者为了行使自己的发表权，必须首先决定以何种方式利用自己的作品，可以说，著作权法中有多少种财产权利，作者就有多少种行使发表权的方式。因此，许多国家的著作权法中没有规定发表权，《伯尔尼公约》中也未规定。关于发表权与财产权利的这种关系，德国学者迪茨认为，法律在规定作者的各种经济权利的同时，又规定或承认了作者的发表权，是为了强调作者精神权利的这一个方面，强调只有作者本人可以决定自己的作品是否发表和以何种方式发表。❶因此，如果行为人未经许可，将他人享有著作权但未发表的作品首次通过网络向社会公众传播，那么他实际上不仅侵犯了著作权人的信息网络传播权，而且也侵犯了其发表权。

2. 署名权

署名权是指作者有权在自己所创作的作品上署名，向世人宣告自己与特定作品之间的关系。根据《伯尔尼公约》第六条之二的规定，署名权是昭示作者与作品关系的权利，是表明作者身份的权利。我国《著作权法》第十条第二项规定："署名权，即表明作者身份，在作品上署名的权利。"一方面作者享有署名权，另一方面署名又与作者的身份确定直接相关，我国《著作权法》第十一条第三款规定："如无相反证明，在作品上署名的公民、法人或者其他组织为作者。"

在网络著作权侵权案件中，作品的作者身份认定及著作权权属关系是首先需要解决的问题。

---

❶ 转引自李明德、许超：《著作权法》，法律出版社2009年版，第61页。

陈卫华诉成都电脑商情报社侵犯著作权案 ❶

案情简介："3D芝麻街"是互联网上一个人主页的名称，版主署名为"无方"。该主页自1998年开始上载有关三维动画设计的文章。1998年5月10日，该主页上载了一篇题为《戏说MAYA》的文章，作者署名为"无方"，并注明"版权所有，请勿转载"字样。1998年5月16日，《成都电脑商情报》刊登出《戏说MAYA》全文，文章署名为"无方"，并注明该文出处不详。在报社稿酬统计表中也注明该文稿酬未付。1998年11月，原告陈卫华向被告发出电子邮件，说明本人是《戏说MAYA》文的作者，同年12月12日，原告又向被告发出传真，指出被告应承担侵权责任。但是，被告收到上述函件后拒绝了原告的要求。据此，原告向北京市海淀区人民法院起诉。

裁判要点：个人主页"3D芝麻街"的版主与该主页上《戏说MAYA》一文作者的署名均为"无方"。虽然当前个人主页的设立与使用并无明确的法律规定，但在一般情况下个人主页密码的修改、内容的添加和删改工作只能由个人主页的注册人完成。陈卫华作为专业人员，能够修改该个人主页的密码、上载文件、删改文件，电脑商情报社据此已认可陈卫华即为"无方"，亦未提出相反的证据证明特殊情况的存在，故陈卫华应为"无方"，《戏说MAYA》一文的著作权归陈卫华所有。

作品的创作是一种事实行为，即直接产生文学、艺术和科学作品的智力活动。作品创作完成，作者即原始取得著作权，不论是否发表或者进行登记。❷ 作者享有署名权，既有在作品上署名的权利，也有不署名的权利，同时也享有署真名，或者署假名、笔名的权利。但是，在作者充分享有署名方式自由的同时，也应受到某些后果的制约，在作者因其自身的行为，导致其不能证明其就是某作品著作权人的情况下应承担举证不能的后果。对于著作权权属关系的证明责任主要由侵权诉讼的原告来承担，也就

---

❶ 北京市海淀区人民法院民事判决书（1999）海知初字第18号。
❷ 《中华人民共和国著作权法》第二条第一款规定："中国公民、法人或者其他组织的作品，不论是否发表，依照本法享有著作权。"《中华人民共和国著作权法实施条例》第六条："著作权自作品创作完成之日起产生。"

是说原告需要提供证据证明其是作品的作者或者著作权人。在上述案例中，个人主页版主及涉案作品的署名作者均为"无方"，而原告证明其可以对该个人主页账户进行控制，是该个人主页的注册人及版主"无方"，也是涉案作品的作者"无方"。被告认可了上述事实。《著作权法》第十一条第四款规定："如无相反证明，在作品上署名的公民、法人或者其他组织为作者。"因此法院认定了陈卫华就是涉案作品的作者"无方"。被告《成都商情报》虽然未经许可使用了"无方"的作品，但是被使用作品的署名仍为"无方"，尽管可能构成侵权但并未侵犯作者的署名权。

在网络媒介下，署假名或者笔名的情况广泛存在，在确定作者身份时可以区分不同的情况：（1）笔名具有较高知名度，与真名作者相对应。如近年来很流行将网络小说改编为电视剧，具有代表性的如顾漫的《何以笙箫默》《杉杉来了》《微微一笑很倾城》、唐七公子的《两生花》《三生三世十里桃花》等。作品的作者是比较明确的。（2）通过自己的账户发表自己的笔名作品。如上述案例中的情况。2015年3月1日施行的《互联网用户账号名称管理规定》第五条第一款规定："互联网信息服务提供者应当按照'后台实名、前台自愿'的原则，要求互联网信息服务使用者通过真实身份信息认证后注册账号。"因此，这种情况下，由原告提供身份证明，网络服务提供商协助证明即可。（3）通过他人账户发表自己的笔名作品。原告可以通过对创作事实的证明来证明作者身份。此外，技术手段可用于作者身份的认定，如通过电子签名来辨别网络上的个人身份。

从使用者的角度来看，在网络媒介下遵循"先许可、后利用"的传统模式遇到了著作权权属关系不清的障碍，凸显了"孤儿作品"的保护与利用问题。所谓"孤儿作品"（Orphan Works），是指使用者试图经授权许可后使用受著作权保护的作品，在尽力查找仍无法确定著作权人身份或无法联系到著作权人的情形。❶根据我国《著作权法》的规定，作者身份不明的作品由作品原件的合法持有人行使署名权之外的著作权，作者身份确定后，由作者或其继承人行使著作权。但是在网络媒介下，该规定遭遇了适用障碍。首先，许多作品根本没有原件，作品是在电脑上创作完成的，电脑软盘或者硬盘虽然是作品的载体，但却不宜作为作品的原件。其次，除非对作品采取一定的技术措施，禁止他人下载，在网上对作品的复制、打印非常容易，即使认可载有作品的软盘、硬盘或打印件可作为作品的原件，凡是主张权利的人都可获得所谓的"原件"，在此情况下，这些原件也没什么证明力了。❷因此，按照现有法律规定，未经许可擅自使用"孤儿作品"将面临侵权风险，但是如果不对"孤儿作品"进行利用，将使大量"孤儿作品"在网络媒介中"沉没"，既不利于文化、艺术及科学思想的传播和发展，也不利于作品与权利人重新建立联系，以及权利人从作品的利用中获得收益。因此关于"孤儿作品"的保护与使用规则亟待立法上予以明确。

3. 修改和保护作品完整权

根据我国《著作权法》第十条第三、四项的规定，修改权是指修改或者授权他人修改作品的权利；保护作品完整权是指保护作品不受歪曲、篡改的权利。虽然在法律上这两项权利是独立并列的，但是理论上一般认为它们实际上是同属于一种权利的正反面。作品的完整性不仅包括表现形式的完整性，而且包括内容、情节和主题思想的完整性。一件网络作品，作为一个整体，反映了作者的创作思想和艺术水平，任何增删或修改作品的行为都有可能违背作者的创作原意，使作者的人格受到损害，从本质上说保护作品的完整性就是要求他人尊重作者的思想观点。在数字网络媒介下，

---

❶ "a term used to describe the situation where the owner of a copyrighted work cannot be identified and located by someone who wishes to make use of the work in a manner that requires permission of the copyright owner. Even where the user has made a reasonably diligent effort to find the owner, if the owner is not found, the user faces uncertainly–she cannot determine whether or under what conditions the owner would permt use." (U.S.Copyright Office, Report on Orphan Works 2006.)

❷ 尚志龙、陈敏建："网络著作权侵权问题探析"，《中国海洋大学学报》(社会科学版)2003年第5期。

作品经由技术手段进行拆分、解析、重组和混合变得更加易于操作，因此可能会构成对作者修改和保护作品完整权的侵犯。但是也需要看到，文化艺术的发展需要具有包容性和多样性，著作权法一方面保护作者在创作中投入的智力付出，赋予了作者对作品的独创性表达的排他性独占权；另一方面也允许他人对作品进行正常的评论和批评，从而鼓励创作、推动知识传播、文艺的繁荣和进步。如有些成文法国家对"滑稽模仿"❶的合法性做出了明确规定。《法国知识产权法典》第L.122-5条第4款规定："作品发表后，作者不得禁止不违反有关规定的滑稽模仿、讽刺模仿及漫画。"❷《巴西著作权法》第47条规定："拼凑模仿和讽刺模仿并非对原作的实际复制，也未以任何方式对其造成损害的，则应允许自由进行。"❸我国《著作权法》上虽然没有对"滑稽模仿"的合法性做出明确规定，但是该法第二十二条规定"为介绍、评论某一作品或者说明某一问题，在向公众提供的作品中适当引用已经发表的作品"构成合理使用。因此，在网络媒介下，所谓"恶搞"他人作品的行为需要区分不同的情况来看待：（1）如果仅仅是通过技术手段进行简单的拆分、剪辑、拼接，没有或者较少独创性表达，难以构成新的作品，并且其主要目的在于搞笑或者蹭热度，没有形成与原作在思想主题层面的对话，则更易构成对作者修改和保护作品完整权的侵犯。（2）如果通过对原作的典型构成进行解析和重组，在此基础上进行创作和

---

❶ 滑稽模仿（parody），又称戏仿、戏拟，是文学中讽刺性批评和滑稽嘲弄的修辞方式之一。这种修辞方式通常模仿人们熟知的某一著名的诗歌、某一名言、警句或某一谚语，根据表达的需要，适当地改头换面，形成一种颇为新奇的表达形式，从而达到讽刺、嘲弄或幽默的目的。在很长一段时期内，滑稽模仿作品被认为是不严肃的低劣文学形式，直至20世纪后半期，文学批评家才对其重新评价，将之视为严肃的文学形式。《布莱克法律辞典》将其定义为："在版权法意义上，对parody各种定义的核心是使用原先作者的创作成分创作出新的作品，该作品至少有一部分构成了对原先作者作品的评论。"（赵林青：滑稽模仿作品的合法性分析"，《法学杂志》2008年第5期）

❷ 《十二国著作权法》，《十二国著作权法》翻译组译，清华大学出版社2011年版，第70页。

❸ 《十二国著作权法》，《十二国著作权法》翻译组译，清华大学出版社2011年版，第15页。

独创性表达，利用改造之后的原作内容反映模仿者与原作相对立的观点、立场或思想感情，从而达到其他文艺作品形式所无法实现的独特效果，即使原作的内容成为讽刺、批评原作本身的工具。❶这种情况更易构成合理使用。鉴于这种创作方式，会对原作的内容进行较多的引用的特殊性，因此在"引用的适当性"上可适当放宽解释。

第三节 我国信息网络传播权法律制度沿革

美国著名法官霍姆斯曾指出："在很大程度上，对法律的理性研究仍然是历史研究。历史必须是研究的一部分，因为没有它我们就不能知道规则的精确范围。"❷对我国信息网络传播权法律制度沿革进行梳理，是对我国网络著作权侵权责任进行实证法研究的重要组成部分，也是总结其制度演进规律的重要途径。我国信息网络传播权法律制度的建立与发展是在国际、国内双重背景驱动下进行的，从时间上来看，大致经历了司法探索、立法确立以及立法与司法完善三个阶段，最终形成了以《著作权法》《侵权责任法》为基础，以《信息网络传播权保护条例》和《最高人民法院关于审理侵害信息网络传播权民事纠纷案件适用法律若干问题的规定》（2012）为基本架构的法律体系框架。

---

❶ 赵林青："滑稽模仿作品的合法性分析"，《法学杂志》2008年第5期。
❷ Oliver Wendell Holmes Jr., The Path of Law, Harvard Law Review (1897) . 457. "The rational study of law is still to a large extent the study of history. History must be a part of the study, because without it we cannot know the precise scope of rules which it is our business to know."

一、司法探索阶段：《最高人民法院关于审理涉及计算机网络著作权纠纷案件适用法律的若干问题解释》（2000）（以下简称《解释》（2000））的出台

（一）出台背景

我国信息网络传播权法律制度的起步具有国际、国内双重背景环境。

1. 国际环境：互联网条约

面临数字复制技术和互联网传播技术的冲击，传统版权保护国际规则《伯尔尼公约》及《罗马公约》的规定已难以满足在新技术条件下对权利人的有效保护。而各国国内法在新技术条件下对权利人提供的保护水平也逐渐呈现出越来越大的差异。20世纪80年代末世界知识产权组织感到仅仅进行"指导工作"已显现不足，新的国际标准变得不可或缺。❶ 与关贸总协定谈判中涉及该问题的论坛相平行的世界知识产权组织的专家委员会开设了另一个论坛。出于立法上的原因，新国际规则未采用对《伯尔尼公约》及《罗马公约》文本的直接修订，而是制定两个独立的新条约。1996年12月2日至20日在瑞士召开了"关于著作权及邻接权问题的外交会议"，通过了被称为"互联网条约"的WCT和WPPT，分别于2002年3月6日和2002年5月20日生效，授予了有关的权利人包括网络传输方式在内的"向公众传播权"。

互联网条约设定的规则为立法空白的国家提供了一个参照，对于加入互联网条约的国家而言则是一个标准。事实表明，对于我国而言，互联网条约既是一个重要的立法参照，也是一个标准。我国《著作权法》2001年修订时直接将WCT第8条的部分内容规定进去，增设"信息网络传播权"，而且我国于2007年正式加入了WCT和WPPT。

2. 国内环境：司法实践中纠纷案件的审理需要

自陈卫华诉成都电脑商情报社侵犯著作权案起，❷ 至《著作权法》第一

---

❶ 【匈】米哈依·菲彻尔："二十一世纪来临之际的版权与相关权"，载郑成思主编：《知识产权研究》（第七卷），中国方正出版社1995年版。

❷ 北京市海淀区人民法院民事判决书（1999）海知初字第18号。

次修订赋予权利人信息网络传播权期间，我国发生了诸多信息网络传播权纠纷案件。在法律上没有明确规定的情况下，中国法官使用了三个理论武器：一是古老的法理，法官不能以无法律为由拒绝审判案件；二是1991年通过的《民事诉讼法》第一百零八条的规定，符合该条规定的平等主体之间财产权益争议应当予以受理；❶ 三是我国《著作权法》关于作品使用方式和著作权侵权行为的兜底性规定，就是法官执法的依据和准绳。❷

《著作权法》第十条规定了著作权人的人身权和财产权，其中第（五）项是对使用权和获得报酬权的规定，即以复制、表演、播放、展览、发行、摄制电影、电视、录像或者改编、翻译、注释、编辑等方式使用作品的权利；以及许可他人以上述方式使用作品，并由此获得报酬的权利。上述规定并不包括交互式网络传输方式。但是立法者的高明之处在于《著作权法》第十条（五）在列举了种种作品使用方式后以"等方式使用作品的权利"收尾，表明使用作品的方式和权利并未穷尽，这就为实践中出现新的作品使用方式提供了一定法律依据。同理，该法第四十五条第（五）项对著作权侵权行为进行了规定也采取了"等方式使用作品"的兜底性规定来界定侵权行为，也就是说，除了明确列举的侵权形式外，实践中也可能出现其他为著作权法所禁止的侵权行为。我国著作权司法审判以《著作权法》的这两处"等"字审理了一批涉及网络传输的著作权案件。

---

❶ 1991年通过的《中华人民共和国民事诉讼法》第一百零八条规定："起诉必须符合下列条件：（一）原告是与本案有直接利害关系的公民、法人和其他组织；（二）有明确的被告；（三）有具体的诉讼请求和事实、理由；（四）属于人民法院受理民事诉讼的范围和受诉人民法院管辖。"该条在2017年修订过程中未做改动，调整为修订后的《民事诉讼法》第一百一十九条。

❷ 蒋志培："论网络传输权设立"，载《科技与法律》1999年第3期。

王蒙诉世纪互联通讯技术有限公司侵犯著作权纠纷案 ❶

案情简介：《坚硬的稀粥》是王蒙所创作的文学作品，1989年发表于《中国作家》第2期。1998年4月，世纪互联公司成立了"灵波小组"，并在其网站上建立了"小说一族"栏目，该栏目刊登了王蒙创作的作品《坚硬的稀粥》。该作品是由"灵波小组"成员从其他网站下载后储存在计算机系统内，并通过WWW服务器在国际互联网上传播。联网主机用户通过拨号上网方式进入世纪互联公司的网址http://www.bol.com.cn主页后，点击页面中"小说一族"栏目，进入"书香远飘"页面。在该页面点击"当代中国"页面后，再点击王蒙的作品《坚硬的稀粥》，即可浏览或下载该作品。该作品上有王蒙的署名。作品内容完整。王蒙以世纪互联公司的行为侵犯其著作权为由，向法院起诉要求世纪互联公司立即停止侵权行为，向其公开赔礼道歉，赔偿经济损失，并承担案件诉讼费及调查费。

裁判要点：我国《著作权法》第十条第五项所明确的作品使用方式中，并没有穷尽使用作品的其他方式存在的可能。随着科学技术的发展，新的作品载体的出现，作品的使用范围得到了扩张。因此，应当认定作品在国际互联网上传播是使用作品的一种方式。作品的著作权人有权决定其作品是否在国际互联网上传播使用……作品在国际互联网上进行传播，与著作权法意义上对作品的出版、发行、公开表演、播放等传播方式虽然有不同之处，但本质上都是为实现作品向社会公众的传播使用，使观众或听众了解到作品的内容。作品传播方式的不同并不影响著作权人对其作品传播的控制权利。

从立法初衷来看，著作权法中规定的对作品的使用权确实不包括类似网络传输的传播方式。正如上述案例中二审法院所指出的，"作品在网络上的使用是制定著作权法时所不可能预见的"。突破伯尔尼公约和我国著作权法对传播权界定的范围，实在是后来高科技的挑战，实在是国际知识

---

❶ 北京市海淀区人民法院（1999）年海知初字第00057号；北京市第一中级人民法院（1999）一中知终字第185号。

产权法律制度为因应此种形势的新措施。❶然而，这种法律适用方式越来越难以满足现实需求，理论界也开始对相关问题展开激烈的探讨。(1)关于是否应对作品数字化网络传输给予法律保护的问题。当时存在两种观点：一种观点持否定和消极态度，认为网络著作权保护没有法律依据，鉴于我国国情现阶段也不宜将权利延伸到互联网上，以妨碍信息流通和我国科技、文化事业发展。我国1999年前的几次著作权法修改方案都未将网络著作权法律问题提到议事议程上来，由国务院向全国人大提交的著作权法修改稿只字未提"网络传输"问题。另一种观点则对涉及网络的著作权和邻接权保护持肯定和积极态度，认为20世纪90年代以来世界在科技发展上最大的事件就是互联网给全世界带来的挑战，我国不是局外人，立法、司法和理论研究都要适应这种趋势。如果网络在刚开始就不积极以法律来规范，会使网络世界成为盗版天堂，后果不堪设想，不仅权利人的正当利益得不到保护，信息科技产业发展也要受到阻碍，我国也将失去参与制定国际网络规则的机会。对此类纠纷，人民法院应当依法受理，充分发挥审判职能，运用好法律原则和基本精神，创造性地审判好网络著作权的新类型案件，以稳定这部分社会关系。(2)关于如何对网络作品数字化传输进行定位的问题。主要存在四种意见：第一种意见将其定位为发行。认为作品网络传输构成作品在社会公众中发行的一种新方式。因为用户在从网络下载作品时可能已通过有形载体形成一个复制件，即令没有通过有形载体制作比较稳定的复制件，当用户"试听"这些作品时，必然要把这些作品从网络线路下载到用户计算机存储器里，然后在屏幕上显示或通过扬声器播放。这种存储、传输、存储就成为发行的新方式。❷第二种意见是定位为复制。认为复制是我国著作权法上明确规定的作品使用行为，复制也是作者的一项权利，而网络传输作品过程中产生了一系列复制，因而认定复制行为存在就解决了作品数字化传输权利的保护问题。第三种意见是定位为

---

❶ 蒋志培："论网络传输权设立"，载《科技与法律》1999年第3期。

❷ 冯晓青、杨利华著："试论信息技术挑战下中国现行著作权法的修改与完善"，《知识产权》1998年第4期。

类似于"广播"的传播。网络传输同有线电视传输没有本质的区别，同时定位于传播权可以避免与发行权穷尽原则发生矛盾，也免去重新定义和扩展发行含义之劳。❶第四种意见是定位为作品的一种新的使用方式。尽管网络传输行为与著作权法规定的发行和广播行为存在某些可比之处，但它们毕竟是具有某些共同点的不同性质的行为。正确解决方法应该是深入研究社会现实存在的事实，根据其本身所固有的本质要求，来制定或修改法律进行规范调整。网络传输属于著作权人使用作品的方式之一，也是其享有的专有权利之一。❷最终，2001年修订的《著作权法》采纳了第四种意见，以新增著作财产权——信息网络传播权来控制作品在网络媒介下的交互式传播。

在上述国际、国内背景下，最高人民法院从1999年开始重点调查北京等地法院审判的涉及网络著作权纠纷案件的情况，并对相关问题进行研究，于2000年11月讨论通过了《解释》（2000）。该司法解释以《民法通则》《著作权法》以及《民事诉讼法》等法律为依据，对涉及网络著作权纠纷案件审判中需要解决又有把握解决的问题提出处理意见，以解决审判实践的急需。❸同时也对理论界的部分争议予以回应。

（二）《解释》（2000）的主要内容

《解释》（2000）对当时诉讼中存在的主要问题进行了规定，其中实体问题主要包括：

1. 作品的数字化及著作权归属问题

传统作品被数字化，实际是将该作品以数字代码形式固定在磁盘或光盘等有形载体上，改变的只是作品的表现和固定形式，对作品的独创性和可复制性不产生任何影响。《解释》（2000）第二条明确了作品的表现形式

---

❶ 刘福东："试论作品在互联网上向公众传播行为的法律性质"，《知识产权》1998年第4期。
❷ 蒋志培："论网络传输权设立"，载《科技与法律》1999年第3期。
❸ 蒋志培、张辉："依法加强对网络环境下著作权的司法保护——谈最高人民法院网络著作权案件适用法律的司法解释"，《人民司法》2001年第2期。

应当包括数字代码形式。而且作品数字化的过程并不产生新作品，数字化作品的著作权仍归作品的作者享有；数字化作品与传统作品作为著作权法保护的客体也并无区别，因此《著作权法》第十条规定的著作权的各项权利内容，同样适用于数字化作品的著作权。该认识一直贯彻适用至今。

2. 网络环境下的转载问题

《著作权法》第三十二条第二款关于报刊转载的规定能否扩大适用于网络环境下，在知识产权法学界存在赞成与反对的对立观点，在著作权立法进程中也经历了从明确肯定到否定的过程。《解释》（2000）经过权衡采纳了赞成意见。其第三条规定，已在报刊上刊登或者网络上传播的作品，除著作权人声明或者上载该作品的网络服务提供者受著作权人的委托声明不得转载、摘编的以外，网站予以转载、摘编并按有关规定支付报酬、注明出处的，不构成侵权。但网站转载、摘编作品超过有关报刊转载作品范围的，应当认定为侵权。其权衡的因素包括：（1）中国《著作权法》第三十二条第（二）项规定，一定范围的作品在支付报酬、注明作者的情况下可以不经过许可而转载，这是做出司法解释的法律依据；（2）著作权法最基础的理论之一是著作权人与社会公众对信息获取权益的"平衡理论"，这是做出司法解释的法学理论基础；（3）网络服务提供者特别是他们设立的网站在特定的功能上，与报社、杂志社等的功能相同，都是传播作品等信息产品的媒介，其著作权法律地位应当相等；（4）该项决定所涉及的作品范围很有限，而且这部分作品的著作权人可以通过注明"不得转载"等简单方式就可以获得更充分的著作权保护；（5）在司法实践中，这种机制可以大量减少网络著作权纠纷，至少是减少那些不必要的仅仅为取得许可的那些纠纷。❶ 这是根据当时著作权法的规定，对当时在网络上使用作品现状和平衡涉及网络各方当事人权益以及社会公众利益等方面因素综合考虑的一种选择。2003年12月最高人民法院修改《解释》（2000）时仍然保

---

❶ 蒋志培："最高人民法院对网络环境下著作权的司法保护——如何理解和适用最高人民法院关于网络著作权纠纷案件的司法解释"，载曹建明主编：《知识产权审判指导》2004年第1辑。

留了网络转载的法定许可制度。但是到了2006年11月,最高人民法院第二次修改《解释》(2000)时对该制度进行了删除。在取代《解释》(2000)的《规定》(2012)中,第三条规定:"网络用户、网络服务提供者未经许可,通过信息网络提供权利人享有信息网络传播权的作品、表演、录音录像制品,除法律、行政法规另有规定外,人民法院应当认定其构成侵害信息网络传播权行为。"据此,在司法解释中,网络转载不再适用法定许可,而是明确需要按照"先许可、后使用"的一般许可来进行。这种转变的根本原因在于网络转载突破法定许可所要求的公共利益性,网站主要由以营利为目的的私营主体运营,网络转载的广泛性与营利性对著作权人的利益造成不利影响。

3. 网络服务提供者的法律责任问题

《解释》(2000)第四条至第八条对网络服务提供者的法律责任以及与此有关的问题做出了规定。其主导思想是:尽量明确网络服务提供者对著作权侵权的过错责任,不使其轻易承担过重的责任,以保护和促进新兴的网络产业的健康发展;同时也对其行为进行约束,明确其在何种情况下应当承担侵权责任,以促使网络服务提供者进行自我约束和自我保护,维护著作权人的合法权益。(1)提供连线服务的网络服务提供者,因其对网络信息不具备编辑控制能力,对网络信息的合法性没有监控义务,因此对他人在网络上实施的侵权行为没有主观过错,根据《民法通则》第一百零六条第二款的规定,不必承担法律责任,侵权的法律责任应由行为人承担。❶ 由于上述观点在国内外均无争议,故《解释》(2000)未再作规定。(2)网络服务提供者如果通过网络参与实施侵犯著作权的行为,或通过网络教唆、帮助他人实施侵犯著作权行为,根据《民法通则》第一百三十条的规定,属于共同侵权,应当与直接实施侵权行为的人承担连带责任。❷

---

❶ 《民法通则》第一百零六条第二款规定:"公民、法人由于过错侵害国家的、集体的财产,侵害他人财产、人身的,应当承担民事责任。"

❷ 《民法通则》第一百三十条规定:"二人以上共同侵权造成他人损害的,应当承担连带责任。"

（3）提供内容服务的网络服务提供者，由于对网络信息具有一定的编辑控制能力，因此在明知侵权发生或经著作权人提出确有证据的警告后，负有采取移除侵权内容等措施停止侵权内容继续传播的义务。网络服务提供者违反上述义务的，主观上负有过错，客观上实施了不作为的侵权行为，根据《民法通则》第一百三十条的规定，与行为人构成共同侵权，应当承担连带责任。（4）提供内容服务的网络服务提供者，在著作权人要求其提供侵权人网络注册资料的情况下，负有提供该注册资料的协助义务。网络服务提供者无正当理由拒绝提供的，违反了上述义务，主观上负有过错，客观上实施了不作为的侵权行为，根据《民法通则》第一百零六条的规定，应当承担相应的侵权责任。（5）著作权人向网络服务提供者提出警告或索要注册资料请求必须具备一定的形式要件。（6）网络服务提供者应著作权人的要求采取移除等措施制止侵权行为，是维护著作权人合法权益的合法行为，不应为此向被控侵权人承担违约责任。错误移除的责任应由提出不当警告的著作权人承担。

需要指出的是：《解释》（2000）在《著作权法》未修订之前是一套独立的且自成体系的法律适用规范，但司法解释的性质使之随着《著作权法》的修改、《侵权责任法》的出台及《信息网络传播权保护条例》的颁布实施，越来越不再具有独立性，仅成为《著作权法》《侵权责任法》和《信息网络传播权保护条例》的补充，需要和《著作权法》《侵权责任法》及《信息网络传播权保护条例》结合起来解读。

二、立法确立阶段：《著作权法》的修订、《信息网络传播权保护条例》的制定及《侵权责任法》的颁布

（一）《著作权法》的修订

1990年《著作权法》生效实施至今，已进行了两次修改。其中与网络

著作权密切相关的是2001年第一次修改。❶当时，尽管《解释》(2000)的出台一定程度上缓解了司法适用压力，但是在法律层面上，关于作品的网络传播行为性质、控制作品网络传播的权利等规范仍不明确。2001年10月27日，在中国即将加入世界贸易组织之际，全国人大常委会通过了《关于修改〈著作权法〉的决定》，对《著作权法》进行了全面修订。这次修订总结了实施《著作权法》十年来的经验教训，吸收了学术研究取得的一些新成果，针对新技术特别是信息网络技术的发展所导致的新问题以及《知识产权协定》的要求，提高了著作权保护水平。❷此次修订中与网络著作权侵权责任相关的内容主要是三项：(1)增设了信息网络传播权。(2)增加了针对技术措施的法律责任。在第四十七条第六项中规定：除法律、行政法规另有规定的以外，未经著作权人或者与著作权有关的权利人许可，故意避开或者破坏权利人为其作品、录音录像制品等采取的保护著作权或者与著作权有关的权利的技术措施的，属于侵权行为。这是技术措施这一术语第一次出现在我国的著作权法律中。但《著作权法》没有对技术措施进行定义。需要指出的是：无论是WCT还是WPPT对技术措施的保护都只是作为一种义务——要求缔约方提供适当的法律保护和有效的法律补救办法，以制止未经许可或未由法律准许的规避技术措施的行为——来规定的，而并不是作为赋予权利人一项新的权利来规定的。(3)增加了针对权利管

---

❶ 国家版权局于2007年启动《著作权法》第二次修改的相关调查研究工作。原先各界对《著作权法》的第二次修改的预期比较高，希望通过修改解决大部分已经出现的问题；但是，鉴于著作权制度内容庞杂，几乎涉及社会文化生活的各个方面，难以一次性作出大的修改。因此，理论和实务界都逐渐认同我国《著作权法》的修改可以是"小修"，即每一个问题的讨论成熟达成共识后就先修改相关条款加以解决，同时把更多的精力放在《著作权法》的一些配套法规的制定或完善方面。（管育鹰："关于《著作权法》第二次修改的一点看法"，中国法学网，http://www.iolaw.org.cn/showarticle.asp?id=2746，访问日期：2018年6月13日）。另一个主要背景就是"中美知识产权争端WTO第一案"的发生。（金海军："解析'中国WTO知识产权争端第一案'专家组报告"，《法制日报》，2009年2月26日）。此次修订未涉及网络著作权侵权责任内容。

❷ 吴汉东主编：《知识产权法》，法律出版社2003年版，第50页。

理电子信息的法律责任。在第四十七条第七项中规定，除法律、行政法规另有规定的以外，未经著作权人或者与著作权有关的权利人许可，故意删除或者改变作品、录音录像制品等的权利管理电子信息的，构成侵权行为。这也是权利管理电子信息这一术语首次出现在我国的著作权法律中。

（二）《信息网络传播权保护条例》的颁布

2001年10月27日，全国人大常委会对1991年《著作权法》做了修改，修改后的《著作权法》第五十八条规定："……信息网络传播权的保护办法由国务院另行规定。"这一条款授权国务院另行规定信息网络传播权的保护办法。信息网络传播权是这次修改《著作权法》增加的一项新权利，由于其涉及许多特殊问题，而且当时我国正处于申请加入WTO的关键时期，必须尽快通过《著作权法》的修正案，所以在当时的历史背景下，不适宜在《著作权法》中就信息网络传播权做过多的规定。较合适的做法是如《著作权法》第五十八条规定的那样，授权国务院另行规定，这样就可以有更多的时间来仔细研究有关问题。❶之后2005年9月8日，国家版权局起草了《信息网络传播权保护条例》（草案），向社会公开征求意见。2005年12月，国家版权局将《信息网络传播权保护条例》（草案）向国务院法制办公室报审。2006年5月10日，国务院通过了《信息网络传播权保护条例》，该《条例》对通知删除和通知恢复程序、网络技术服务提供者的免责、图书馆等机构的合理使用、网络远程教育使用的法定许可、技术措施和权利管理电子信息的保护等内容做出了规定。《信息网络传播权保护条例》生效实施后，成为规范涉及信息网络传播权法律关系的主要法律依据。需要指出的是《信息网络传播权保护条例》对网络技术服务提供者的侵权责任是从免责角度而非责任构成角度规定的。

（三）《侵权责任法》的颁布

民法理论认为：共同侵权行为包括主观的共同侵权（或有意思联络的

---

❶ 郭寿康、万勇："《信息网络传播权保护条例》评介"，《电子知识产权》2006年10月。

共同侵权）、客观的共同侵权（或行为关联的共同侵权）、准共同侵权（或共同危险行为）、拟制的共同侵权（教唆、帮助行为）。对于共同侵权行为存在广义和狭义的不同理解。广义的共同侵权行为是指两个或两个以上加害人实施的导致同一损害结果的行为，包括上述四种行为类型。狭义的共同侵权行为，有认为是指"共同加害行为"，即主观的共同侵权与客观的共同侵权的统称，也有认为仅指主观的共同侵权。

《民法通则》第一百三十条规定："二人以上共同侵权造成他人损害的，应当承担连带责任。"该条仅规定了狭义共同侵权，而未涉及准共同侵权和拟制的共同侵权。《最高人民法院关于审理人身损害赔偿案件适用法律若干问题的解释》第三、四、五条中就狭义共同侵权、准共同侵权和共同侵权中赔偿权利人部分免除赔偿义务人责任的法律效果作出规定。2009年12月26日，第十一届全国人民代表大会常务委员会第十二次会议审议通过了《中华人民共和国侵权责任法》，对保护自然人、法人和其他组织的合法权益，明确侵权责任，预防并制裁侵权行为，化解社会矛盾，减少民事纠纷，促进社会公平正义具有重要意义。❶ 作为全面规范侵权责任的基本法，《侵权责任法》对共同侵权的类型进行了细分（第八条"共同侵权行为的构成要件和责任承担方式"、第九条"教授、帮助行为／拟制的共同侵权行为侵权责任的规定"、第十条"共同危险行为／准共同侵权行为的构成要件、免责抗辩和责任承担"、第十一条"无意思联络数人侵权在聚合因果关系情形下／客观的共同侵权的责任承担"、第十二条"无意思联络数人侵权在累积因果关系情形下／客观的共同侵权的责任承担"），并对共同侵权责任的承担方式连带责任做出了规定（第十三条"对法律规定承担连带责任情况下被侵权人权利"、第十四条"连带责任人内部责任分担以及追偿权"）。

《侵权责任法》第八条规定："二人以上共同实施侵权行为，造成他人损害的，应当承担连带责任。"其中"共同"是指意思联络之共同或主观

---

❶ 最高人民法院侵权责任法研究小组：《〈中华人民共和国侵权责任法〉条文理解与适用》，人民法院出版社2016年版，第1页。

共同还是指行为之共同或客观共同？在理论上存在不同的解释，有观点认为仅指有意思联络之共同，也有观点认为两者均包括。结合《侵权责任法》的体系结构来看，第九条规定了拟制的共同侵权、第十条规定了准共同侵权，而第十一、十二条则规定了客观的共同侵权，由此来看，将第八条理解为有意思联络的共同侵权似乎更具合理性。这体现了立法者对审判实务中扩大连带责任适用范围的倾向持谨慎态度，其价值取向更注重责任承担与主观过错的统一，因而对共同侵权的"共同性"采取了严格立场，只认可有意思联络的主观共同侵权，而不认可行为关联的客观共同侵权，对分别行为造成同一损害的，原则上按过错大小承担按份责任，例外情况下承担连带责任。❶

《侵权责任法》在"关于责任主体的特殊规定"部分第三十六条规定了"网络用户与网络服务提供者的网络侵权责任"。本条第一款规定："网络用户、网络服务提供者利用网络侵害他人民事权益的，应当承担侵权责任。"这是网络用户与网络服务提供者的直接侵权责任。本条第二款规定："网络用户利用网络服务实施侵权行为的，被侵权人有权通知网络服务提供者采取删除、屏蔽、断开链接等必要措施。网络服务提供者接到通知后未及时采取必要措施的，对损害的扩大部分与该网络用户承担连带责任。"这是关于网络服务提供者的"避风港"和责任限制规定。本条第三款规定："网络服务提供者知道网络用户利用其网络服务侵害他人民事权益，未采取必要措施的，与该网络用户承担连带责任。"规定了网络服务提供者的间接侵权责任。在处理网络著作权问题上，《侵权责任法》与《信息网络传播权保护条例》构成一般法与特殊法的关系，涉及网络著作权侵权时，应注意适用《信息网络传播权保护条例》的规定。但是对于网络著作权以外的领域，由于目前尚缺乏相关立法，《侵权责任法》第三十六条规定原则上应当适用。

---

❶ 最高人民法院侵权责任法研究小组：《〈中华人民共和国侵权责任法〉条文理解与适用》，人民法院出版社2016年版，第1页。

三、司法完善阶段：《最高人民法院关于审理侵害信息网络传播权民事纠纷案件适用法律若干问题的规定》（2012）（以下简称《规定》（2012））的出台

信息网络传播权及其侵权责任在法律层面的确立大体经历了从2001年到2009年的过程。基于司法解释与法律之间的关系，《解释》（2000）在此过程中也经历了两次修改完善：一是《解释》（2003）。2003年12月最高人民法院根据修订的《著作权法》（2001）的有关规定，对《解释》（2000）进行了修订：删除了第二条第二款，主要是《著作权法》的修改赋予了著作权人信息网络传播权并规定了直接侵权责任。修改了第三条，增加了被委托声明的主体报刊、期刊社，将"上载该作品的网络服务提供者"修改为"网络服务提供者"，将"网站"修改为"网络"，根据对概念的修改进行了适当调整。增加了一条作为第七条来规范技术措施的保护问题，原第七条改为第八条，并修改第二款，删除了原规定的第九、十条，并对规定条文顺序进行了调整，其他未作大的改动。二是《解释》（2006）。2006年11月22日，最高人民法院再次对《解释》（2003）进行了修订。这次修订主要是为了与《信息网络传播权保护条例》的规定相协调。删除了第三条网络转载、摘编的规定，并对条文顺序做了相应调整，未有其他修改。在此基础上形成了《解释》（2006），并一直沿用到2012年12月31日。《解释》（2000）根据《著作权法》的规定、修改状况进行解释和修改，《解释》使用的概念和《著作权法》完全一致，精神也是相符合的，符合下位法服从上位法的立法原则。

由于《信息网络传播权保护条例》和《侵权责任法》对互联网环境下的侵害信息网络传播权的相关问题仅进行了原则性的规定，加之近年来互联网技术和相关产业发展迅猛，新的商业模式不断涌现，著作权问题日渐突出，导致人民法院受理的涉及网络著作权的案件大幅度增加。在审理这些涉及侵害信息网络传播权的案件时，如何界定侵害信息网络传播权，特别是如何确定网络服务提供者的法律责任，成为人民法院知识产权审判工

作面临的重大挑战。与此同时，国际社会高度关注我国起草关于网络服务提供者在提供网络服务时侵害权利人信息网络传播权相关问题的司法解释，中美商贸谈判对话等将其列为重要议题，起草司法解释是促进对外经贸交往的重要举措。而《解释》（2000）已经进行了两次修改，对其不再有修改的必要，因此对其废止并制定新的司法解释。❶2010年最高人民法院将《网络环境下著作权的司法保护》作为重点调研课题，由知识产权庭组成课题组，在全国法院范围内展开了相关调研工作，并完成了相关调研成果，为司法解释起草工作奠定了重要基础。2012年4月最高人民法院公布了《关于审理侵害信息网络传播权民事纠纷案件适用法律若干问题的规定》（征求意见稿），后在综合各方意见基础上，修改并形成送审稿，提请最高人民法院审判委员会审议后通过。

《规定》（2012）依据《著作权法》《侵权责任法》和《信息网络传播权保护条例》等法律和行政法规的规定及其精神进行起草，将总结司法成熟经验和保持适当的前瞻相结合，并遵循利益平衡原则。其内容主要包括以下方面：

（一）将信息网络传播行为区分为作品提供行为与网络服务提供行为

在网络环境下的著作权保护中，信息网络传播行为的界定是一个基本问题。在我国司法实践中，对于信息网络传播行为有不同理解，曾有流行观点认为信息网络传播行为仅限于在信息网络环境下提供作品的行为，而"提供"则是将作品等上传至或者以其他方式置于向公众开放的网络服务器中。除此之外的提供服务行为均不属于信息网络传播行为。《规定》（2012）认为，随着技术的发展，不经过服务器的存储或中转，通过文件分享等技术也可以使相关作品置于信息网络之中，以单纯的"服务器标准"这一技术标准界定信息网络传播行为不够准确，也难以应对网络技术的飞

---

❶ 张先明："加强网络环境下著作权保护　促进信息网络产业健康发展——最高人民法院知识产权庭负责人答记者问"，《人民法院报》2012年12月27日。

速发展，因此应将信息网络传播行为作广义的理解，以是否直接提供权利人的作品的法律标准取代服务器标准来界定信息网络传播行为，将信息网络传播行为区分为作品的提供行为与其他信息网络传播行为，而其他信息网络传播行为则是以其技术、设施提供网络中间性服务的行为，即是一种提供服务而非直接提供作品等的行为。在这种区分的基础之上，产生了直接侵权责任与间接侵权责任的区分，直接侵权责任对应作品提供行为，而间接侵权责任对应网络服务提供行为。❶ 作品提供行为直接行使了他人的著作权，进入了著作权专有权领域；网络服务提供行为只是为作品的传播提供了帮助，并未直接行使著作权，充其量构成间接侵权。直接侵权责任是一种较为严格的侵权责任，即只要是未经许可擅自提供且无法定免责事由的，即构成侵权。间接侵权包括教唆和帮助侵权两种情形，新司法解释对于两种侵权的构成做出了具体规定。特别是结合侵犯信息网络传播权的特点，对于间接侵权的特殊要件（如"红旗标准""具体知情"）进行了规定。❷

（二）网络服务提供者的法律责任

网络服务提供者的法律责任界定问题是《规定》（2012）的核心内容。❸ 网络服务提供者行为的不同，决定了其责任的不同。例如，网络服务提供者未经许可，自行或以与他人通过分工合作等方式，通过信息网络提供权利人享有信息网络传播权的作品、表演、录音录像制品，除法律、行政法规另有规定外，其行为构成直接侵害信息网络传播权；如果其没有实施提供行为，在提供网络服务时，教唆或者帮助网络用户实施侵害信息网络传播权行为的，构成间接侵害信息网络传播权行为，需对网络用户的直接侵

---

❶ 张先明："加强网络环境下著作权保护　促进信息网络产业健康发展——最高人民法院知识产权庭负责人答记者问"，《人民法院报》2012年12月27日。

❷ 孔祥俊：《网络著作权保护法律理念与裁判方法》，中国法制出版社2015年版，第70页。

❸ 张先明："加强网络环境下著作权保护　促进信息网络产业健康发展——最高人民法院知识产权庭负责人答记者问"，《人民法院报》2012年12月27日。

害信息网络传播权的行为承担连带责任。具体而言，《规定》（2012）规定了两种间接侵权行为，其一是教唆侵权行为，即网络服务提供者以言语、推介技术支持、奖励积分等方式诱导、鼓励网络用户实施侵害信息网络传播权行为的，人民法院应当认定其构成教唆侵权行为；其二是帮助侵权行为，即网络服务提供者明知或者应知网络用户利用网络服务侵害信息网络传播权，未采取删除、屏蔽、断开链接等必要措施，或者提供技术支持等帮助行为的，人民法院应当认定其构成帮助侵权行为。

（三）网络服务提供者的过错认定

人民法院根据网络服务提供者是否具有过错，确定其对于网络用户侵害信息网络传播权行为是否承担教唆、帮助侵权责任。网络服务提供者的过错包括对于网络用户侵害信息网络传播权行为的明知或者应知。具体而言，人民法院从网络服务提供者应当具备的管理信息的能力、其传播的作品、表演、录音录像制品的类型、知名度及侵权信息的明显程度、是否主动对作品、表演、录音录像制品进行了选择、编辑、修改、推荐等、是否积极采取了预防侵权的合理措施、是否设置便捷程序接收侵权通知并及时对侵权通知做出合理的反应、是否针对同一网络用户的重复侵权行为采取了相应的合理措施等方面的因素认定网络服务提供者对其网络用户侵害权利人信息网络传播权是否应知。❶

第四节　网络著作权侵权责任的分析框架

一、作为一种社会现象

作为一种社会现象，网络著作权侵权问题的产生并非偶然，而是具有

---

❶ 张先明："加强网络环境下著作权保护　促进信息网络产业健康发展——最高人民法院知识产权庭负责人答记者问"，《人民法院报》2012年12月27日。

多方面或者多视角的原因。从技术层面来看，数字技术的发展使得复制成本异常低廉，而复制质量却近乎完美，网络技术的发展又极大地提高了信息的传播速度。面对技术与商业模式的不断创新，法律的评价却是相对滞后的。激烈的侵权纠纷背后所反映的正是复杂的产业竞争与利益分配。

（一）数字网络技术与复制传播

在网络环境下，复制是无时不在，无处不在的。信息可以被无限次、低成本而近乎完美地复制。数字时代的"版权海盗"不再需要厂房和设备，任何有能力购买电脑和网络服务的用户，都可以轻而易举地对他人作品进行复制和传播。随着网络的普及和网络技术的进一步优化，互联网和移动互联网正呈现出爆炸式的发展态势。任何网络用户如果将他人作品非法上传到互联网上，短短几分钟内就可传遍世界各地，并且可以被下载作品的用户再次传播。在下载与上传的过程中，社会公众不再只是信息的接收者，更加成为了信息的提供者和传播者。传播者的泛化削弱了著作权人对作品使用的控制能力，严重损害了著作权人的利益，打破了作品权利人和作品使用者的既有利益格局。可以说，复制传播技术的平民化在技术上促使网络著作权侵权行为的广泛存在。

而与此同时，社会公众对于信息共享的渴望以及知识产权保护意识的相对薄弱则是网络著作权侵权行为广泛存在的内在动因。互联网的发展历史表明，开放与共享是其发展至今的根本原因。互联网产生的早期主要是为了方便美国研究机构和高校的科学家们分享研究资料，因此只对科学家开放，后来逐渐发展为对商业机构开放，直至对所有的人开放。在所共享的信息中，有处于公有领域的信息，也有处于专有领域的信息，尤其是具有知识产权的信息。对于前者人们可以自由地传播和使用，而对于后者，则只有著作权人或经其授权之人才有权以某些特定的工、商业方式去使用，以获得经济上的利益。然而，对于普通的社会公众来讲，对拟上网传播的信息做出上述法律区分通常是很困难的，而对于知识产权保护的意识也是相对薄弱的，这与知识产权所具有的不同于有形财产的特征密切相关。对于诸如首饰之类的有形动产，所有人可以通过占有而基本上达到保护自己的财产不受侵害的目的，而所有人之外的人纵使认为该首饰十分精美，也不能从所有人处窃取或强行夺下，然后到处给人欣赏或者赠予他人。而这种"不可偷盗或抢夺他人（有形）财产"的法律观念和道德观念在社会公众的思想中通常是已经根深蒂固的，纵使有些人实施了偷盗或抢夺他人有形财产的行为，他们也是明知不可为而为之的。然而，对于诸如一部作品之类的知识财产，所有人基本上不能通过占有而达到保护其作品不受侵害的目的，"不可偷盗或抢夺他人（知识）财产"的法律观念和道德观念还是比较薄弱的。因此，很多人在阅读了一部小说、欣赏了一部电影或者使用了一个软件后，基于信息共享的良好初衷，而未经权利人的许可，擅自将有知识产权的作品上传到网络，尽管如此，他们并未意识到自己已经侵权了。因此，从长远来看，对知识产权保护进行法制宣传和道德教育是减少网络著作权侵权行为的重要途径。

（二）技术创新与法律评价

与此同时，随着技术与商业模式的创新发展，司法实践中出现了许多新的问题，而法律评价的相对滞后使一段时间内某些类型的网络著作权侵权纠纷大量出现。以网页快照技术为例，❶网页快照技术的功能是搜索引擎通过网络漫游器的索引，将被索引网站的网页内容（代码）较为完整地复制、保存于搜索引擎服务器实现的，这正是搜索引擎的后台工作即索引并建立索引数据库的过程。对于网页快照的法律性质，以及能否适用避风港规则或者提出合理使用抗辩等问题，立法上很长一段时间未作规定，而司法实践也不统一。❷直到北京市高级人民法院《关于网络著作权纠纷案件若干问题的指导意见（一）（试行）》（以下简称《意见（一）》（试行）），才在一定程度上进行了明确。《规定》（2012）第五条规定："网络服务提供者以提供网页快照缩略图等方式实质替代其他网络服务提供者向公众提

---

❶ 第五章第二节还将结合具体案件分析快照技术引发的著作权侵权问题。

❷ 详见第五章第二节。

供相关作品的，人民法院应当认定其构成提供行为。前款规定的提供行为不影响相关作品的正常使用，且未不合理损害权利人对该作品的合法权益网络服务提供者主张其未侵害信息网络传播权的，人民法院应予以支持。"可以预见，随着立法和司法的不断完善，法律的警示功能将会发挥相应的作用，这将可能在一定程度上缓解相关案件的发生。

（三）产业竞争与利益驱动

导致网络著作权侵权问题产生的根本原因在于产业竞争与利益驱动。这种产业竞争既包括互联网产业内的竞争，也包括互联网产业与传统产业之间的竞争。而随着文化创意产业的蓬勃发展，利益驱动的诱因更加促使网络著作权侵权事件的发生。

以备受瞩目的视频分享网站为例。随着视频传输速度的提高，接入途径的增多，网络视频获得了更广泛的用户支持。《第29次中国互联网络发展状况统计报告》显示，截至2011年12月，国内网络视频用户规模达到3.25亿人，在网民中的渗透率为63.4%。网络视频已经发展成为人们获取电影、电视、视频等数字内容的重要渠道，媒体价值显著提高，在互联网行业中的地位不断提升。然而，近年来网络视频的相关侵权纠纷比较频发。以上海市为例，据《上海法院知识产权司法保护状况（2010年度）》报告显示，全市法院审结一审知识产权民事案件2576件，其中以注册在本市的数家知名视频网站为被告的侵犯信息网络传播权案件即达418件，且被告败诉率达92.8%。这些纠纷主要表现为几大主要视频网站因争夺视频资源而展开的"连环战"。例如，2010年年初酷6网起诉优酷网连续盗播其拥有独家版权的影视剧40余部，随后优酷网也宣布将要起诉酷6网侵犯其网络著作权。3月，酷6网起诉土豆网侵犯其对《包青天》等5部影视剧的网络著作权，并索赔50万元；优酷网起诉酷6网侵犯百余部作品的网络著作权。4月，PPLive起诉PPS不正当竞争，要求PPS立即停止不正当竞争行为、侵犯著作权行为和损害商誉行为，并赔偿损失5000万元，随后PPS起诉PPLive盗播其享有著作权的电视剧20余部。7月，酷6网再次起诉优酷网盗播其《父爱如山》等8部热播剧的网络著作权，并索赔80万元。8月，搜狐网起诉土豆网侵犯其《杜拉拉升职记》等影片的网络著作权。随着视频分享网站向"长视频、正版化"模式发展，以视频分享网站为原告，以独播权被侵犯为诉由，提出的侵权诉讼将会增多，并且诉讼标的巨大。

传统产业与新兴产业之间的利益冲突依然激烈。网络下载便利，唱片业损失巨大，下载音乐是发展的趋势，唱片业者与P2P业者间的侵权战役，短时间内无法平息。唱片公司和众多音乐人所依赖的传统商业模式已经受到了网络技术的威胁，新旧产业之间的利益冲突引发了侵权诉讼的浪潮。文化创意产业是一种在经济全球化背景下产生的以创造力为核心的新兴产业，强调一种主体文化或文化因素依靠个人（团队）通过技术、创意和产业化的方式开发、营销知识产权的行业。文化创意产业主要包括广播影视、动漫、音像、传媒、视觉艺术、表演艺术、工艺与设计、雕塑、环境艺术、广告装潢、服装设计、软件和计算机服务等方面的创意群体。❶ 我国《"十一五"时期文化发展规划纲要》明确提出将文化创意产业作为发展的主要任务。文化部《"十二五"时期文化产业倍增计划》提出努力推动文化产业成为国民经济支柱性产业。英国创意产业之父Howkins J指出知识产权有四大类，即专利、版权、商标和设计，创意产业是产品都在知识产权法的保护范围内的经济部门。知识产权法的每一形式都有庞大的工业与之相对应，这四种工业加在一起就组成了创意产业和创意经济。❷ 在各种知识产权类型中，著作权与文化创意内容的产权化联系最为紧密。David Hesmondhalgh认为文化产业的特征在于制作文本，并将节目、影片、唱片、书籍、卡通、影像、杂志、报纸等概括称为文本（text）。❸ 而文本的内容正是可以受到著作权保护的作品。自从19世纪以来，版权法强化了文化商品的产权，因而巩固了整个文化产业。主流经济学以及政策制定者将

---

❶ 百度百科，http://baike.baidu.com/view/70810.htm，访问日期：2012年3月1日。
❷ The Creative Economy: How People Make Money from Ideas.2001.
❸ 【英】大卫·赫斯蒙德夫著：《文化产业》，张菲娜译，中国人民大学出版社2007年版，第2页。

其功能描述为：激励作者创作，认为如果作者写书，其作品被复制，但是他们却完全没有获得报酬，那么就减弱了他们继续写书的积极性。从政治经济学的研究方法看，文化商品倾向于担当公共物品的角色，对它进行消费并不会减少它的价值，版权法对复制权进行了限制，使得文化产品比它们原本的状况要稀缺。❶ 版权法为文化产品的生产和交易奠定了法律基础。此外，版权法还承担着平衡著作权人、使用人以及社会公众利益的重要任务，从而保证文化思想的自由传播。网络是很多文化创意企业的支点，整个文化创意产业也需要借助网络传播和推广得以蓬勃发展。巨大的商机和产业利益使得网络著作权侵权纠纷在经营文化内容的创意产业各企业中频繁发生。

二、问题的提出与分析框架

作为一种社会现象，网络著作权侵权问题是由多方面原因所导致的。而从法学研究的视角来看，法所调整的是人与人之间的社会关系，人作为法律主体的共性（如权利能力）与个性（如行为能力、关于责任主体的特殊规定）、人的意志（如合同、过错责任）以及人的行为表现等是法的建构中的核心问题。体现在侵权责任法上就是侵权责任在主体之间的分配，也就是说由谁来为侵权人的侵权行为承担相应的法律后果。因此，在网络著作权侵权责任的法学探讨中，本书采用以责任主体为主要视角和研究线索。首先，厘定可能存在的请求权对象，也就是可能的责任主体类型，其次，针对每一种类型的主体探讨是否以及如何承担著作权侵权责任。

为了使问题清晰化，我们暂且将网络想象为一个巨大的杂乱无章的信息传播媒介，其基本功能就是上传、展示和下载信息，而我们所需要的就是从计算机销售商处购买可以上网的电脑，从网络媒介搭建者处购买上网服务。当权利人发现自己的作品在未经许可的情况下出现在网络上时，他将竭尽所能地向每一个可能动了其作品的人发出警告或者提出主张，一般

---

❶ 【英】大卫·赫斯蒙德夫著：《文化产业》，张菲娜译，中国人民大学出版社2007年版，第68页。

而言，可能承担责任的主体越多，著作权可以得到的保障也越多。基于此，著作权人可能向使用电脑上传文件的上传者提出请求，可能向搭建网络媒介的服务提供者提出请求，可能向侵权作品的获取者提出请求，还可能向计算机生产厂商提出请求。

然而，网络的发展并非如此简单，随着技术的发展，信息存储服务更加专业和个性化，信息搜索与定位服务更加便捷和高效，手机、平板电脑、电子书等终端设备更加丰富和便携。侵权作品经由不同的转载者、不同的服务商、使用不同的下载设备的不同的下载者传播后，将会出现为数众多的可能成为侵权责任主体的个体。请求权人集团希望法律能够保障其一视同仁地向这些个体主张损害赔偿请求权，其所需要考虑的仅为个体的地理位置和赔偿能力，而无关举证责任的难易。而被请求权人集团则希望法律能够消除其承担侵权责任的风险，或者至少应该给予不同地位的责任主体不同的风险评价，以保障其在信息传播过程中的利益。

法律的基本作用之一乃是使人类为数众多、种类纷繁、各不相同的行为与关系达致某种合理程度的秩序，并颁布一些适用于某些应予限制的行动或行为的行为规则或行为标准。为能成功地完成这一任务，法律制度就必须形成一些有助于对社会生活中多种多样的现象与事件进行分类的专门观念和概念。这样，它就为统一地和一致地调整或处理相同或基本相似的现象奠定了基础。❶ 因此，我们首先需要将形态各异的可能的侵权责任个体分类并归于一定的工具性概念之下。

本书在既有的法学理论基础上，根据信息的网络传输过程，以及主体在信息传输中的地位，将网络著作权侵权责任的可能主体分为：网络信息提供者、网络服务提供者以及网络信息获取者三类。

网络信息提供者：是作品的第一接触者，处于作品网络传播的输入阶段，也是第一环节，是网络信息的生产者。

网络服务提供者：是作品网络传播的媒介和中间环节，也是作品网络

---

❶ 【美】E.博登海默著：《法理学法哲学与法律方法》，邓正来译，中国政法大学出版社2004年版，第501页。

传播的必要条件。

  网络信息获取者：处于网络输出阶段，是作品网络传播的接收者和使用者，也是网络信息的消费者，可能基于个人使用等非商业目的来使用从网络上获取的作品信息，也可能基于再传播或者其他商业目的来使用从网络上获取的作品信息。

  基于网络的共享性与交互性，以及网络终端设备的丰富和普及，社会普通成员成为网络传播的主体与受益者，他们既是网络信息提供者，也是网络信息获取者。而从产业发展的角度看，"内容为王"已经成为网络产业界的共识，因此，网络服务提供者也正在以各种方式涉足内容服务，在不同程度上充当着网络信息提供者。可见，同一主体在进行不同的行为时，充当着不同的角色，相应地也承担了不同的义务和责任。基于主体不同的法律地位，侵权责任法应当做出不同的评价。本书的第二、三、四章将会通过具体阐述各类责任主体的含义与法律地位来明确其是否应当承担著作权侵权责任，进而如何承担。

第二章 网络信息提供者的著作权侵权责任

"无传播即无权利"❶,网络信息提供者的传播行为本身提供了其承担著作权侵权责任的正当性基础,同时也提出了其侵权责任的归责原则问题。而在其著作权侵权责任的认定和承担过程中,首先需要明确网络信息提供者是否"动"了权利人的作品,侵犯了权利人的何种权利,以及是否具有法律规定的责任限制事由。

第一节 网络信息提供者的含义及法律地位

一、网络信息提供者的含义

网络信息提供者是指向网络空间上传信息或者以其他方式提供信息,使公众可以获得信息的个人或者单位。在现实生活中,政府机关、企事业单位、人民团体、个人等都可能通过上网发布信息或者转发信息而成为网络信息提供者,比较常见的是政府网站、公司网站、个人主页、公共聊天室等。随着P2P技术的发展,网络信息提供者可以通过本地计算机直接向

---

❶ 吴汉东:《著作权合理使用制度研究》,中国政法大学出版社1996年版,第1页。

他人提供信息，而无须将信息上传到公共服务器上。随着移动互联网的推广应用，手机网民成为重要的网络信息提供者，他们通过微博、微信等平台大量提供并快速更新着各类信息。在网络海量信息中，有属于公有领域的信息，也有属于私有领域的信息，在后者中包括了有著作权的作品信息，以及有邻接权的表演、录音录像制品信息。本书所讨论的主要是享有著作权的作品信息。

网络服务提供者提供内容的，视为网络信息提供者。其提供内容的方式多样，比较常见的如网络服务提供者自己编辑或创作作品，或者网络服务提供者对他人提供的作品进行审订、加工、整理并决定发布，或者通过创办其他公司、与其他公司进行合作、委托其他个人或者指派其员工来为其提供作品信息内容等。此时，网络服务提供者应当承担网络信息提供者的著作权侵权责任。

二、网络信息提供者的法律地位

网络的首要用途在于信息传输。人类的信息传输从最早的言传身教，到龟壳石刻的高成本记载，到现在的计算机网络快速高容量的记载及快速传播。计算机网络已经成为继造纸和印刷术发明以来，人类又一个信息存储与传播的伟大创造。网络信息提供者处于信息传播链条的第一个环节，是传播活动的发起人，也是传播内容的发出者。从著作权法意义上来评价，网络信息提供者是经由网络媒介向公众传播作品的传播者，是作品网络传播的发起者和实施者。为使作者得以凭其作品谋生，著作权规定了一系列经济权利，以适应公众获得作品的不同方式。向公众传播权是一类重要的著作权经济权利。向公众传播的观念包含了很广泛的行为，其目的是能够为广大听众（不确定的人数）所了解和感知，其形式包括作品的公开表演和不同形式的远程传播。关于远程传播作品的权利自从早期开始就一直持续扩展。不仅涵盖了无线传播方式（电台、电视、卫星）和有线方式（电缆），而且包括了作品的在线提供。依国际法，绝大多数国家已经授予作者以专有权，使作者可以授权或禁止向公众提供其作品，而公众可以在其各自选择的地点和时间获得该项作品。向公众提供权是向公众传播权的一个子类，是其下位概念。向公众提供的主要例子就是在互联网上提供作品。然而，向公众提供已超越目前的技术状况，其目标是涵盖将来可能产生的公众可在自己选择的时间和地点获得作品的一切可能情况。❶

网络信息提供者不同于报纸、期刊、广播、电视等传统传媒的传播者。后者具有突出的专业性和集体性特点。在专业性方面，主要表现为传播者需要经过专门的训练，掌握专门的知识和技能，以此为职业，并有一定的职业标准和协会组织等；在集体性方面，主要表现为在进行信息传播时往往需要集体合作，如在美国收视率最高的CBS的节目《60分钟》中，露面的主持人有4人，但不露面的编导和摄制人员却有40多人，正是露面的和不露面的人一起合作，才共同组成了大众传媒的传播者。网络信息提供者的情况则更加复杂，其中包括从事专业性网络信息传播的集体组织，他们在专业性和集体性方面的特点也十分突出。同时还包括广泛存在的社会公众，他们并不具备上述专业性和集体性的特点，在相关法律知识方面也是良莠不齐的，另外，启动网络传播程序的方式却是便捷的，由此促进了包括网络著作权侵权在内的网络违法现象的大量出现。

第二节 网络信息提供者著作权侵权责任的归责原则

所谓"归责"（imputatio/imputation），是指确认和追究侵权行为人的民事责任。而归责原则是立法者根据社会实际需要而确定的一套抽象的、普遍的法律规则体系，是用来确定行为人的侵权责任的根据和标准，它所解决的是民事责任的基础问题。

---

❶ 联合国教科文组织著：《版权法导论》，知识产权出版社2009年版，第76-79页。

一、侵权责任法上的归责原则

（一）归责原则的含义

任何国家的侵权法都面临着一个基本问题：因权益受到侵害而产生的损害应当由受害人承担，还是由加害人负损害赔偿责任？对此，各国法律多采用相同原则，即被害人须自己承担所产生的损害，仅于有特殊理由时，才能向加害人请求损害赔偿。正如美国著名法学家霍姆斯（Holmes）所言："良好的政策应让损失停留于其所发生之处，除非有特别干预的理由存在。"❶ 良好的政策是避免增加损失，因为使被害人得向加害人请求损害赔偿，无论在法律规范或实际执行上，势必耗费资源或产生交易成本。而所谓特殊理由是指应将损害归由加害人承担，使其负赔偿责任的事由，学说上称为损害归责事由或归责原则。❷ 由此可见，在"归责原则"的意义域中，所归之责为"赔偿责任"，而并非任何责任。

既然侵权行为是损害赔偿责任的发生原因之一，❸ 那么侵权责任是否等同于损害赔偿责任呢？即侵权行为的效力是否仅及于损害赔偿请求权？对此，我国台湾学者史尚宽先生早有论述。史先生认为，侵权行为的效力除产生损害赔偿债权外，尚包括不作为请求权。因为损害赔偿为事后救济，即以既生损害的回复原状为目的，而侵权行为制度的理想，不仅在于事后的补救，而且对现在及将来的侵害，须有排除及预防的方法，才能达到其目的，侵权行为的效力应及于停止侵害的不做为请求权。❹ 该不作为请求

---

❶ O. W. Holmes, "The Common Law" (1881), p.50: "Sound Policy lets losses lie where they fall except where a special reason can be shown for interference." 转引自王泽鉴：《侵权行为》，北京大学出版社2009年版，第11页。

❷ 王泽鉴："损害赔偿之归责原则"，载《民法学说与判例研究》（第一册），北京大学出版社2009年版。

❸ 一般而言，损害赔偿之发生原因可以归纳为四类：（1）因契约关系而发生之损害赔偿；（2）因侵权行为而发生之损害赔偿；（3）因保险契约而发生之损害赔偿；（4）因法律之特别规定而发生之损害赔偿。（参见曾世雄：《损害赔偿法原理》，中国政法大学出版社2001年版，第9页以下）

❹ 史尚宽：《债法总论》，中国政法大学出版社2000年版，第208页。

权的成立要件包括：(1)对于权利或利益，须有客观的违法攻击。因正当防卫或被害人同意而阻却违法，则不成立此请求权。主观过错要件和损害的发生，二者均非必要。(2)须权利或利益有被侵害之虞，或其侵害有由同一加害人对于同一被害人或其继承人继续或反覆之虞。侵害之虞或侵害之继续应做客观判断。❶ 由此可见，侵权责任与损害赔偿责任并不等同，其范围大于损害赔偿责任。

（二）过错责任原则与无过错责任原则

1. 过错责任原则

关于侵权法上的归责原则，首先须提到的就是过错责任原则，即因"故意或过失"不法侵害他人权益时，应就所生损害，负赔偿责任。德国法上的 Verschuldenshaftung，包括故意（Vorsatz）与过失（Fahrlässigkeit）。英美侵权法上的 Fault，也包括故意行为（intentional conduct）及过失行为（negligent conduct）。我国民法上的过错亦包括故意及过失。

自19世纪以来，过错责任成为各国侵权法的归责原则。1804年的《法国民法典》第1382条❷、1900年的《德国民法典》第823条❸、1896年的《日本民法典》第709条以及我国台湾地区"民法"第184条❹都明确规定了过错责任。英美法上的过错责任则由法院判例创设。我国大陆地区的《侵权责任法》也都规定了过错责任。《侵权责任法》第六条第一款规定："行为人因过错侵害他人民事权益，应当承担侵权责任。"

2. 无过错责任原则

侵权法上的归责原则，除过错责任外，还有无过错责任，即侵权行

---

❶ 史尚宽：《债法总论》，中国政法大学出版社2000年版，第208页。
❷ 《法国民法典》第1382条规定："任何行为使他人受损害时，因自己的过失而致使损害发生之人，对该他人负损害赔偿责任。"
❸ 《德国民法典》第823条规定："因故意或者过失不法侵害他人生命、身体、健康、自由、所有权或者其他权利者，对他人因此而产生的损害，负赔偿责任。"
❹ 我国台湾地区"民法"第184条规定："因故意或过失不法侵害他人之权利者，负损害赔偿责任。"

为的成立不以行为人的故意或过失为要件。德国法称为危险责任（Gefährdungshaftung）。英美法上称为严格责任（strict liability）。持有或经营具有特定危险的物品、设施或活动的人，在该物品、设施或活动发生危险，侵害他人权益时，应就所生损害负赔偿责任，不论赔偿义务人对该事故的发生是否具有故意或过失。无过错责任只有在法律有特别规定的情况下适用。

在立法上，《法国民法典》第1384条体现了无过错责任，后来最高法院的判例多次确认了第1384条所规定的无过错责任。《德国民法典》第833条和第836条在一定程度上体现了无过错责任的思想，但无过错责任最终成为归责原则还是依赖于一系列单行法规，如1871年《帝国责任义务法》（铁路）、1952年《陆上交通法》、1922年《空中交通法》。1922年《苏俄民法典》和1964年《苏俄民法典》都确认了无过错责任原则。在英美法系，通过立法和判例确立了严格责任。我国《侵权责任法》第七条规定："行为人损害他人民事权益，不论行为人有无过错，法律规定应当承担侵权责任的，依照其规定。"

（三）我国《侵权责任法》上的归责原则

在两大法系的侵权法中，有所谓过错责任、无过错责任等归责原则形式。关于我国侵权责任法的归责原则问题，有三种不同的观点：（1）一元说，认为应采取单一的过错责任原则；（2）二元说，认为过错责任原则和无过错责任原则都是我国侵权责任法上的归责原则；（3）多元说，认为我国侵权责任法上包括三种以上的归责原则。笔者赞同多数学者主张的二元说观点，即由过错责任和无过错责任构成归责原则体系，其中过错责任原则是一般侵权行为的归责原则。过错推定是过错责任的一种特殊形式，其基本方法是法律推定加害人有过错，从而实现举证责任的倒置。公平责任原则不是我国侵权责任法的归责原则，但公平原则在侵权责任法中起着重要作用。无论是过错责任，还是无过错责任，抑或损害后果的具体分担，都充分体现公平原则的社会功能。❶ 我国的《侵权责任法》也是采用了二元论

---

❶ 张新宝：《侵权责任法原理》，中国人民大学出版社2005年版，第24页。

的观点，从条文内容和体例来看，第六条规定了过错责任，第七条规定了无过错责任，没有关于公平责任的规定，过错推定被规定于第六条第二款，可见是作为过错责任的特殊形式加以规定的。

从条文的内容来看，我国《侵权责任法》上归责原则的意义域要大于法、德、日的民法典和我国台湾地区"民法"。第六条第一款规定："行为人因过错侵害他人民事权益，应当承担侵权责任。"这是我国过错责任原则的法律依据。从文义解释来看：(1) 所归之责是"侵权责任"，而非"赔偿责任"。该法第十五条规定了包括赔偿损失在内的八种承担侵权责任的方式。(2) 是否造成损失，在所不问。这是因为存在多种承担侵权责任的方式。因此，纵使没有造成损失，无须承担赔偿损失的侵权责任，也可能承担其他形式的侵权责任，例如停止侵害、排除妨害等。第七条规定："行为人损害他人民事权益，不论行为人有无过错，法律规定应当承担侵权责任的，依照其规定。"从文义解释看，(1) 所归之责为"侵权责任"而非"赔偿责任"；(2) 行为人"损害"了他人的民事权益，而非仅有"侵害"行为。

二、网络信息提供者的著作权侵权损害赔偿责任遵循过错责任原则

(一) 争论

理论界主要存在以下几种观点：

1. 过错责任说

过错责任说的主要观点是，第一，我国《民法通则》对于侵权行为的归责原则采用以过错原则为主，无过错原则为辅的二元归责体系，其中适用无过错责任原则必须是法律明确规定的特殊情形。网络著作权侵权行为没有特殊化的必要。第二，互联网仍处于发展阶段，若对网络信息的使用采取严格限制，仅以造成损害的客观事实作为依据，而对行为人的主观心理和状态是否应受到非难完全不予考虑，势必阻碍网络信息的传播，阻碍我国网络信息传播产业的发展。

2. 无过错责任说

支持无过错责任原则者认为，采取严格责任符合网络著作权侵权责任的最终目的，有利于对实际受损的权利进行恢复，并且符合国际通行做法。❶ 另外，为了达到理想的效果，"最可取的似乎是对侵权第一步（未经许可复制，或作为直接传播的第一步如表演，等等）利用作品的行为，对未经许可制作、使用等利用专利发明创造的行为，适用'无过错责任'原则；而对其他行为，以及一切间接侵犯知识产权的行为，考虑'过错责任'的原则。"❷ 再者，一般情况下，侵权人多以强行侵夺或毁损等较为明显、直观的方式来实施，而基于著作权保护的被动性及其地域性、时间性的限制，使著作权很容易受到他人的侵害并且手段也较为隐蔽。在这种情况下，连确定侵权人的身份都实属不易，要确定行为人主观上是否有过错就更加困难了。❸

3. 混合说

认为承担损害赔偿责任应该以过错为条件，而承担其他民事责任则不必以过错为条件。❹ 有学者认为网络著作权侵权责任中，"直接侵权"不以过错为条件，"间接侵权"以过错为条件，而损害赔偿责任的承担都以过错为条件。❺

综上可知，我国对于网络著作权侵权责任的归责原则问题尚未形成清晰一致的认识，而这将直接影响网络著作权侵权责任的构成。因此，有必要对归责原则问题进行澄清。

（二）从语源的角度来考察

我国《著作权法》在规定侵权行为时，强烈地受到了英美版权法有关"直接侵权"理论的影响。根据英美版权法理论，只要未经著作权人许可，

---

❶ 左婕："论网络著作权侵权责任的归责原则"，《咸宁学院学报》2004年第5期。
❷ 郑成思：《知识产权论》，法律出版社1998年版，第260页。
❸ 丛立先：《网络版权问题研究》，武汉大学出版社2007年版，第179页。
❹ 吴汉东主编：《知识产权法》，法律出版社2003年版，第110页。
❺ 王迁：《网络版权法》，中国人民大学出版社2008年版，第80-82页。

也没有法律规定的免责事由，擅自实施受专有权利控制的行为即构成"直接侵权"。至于行为人的心理状态如何，是否具有主观过错，只影响损害赔偿数额或救济方法，并不影响对行为构成"直接侵权"的认定。❶此处的"侵权"译自英文"Infringement"，与同样被译为"侵权"的"Tort"，表示不同的含义。前者包含一切民事侵害行为；而后者则仅仅或主要包含需要负财产损害赔偿责任的侵权行为。

在英美法系国家的法院中，认定 Infringement 从来不需要去找"过错""实际损失"这类"要件"，只要有侵权事实即可。从语源上看，当初判例法选择的这个英文术语本身，正是"只需认定侵权事实"之意。"in"表示"进入"，"Fringe"表示特定范围。任何人的行为，只要未经许可进入了他人的法定权利范围，即构成侵权。而"Tort"则含有"错误""过失"的意思。只有错误或过失存在，"Tort"才可能产生。《牛津法律辞典》（The Oxford Companion Law）在 infringement 词条中，专门注明"这个'侵权'术语，较多地用在侵害专利权、商标权、著作权"等知识产权。美国的《布莱克法律辞典》（Black's Law Dictionary）也指出："Infringement 尤指侵害知识产权，即侵害了专利、商标、著作权的排他权。"

早在1936年的一则有名的判例中，英国高等法院就指出"Infringement"覆盖了"Tort"；Tort 仅仅是 Infringement 中需要确认过错并负赔偿责任的那一类。❷《英国版权法》第16条至第21条，总标题是"版权禁止的行为"。其中规定：凡有这类行为，就必须被禁止并负民事责任，而无需任何前提条件。而第22条至第26条，总标题是"二次侵权行为"。其中每一条都不厌其烦地附上一句：要确定侵权，"需以行为人明知或应知其所销售、经营的复制件系侵权复制件"为前提。❸

由此可见，"Infringement"所强调的是一种侵权行为的客观状态，与侵权损害赔偿责任构成中的"违法行为"要件较为接近，在过错责任原则

---

❶ 王迁：《网络版权法》，中国人民大学出版社2008年版，第81页。

❷ See Ash v. Hutchinsion and Co(publishers)Ltd, Ch(1936), 489.

❸ 郭花："网络著作权侵权归责原则研究"，湖南师范大学硕士学位论文，2005年。

之下，如还满足"过错""损害事实""因果关系"的要件要求，则成立侵权损害赔偿责任；在无过错责任原则下，如还满足"损害事实""因果关系"的要件要求，则成立侵权损害赔偿责任。而"Infringement"本身足以引起一定的法律后果，例如停止侵权的民事责任，无需有过错，亦无需有损害。但是如前文所述，我国《侵权责任法》上所归之责为包括停止侵害在内的所有侵权责任，正是因为在我国侵权责任法中归责原则的意义域被扩大了，"Infringement"与"Tort"被混同了，因此在知识产权法领域，知识产权侵权的归责原则问题成为激烈争论的焦点。

（三）从归责原则的理论基础角度考察

如德国学者耶林（Rudolf von Jhering）所言："使人负损害赔偿的，不是因为有损害，而是因为有过失，其道理就如同化学上的原则，使蜡烛燃烧的，不是光，而是氧气一般的浅显明白。"❶ 过错责任原则的法理基础在于19世纪以来重视个人自由与理性的法学思潮：（1）个人就自己的过失行为所造成的损害，应负赔偿责任，此乃正义的要求。反之，若行为非出于过失，行为人已经尽到注意的能事，在道德上无可非难，应不负侵权责任。（2）任何法律必须调和"个人自由"与"社会安全"两个基本价值。过错责任被认为最能达成此项任务，因为个人若已尽其注意，即得免负侵权责任，则自由不受束缚，聪明才智可得发挥。人人尽其注意，一般损害亦可避免，社会安全足以维护。（3）过错责任肯定人的自由，承认个人抉择、区别是非的能力。个人基于其自由意思决定，从事某种行为，造成损害，因其具有过错，法律予以制裁，使负赔偿责任，足以表现对个人尊严的尊重。❷ 由此可见，过错责任原则体现了个人本位和意思自治的私法理念，是市民社会的重要生活法则。

无过错责任，又称"危险责任""严格责任"。其基本思想不是对不法行为的制裁，而在于"不幸损害"的合理分配，是基于分配正义的理念：

---

❶ 转引自王泽鉴：《侵权行为》，北京大学出版社2009年版，第12页。
❷ 王泽鉴：《侵权行为》，北京大学出版社2009年版，第12–13页。

（1）特定企业、物品或设施的所有人、持有人制造了危险来源。（2）在某种程度上仅该所有人或持有人能够控制这些危险。（3）获得利益者，应负担责任，乃正义的要求。（4）因危险责任而生的损害赔偿，得经由商品服务的价格机能及保险制度予以分散。❶

由此可见，无过错责任的产生是机器大生产、高度危险作业发展和普及的结果。由于现有工业技术条件的限制，商品生产者生产的产品有可能存在现阶段无法预见的瑕疵，像造纸厂之类的生产活动很可能造成周围环境的污染。商品生产者和造纸厂主承担无过错责任的同时又可通过保险制度来分散各自的风险。这是符合分配正义的。法律要求行为人承担无过错侵权责任，只是为了向受害人提供救济，并不是对行为人进行制裁。而侵犯著作权的行为则具有与其相反的性质，这种行为并不是一种必要的社会经济活动，对侵害他人著作权科以损害赔偿责任，也不是在为社会必要经济活动付出代价，而是为自身的侵权行为承担责任。因此，著作权侵权并不具备无过错原则的法理基础。

既然著作权侵权不具备无过错原则的法理基础，是否意味着只能适用严格的过错责任原则呢？这里需要特别指出的是探讨的意义域回到了侵权损害赔偿责任。对此，笔者赞同吴汉东教授的观点，认为可以适用过错责任原则下的过错推定规则。❷ 过错推定是对过错责任的补充和发展，是后者的特殊表现形式。根据这一规则，一旦损害发生，法律推定行为人有过错并要求其提出无过错抗辩，若无反驳事由，或反驳事由不成立，即确认行为人有过错并应承担责任。我国《侵权责任法》第六条第二款规定："根据法律规定推定行为人有过错，行为人不能证明自己没有过错的，应当承担侵权责任。"该条确立了我国侵权责任法上的过错推定规则。过错推定规则介于过错责任与无过错责任之间，就其以过错作为确定责任的最终依

---

❶ 王泽鉴：《侵权行为》，北京大学出版社2009年版，第15页。
❷ 吴汉东："知识产权保护论"，《法学研究》2000年第1期；蒋志培："TRIPS协定的知识产权侵权赔偿的归责原则和赔偿原则"，《法律适用》（国家法官学院学报）2000年第10期。

据而言，过错推定保持了传统过错责任所具有的价值和功能；就其虽无过错但可能也要承担责任而言，又具有无过错责任的若干特征。过错推定规则的这种平衡、协调作用，能够纠正过错责任原则对权利人举证要求过苛而对无形财产侵权人失之过宽、无过错责任原则对权利人保护比较充分而对知识产品使用人失之过严这两者的偏差。❶

（四）从比较立法的视角考察

1. 对于WTO《与贸易有关的知识产权协定》（以下称TRIPS）相关规定的理解

TRIPS第45条第1款规定："司法当局应有权责令侵权人向权利持有人支付足够的损害赔偿，来补偿由侵权者侵犯其知识产权所造成的损失，且侵权者知道或有充足理由知道他正在从事侵权活动。"第37条第1款对集成电路布图设计的"善意侵权"行为进行了规定："不知道所销售、进口或配送的物品中含有布图设计因素时，不应视为侵权行为。"在第31条第1款中，对进口、购买或订购侵权物品的情况也做了类似规定。另外，第45条第2款作为成员方可以保留的选择性条款，又明确规定了无过错承担责任的情形，即"司法当局也应有权责令侵权人向权利持有人支付全部费用，可包括合理的律师费。在适当的时候，即使侵权人不知道或无合理理由知道自己正在从事侵权活动，缔约方也可以授权司法当局责令其返还所得利润，或令其支付法定赔偿额，或二者并处"。由此可见，TRIPS中侵权责任的归责原则为"过错（推定）责任原则"，第45条第2款是一个选择性条款，"缔约方不采用这一归责原则，也不能认为违反协定"。❷

2. 美国

《美国版权法》并没有"严格责任"或"无过错责任"之类的术语，但是，美国司法实践似乎倾向于将之理解为严格责任，即无过错责任。如在1931年的 Buck v. Jewell–LaSalle Reality Co. 案中，最高法院就指出："根据

---

❶ 吴汉东：《知识产权法》，法律出版社2004年版，第28页。
❷ 汤宗舜：《知识产权的国际保护》，人民法院出版社1999年版，第223页。

版权法,(在认定侵权时)侵权的意图不是必要的。"❶ 当一个出版商善意出版了他人的侵权作品时,即使他对此没有过错,也不影响侵权的成立。在 Bright Tunes Music Corp. V. Harrisongs Music, Ltd 案中,法院甚至还判定,潜意识的抄袭也不能免除侵权责任。❷

侵权意图虽然对侵权的认定不起作用,但在确定赔偿数额上却有着重大作用。如根据《美国版权法》第504条(c)的规定,如果侵权行为系故意实施并且经法院认定,法院可酌情决定将法定赔偿金增加至不超过15万美元的数额;如果侵权人不知也无理由相信其行为侵犯了版权并经法院认定,法院可酌情决定将法定赔偿金减少至不少于200美元的数额。❸

由此可见,在美国,著作权侵权(Infringement)的成立不以过错为要件,但是损害赔偿数额的确定需要考虑过错因素。

3. 德国

《德国著作权法》第97条第1款规定:"违法侵犯著作权或者本法保护的其他权利者,得由受害人要求消除损害;有再次发生侵害危险的,得要求不作为;行为有首次违法之兆的,也得要求不作为。"第2款规定:"出于故意或者过失的行为人,对受害人负有赔偿由此产生的损害之义务。"该法第100条规定:"侵害人既非出于故意,又非出于过失的,如果为履行本法第97条和第98条规定的要求会引起其过度损失,并且可推定受害人同意金钱赔偿,得避开上述要求而赔偿受害人金钱。赔偿的数量按照通过合同授予权利时应当支付的报酬计算。随着赔偿数额的支付,视受害人已许可在通常范围内使用。"❹ 由此可见,在德国,过错的有无并不能作为侵权认定的前提,但却是损害赔偿的前提。

---

❶ 孟祥娟:《版权侵权认定》,法律出版社2001年版,第97页。
❷ 孟祥娟:《版权侵权认定》,法律出版社2001年版,第98页。
❸ 《十二国著作权法》,《十二国著作权法》翻译组译,清华大学出版社2011年版,第805页。
❹ 《十二国著作权法》,《十二国著作权法》翻译组译,清华大学出版社2011年版,第805页。

4. 中国

我国《著作权法》没有对著作权侵权责任的归责原则做出一般性的规定。《著作权法》第五十三条规定："复制品的出版者、制作者不能证明其出版、制作有合法授权的，复制品的发行者或者电影作品或者以类似摄制电影的方法创作的作品、计算机软件、录音录像制品的复制品的出租者不能证明其发行、出租的复制品有合法来源的，应当承担法律责任。"如果"不能证明其发行、出租的复制品有合法来源的，应当承担法律责任"，而反之，如果能证明其有合法来源的，则不负法律责任。这里存在两个问题：一是该条是否可以反推作为著作权侵权的一般原则适用？也就是说如行为人证明其没有过错，则不承担法律责任。也就是说采用了过错责任原则之下的过错推定规则。二是适用该条款时，该责任仅指损害赔偿责任，还是也包括停止侵害、消除影响等责任？《计算机软件保护条例》第二十八条也同样存在这两个问题。而《计算机软件保护条例》第三十条规定："软件的复制品持有人不知道也没有合理理由应当知道该软件是侵权复制品的，不承担赔偿责任；但是，应当停止使用、销毁该侵权复制品。如果停止使用并销毁该侵权复制品将给复制品使用人造成重大损失的，复制品使用人可以在向软件著作权人支付合理费用后继续使用。"这里是把赔偿责任和其他责任分开的。

综上，在大陆法系民法上，归责原则的含义中所归之责为损害赔偿责任。而在我国侵权责任法上，已将"所归之责"扩大到了包括损害赔偿、停止侵害在内的侵权责任。从语源方面来看，"Infringement"不同于"Tort"，其所强调的是一种侵权行为的客观状态，与侵权损害赔偿责任构成中的"违法行为"要件较为接近。尽管理论上存在误解和错位，但是从规则的角度看，各国的规则还是比较趋同的，即 Infringement 的成立不以过错为要件，而损害赔偿则需要过错要件。转换到我国侵权责任法的语境下，则是区分责任方式遵循不同的归责原则。损害赔偿责任的承担遵循过错责任原则之下的过错推定规则，停止侵害等其他侵权责任的承担遵循无过错责任原则。根据《侵权责任法》的规定，无论是过错责任原则下的过错推定规则，还是无过错责任原则都需要法律明确规定，因此著作权侵权的归责原则需要在《著作权法》中予以明确规定。

第三节 向公众提供行为

根据《著作权法》和《信息网络传播权保护条例》的规定，信息网络传播权的专有权利范围是作品、表演、录音录像制品的"向公众提供行为"。《规定》（2012）第三条规定："网络用户、网络服务提供者未经许可，通过信息网络提供权利人享有信息网络传播权的作品、表演、录音录像制品，除法律、行政法规另有规定外，人民法院应当认定其构成侵害信息网络传播权行为。"明确作品提供行为的构成是认定网络信息提供者身份的前提条件，在界定网络服务提供者究竟是承担网络信息提供者的侵权责任还是承担网络服务提供者的侵权责任时具有关键性意义。

一、构成要件

信息网络传播权的立法规范源自WCT第8条所规定的"向公众传播权"（the rights concerning communication to the public），与其中的"向公众提供权"（the right of making available to the public）相当。该权利所控制的行为在我国被称为"信息网络传播行为"，也就是"向公众提供权"所控制的"向公众提供行为"。本书使用"向公众提供行为"的用语，是因为向公众提供的主要例子是在信息网络上提供作品。然而，向公众提供已超越目前的技术状况，其目标是涵盖将来可能产生的公众可在自己选择的时间和地点获得作品的一切可能情况。❶ 因此，今后可能包括信息网络传播行为在内的更广泛的行为类型，而这些行为的共同之处在于交互式传播，也就是"使公众可以在其个人选定的时间和地点获得作品"。

---

❶ 联合国教科文组织著《版权法导论》，知识产权出版社2009年版，第76-79页。

（一）使公众可以在其个人选定的时间和地点获得作品

这种传播行为与传统的传播行为不同。在网络出现以前，传统的传播行为是一种由传播者"单向"提供作品内容、供公众欣赏的行为，公众只是被动的接收者，只能在作品传播者指定的时间或者指定的地点欣赏作品，因此，现场表演、机械表演、广播电台和电视台广播等都是由受众被动接收的"单向传播"。而通过将作品上传到互联网形成的交互式传播，能够使公众"按需""点播"作品，这进一步提高了信息获取的自由。这一要件中包含了几个关键性要素：

1. 公众

我国《著作权法》和《信息网络传播权保护条例》虽然对信息网络传播权进行了定义，但是并未对其中的"公众"做进一步的解释。在TRIPS协定1990年7月草案（主席草案）中有一项条文草案对"公众"一词作出了解释："就公开传播作品这一权利（例如表演、展览、放映、展示、广播、播送或者转播作品）而言，公开传播应当包括：在向公众开放的地方或者在正常范围内的家庭成员以及关系密切的社交朋友之外的大量人群聚集的地方传播作品；或者以任何手段或方式向上文提到的地方或者公众传播或者播送作品、表演或者作品的展览，而无论能够接收此种传播的公众中的成员是否可以在相同的地方或者不同的地方，同时或者不同时接收此种传播。"❶ 布鲁塞尔草案中虽然没有像主席草案中那样详尽的说明，但是提到了"三步检验法"的两个条件："任何成员的国内法在对'公众'一词进行定义时，不得与作品的正常利用相冲突，也不得不合理地损害权利人的合法利益。"

"公众"的一般释义为"社会上大多数的人"。❷ 结合上述法律文件，

---

❶ Gervais, The TRIPs Agreement: Drafting History and Analysis, London: Sweet & Maxwell, 1998, 第102页。转引自【匈】米哈依·菲彻尔：《版权法与因特网》，中国大百科全书出版社2009年版，第231页。

❷ 中国社会科学院语言研究所词典编辑室编：《现代汉语词典》，商务印书馆1997年版，第437页。

可以得出以下几点对"公众"的认识：(1)"公众"是指社会上半数以上的且不特定的人。(2)在正常范围内的家庭成员以及关系密切的社交朋友不属于"公众"。(3)各国对于"公众"的界定可能存在差异，但是不得与作品的正常利用相冲突，也不得不合理地损害权利人的合法权益。

2. 个人选定的时间

"个人选定的时间"体现了交互性特点，就文字含义而言，"交互"具有双向性、互动性的含义，而对于交互式传播行为而言，只有作品等内容的提供者与接受者均具有主动性，才可能具有传播的双向性及互动性，如果一方主动而另一方为被动，则无法达到双向、互动这一效果。另外，因其中的"个人"指向的是接收作品等内容的用户，因此符合该要件的传播行为的特点在于接收该内容的用户具有主动权，可以按照其个人需要决定是否获得、何时获得以及获得哪些内容。也就是说，"个人选定"应被理解为"按照个人需要的意思"。❶ 而且，信息网络传播权的其他要件在著作权的其他权项中都有所体现，而只有"个人选定的时间"这一要件在著作权中其他有关公开传播权的权项（广播权、放映权、表演权）中均不涉及，为信息网络传播权所独有，对于其他权项而言，公众仅能被动地按照内容提供者的安排接受其内容，其并无主动选择的权利。信息网络传播权之所以具有这一要件，系由网络传播技术的特点所决定，而这一特点也正是网络传播技术与其他传统的传播技术的不同之处。❷

虽然个人可以在其选定的时间获得作品，但这并不代表网络用户具有时间上的绝对控制权，这一选择权的存在应以内容所在的服务器开放为前提，即在服务器开放的时间内，如果用户可以按需进行时间上的选择，即可认定其符合这一要件。在服务器的关闭时间内，网络用户当然无法选择任何时间去获得作品，但这并不导致其未符合"个人选定的时间"这一要

---

❶【德】约格·莱茵伯特、西尔克·冯·莱温斯基：《WIPO因特网条约评注》，万勇译，中国人民大学出版社2008年版，第146页。

❷ 孔祥俊：《网络著作权保护法律理念与裁判方法》，中国法制出版社2015年版，第82页。

件。❶因此，这里的"时间"可以是无限制的，例如在一天24小时中的任意时刻，在世界的任何可以上网的角落；也可以是有限制的，例如某服务器只在下午2点到6点开放4个小时，但是用户仍然在这段时间内自行选择时间登录服务器，从头或者所需部分开始欣赏作品。

3. 个人选定的地点

尽管地点上的选择权是信息网络传播行为的必备特点，但并非为其独有。一些传统的著作权所控制的行为亦具有该特点，如广播权、发行权，只要在广播信号的覆盖范围内或是在作品的发行范围内，公众亦是可以选择其获得作品的地点的。网络用户只要具有地点的选择权，即可以满足这一要件，至于在多大程度上享有选择权，则在所不论。一般而言，只要可以获得作品的终端不止一个，则"选择地点"的要求就可以满足。❷比如，即便只有两台终端计算机，用户可以在这两个终端机之间进行选择，即可以认为用户具有地点上的选择权。相对于"个人选定的时间"这一交互性特点，个人选定的地点更多是从网络这一特点出发，即其强调的是信号在不同终端之间的传输，在具有两个以上终端的情况下，即可以认定其已形成一个网络，但如果仅有一个终端，则无法认定网络的存在。当然这种解释带有一定的机智性，实际上是否将其纳入调整范围，归根结底还是政策问题。❸

（二）作品提供行为

《著作权法》《信息网络传播权保护条例》与《规定》（2012）中均未对"提供"进行定义。从来源上看，"提供"译自WCT第8条中的"make

---

❶ 北京市第一中级人民法院：《信息网络传播权司法保护的课题调研报告》（2010年最高人民法院重点调研课题），转引自孔祥俊：《网络著作权保护法律理念与裁判方法》，中国法制出版社2015年版，第83页。

❷ 【德】约格·莱茵伯特、西尔克·冯·莱温斯基：《WIPO因特网条约评注》，万勇译，中国人民大学出版社2008年版，第148页。

❸ 孔祥俊：《网络著作权保护法律理念与裁判方法》，中国法制出版社2015年版，第79页。

available",是"使……可获得"的意思,即一种使他人获得作品的可能性,而非他人已经获得作品的状态。因此,一般来说只要将作品上传至或放置在向公众开放的网络服务器中供网络用户浏览或者下载,就构成作品的"提供"行为,而不论用户是否实际地进行过下载或者浏览。

我国《规定》(2012)区分了"一般的作品提供行为"和"特殊的作品提供行为"。其第三条对"一般的作品提供行为"做出了规定:"通过上传到网络服务器、设置共享文件或者利用文件分享软件等方式,将作品、表演、录音录像制品置于信息网络中,使公众能够在个人选定的时间和地点以下载、浏览或者其他方式获得的,人民法院应当认定其实施了前款规定的提供行为。"一般的提供行为是以上传或者相当于上传的其他方式(如利用点对点技术)将作品置于公众可以通过信息网络获取的状态。这是一种独立的、原始的和直接的提供行为,通常是使作品在信息网络上传播的起始行为。❶

二、特殊的作品提供行为

著作权法意义上的提供行为是根据行为的法律特征、法律后果等确定的。直接以上传或者相当于上传的其他方式使作品置于使公众可以通过信息网络获取的状态,固然是一种基础性或者初始性的提供行为,但不仅限于这些行为,在这些行为之外还有一些延伸,而这些延伸出来的提供行为,必须是与上述初始提供行为在法律上能够成为有机联系的整体的行为,这些行为构成应当作相同的法律评价的行为。❷ 这些特殊的提供行为需要被明确规定,《规定》(2012)规定了以下三种情形:

---

❶ 孔祥俊:《网络著作权保护法律理念与裁判方法》,中国法制出版社2015年版,第155页。
❷ 孔祥俊:《网络著作权保护法律理念与裁判方法》,中国法制出版社2015年版,第155页。

（一）合作提供行为

对于多数网站来说，仅靠网站自身的知名度获得的访问量往往比较有限，它们有时需要寻求其他网络服务提供者对其特定内容提供链接，由此拓宽用户来源和提高访问量。为此，一些网络服务提供者之间就特定内容的直接链接或搜索进行合作，被链者往往需要向设链者支付一定服务费，或从提供内容获得的收益中分成。这样一种模式如被用于未经授权作品的传播，将会严重侵犯到作者的信息网络传播权。在存在合作关系的情况下，如何认定合作双方的责任关系，存在两种观点：其一，认定为共同提供行为，承担共同侵权责任。其二，仍将设链网站定位为网络服务提供行为，适用间接侵权责任，只是加重了注意义务，即如果提供搜索、链接技术的网络服务提供者本身并未提供作品，仍认定其为网络中间性服务提供行为，只不过因其与内容服务提供者之间存在合作关系，可以加重其注意义务，认定或者更易认定其对于侵权行为明知或者应知，进而追究其连带侵权责任。❶

司法政策采取的观点是分工合作可能但不必然构成共同提供行为，从而承担共同侵权责任。是否构成共同提供行为，取决于当事人之间的合作深度，即如果合作达到了通过共同利用作品而共享收益的程度，就可以认定构成共同提供行为。❷ 如《北京市高级人民法院关于网络著作权纠纷案件若干问题的指导意见（一）》（试行）第五条规定："网络服务提供者主张其仅提供信息存储空间、搜索、链接、P2P（点对点）等技术、设备服务，但其与提供作品、表演、录音录像制品的网络服务提供者在频道、栏目等内容方面存在合作关系的，可以根据合作的具体情况认定其实施了信息网络传播行为。"《山东省高级人民法院关于审理网络著作权侵权纠纷案件的指导意见》（试行）第二十五条规定："网络服务提供者主张其仅提供信息

---

❶ 孔祥俊：《网络著作权保护法律理念与裁判方法》，中国法制出版社2015年版，第161页。

❷ 孔祥俊：《网络著作权保护法律理念与裁判方法》，中国法制出版社2015年版，第161页。

存储空间、搜索、链接、P2P（点对点）等技术、设备服务，但其与提供作品、表演、录音录像制品的网络服务提供者在频道、栏目等内容方面存在合作关系或其他利益关系的，可以根据合作的具体情况认定其直接实施了信息网络传播行为。"《浙江省高级人民法院关于审理网络著作权侵权纠纷案件的若干解答意见》第二十六条规定："提供链接的网站经营者与被链网站或网页的内容提供者存在共同经营等合作关系的，应当认定两者属于共同侵权，承担连带责任。"

《规定》（2012）第四条规定："有证据证明网络服务提供者与他人以分工合作等方式共同提供作品、表演、录音录像制品，构成共同侵权行为的，人民法院应当判令其承担连带责任。网络服务提供者能够证明其仅提供自动接入、自动传输、信息存储空间、搜索、链接、文件分享技术等网络服务，主张其不构成共同侵权行为的，人民法院应予支持。"该条规定了共同提供行为的共同侵权责任，其中分工合作是共同提供行为的一种典型方式。如何理解"分工合作"，起草者认为：（1）分工合作本身是中性的，其本身并不构成违法和侵权。法律禁止的是构成侵权的合作行为。（2）构成共同提供和共同侵权需要符合特定的条件。网络服务提供者虽然并不直接提供作品，但因与直接提供者有分工合作关系，而在法律上被认定为共同提供行为，其目的是加重网络服务提供者的法律责任，让其承担比间接侵权更为严格的责任，而构成共同提供的前提必然是有足以达到共同提供程度的合作深度。其一，仅仅是在提供网络技术服务上的合作显然是不够的，也不宜将此种情形当然纳入共同提供之中，否则会使网络服务提供者的责任过重，不利于促进互联网产业的健康发展；其二，构成共同侵权的共同提供行为，除了要求以合作协议等方式有意识联络外，还要在内容提供、针对内容提供的利益分享等方面有深度的合作，才可以构成作品的共同提供行为。❶ 关于分工合作的认定则与先前的司法政策是一以贯之的，即取决于合作的程度，如果达到了通过共同利用作品而共享收益的

---

❶ 孔祥俊：《网络著作权保护法律理念与裁判方法》，中国法制出版社2015年版，第164页。

程度，就可认定为共同提供行为。北京市高级人民法院2018年4月20日公布的《侵害著作权案件审判指南》❶中也规定了认定"分工合作"的标准，即"各被告之间或者被告与他人之间存在体现合作意愿的协议等证据，或者基于在案证据能够证明各方在内容合作、利益分享等方面紧密相联的，可以认定各方具有共同提供涉案作品、表演、录音录像制品的主观意思联络，但被告能够证明其根据技术或者商业模式的客观需求，仅提供技术服务的除外"。

从现有司法判例的角度来看，构成"通过共同利用作品而共享收益"的行为方式可以包括：

网络服务提供者与网络信息提供者之间存在内容合作协议，网络服务提供者统一收费并按照一定比例分享收益。如在星美传媒集团有限公司诉中国移动通信集团湖南有限公司、上海激动通信有限公司、湖南知博科技发展有限公司侵犯著作权纠纷案中，❷法院判决指出："被告湖南移动在梦网影视项目上与知博公司存在合作关系，不仅给知博公司提供网络接口，设立专项链接，而且该链接所对应的频道称为梦网影视，因此可以认定湖南移动明知该合作项目系关于影视作品的网上传播。不仅如此，梦网影视是通过会员制实施收费的项目，收费方式采用手机缴费，且仅限于湖南移动的用户，所缴费用全部进入湖南移动的账户，随后经扣除服务费再转给知博公司，因此两被告就该特定的合作项目还具有利益分配关系。综合上述因素，两被告共同侵害了原告就系争电影所享有的信息网络传播权，共同承担停止侵权和赔偿损失的民事责任。"

网络服务提供者与网络信息提供者之间基于用户协议，挑选并独自决定其在网络平台上的分销，同时在销售收益中分得固定比例。如在中国大

---

❶ 为贯彻执行《关于加强知识产权审判领域改革创新若干问题的意见》，提升北京法院著作权审判的质量和效率，推动首都文化产业的发展和创新，北京市高级人民法院总结整理以往涉及侵害著作权案件的各项指导文件，并梳理汇总实践中的各类问题，形成了《北京市高级人民法院侵害著作权案件审理指南》，并于2018年4月20日正式对外公布。

❷ 上海市第一中级人民法院（2008）沪一中民五知初字第146号民事判决书。

百科全书出版社有限公司与苹果电子产品商贸（北京）有限公司、苹果公司侵害作品信息网络传播权纠纷案中，❶法院判决指出："即使根据涉案应用程序的署名认定该应用程序为第三方开发商'ZHOU LIANCHUN'所开发，根据《已注册的 APPLE 开发商协议》和《IOS 开发商计划许可协议》记载的内容，苹果公司不但收费许可相关开发商使用苹果公司的软件编写、测试可运行在 IOS 环境下的应用程序，为开发商提供相关作业系统、文档资料、软件（源代码和目标代码）、应用程序、示范代码、模拟器、工具、应用程序库存、API、数据等内容和服务，还要求开发商开发的所有应用程序必须向苹果公司提交并由苹果公司选择分销并同意苹果公司酌情独自决定是否同意分销。同时，经苹果公司同意分销的应用程序在确定分销方式时需要经过苹果公司的挑选，收益要与苹果公司指定的关联公司进行分成。因此，苹果公司参与了涉案应用程序的开发过程，对第三方开发商开发完成的涉案应用程序进行了挑选并独自决定了其在'APPLE STORE'上的分销，同时在销售收益中分得了固定比例，事实上与第三方开发商共同实施了将涉案侵权应用程序提供给网络用户供其付费后进行下载的行为。被告苹果公司与涉案应用程序第三方开发商的上述行为构成对原告大百科全书公司信息网络传播权的共同侵害，苹果公司应承担相应的法律责任。"

（二）司法推定

法律作为一种价值判断，它创造性地反映事实并规范事实，规范性是法律的本质属性。法律对事实的规范，常常导致法律真实与事实状态之间的二元分离。由于人的认知能力是有限的，对于上述法律真实与事实状态的分离，与个案无关的社会一般人（有时甚至案件的当事人）往往无从知晓。在此情形下，对于无从认知法律真实从而错误信赖事实状态的社会一般人，是否应给予保护，应该在何种程度上给予保护，就成为问题。❷实践中一些网络服务提供者主张其提供信息存储空间、搜索、链接等服务，

---

❶ 北京市第二中级人民法院（2011）二中民初字第10500号民事判决书。
❷ 罗瑶：《法国民法外观理论研究》，法律出版社2011年版，第3页。

但其服务行为的外观却是提供信息内容，如提供信息存储空间服务的网络服务提供者未标注其服务性质及提供内容的来源和出处，深度链接的网络服务提供者未标识第三方网站等。这类情形就涉及服务外观主义与提供行为的推定。《北京市高级人民法院关于网络著作权纠纷案件若干问题的指导意见（一）》（试行）第八条规定："网络服务提供者主张其仅为被诉侵权的作品、表演、录音录像制品提供了信息存储空间、搜索、链接、P2P等服务的，应举证证明。网络服务提供者不能提供证据证明被诉侵权的作品、表演、录音录像制品系由他人提供并置于向公众开放的网络服务器中的，可以推定该服务提供者实施了信息网络传播行为。"《山东省高级人民法院关于审理网络著作权侵权纠纷案件的指导意见》（试行）第二十六、二十七、二十八条分别规定："原告主张网络服务提供者所提供服务的形式使用户误认为系网络服务提供者传播作品、表演、录音录像制品，但网络服务提供者能够提供证据证明其提供的仅是自动接入、自动传输、信息存储空间、搜索、链接、P2P（点对点）等服务的，不应认为网络服务提供者实施了信息网络传播行为。""网络服务提供者主张其行为属于提供信息存储空间、搜索引擎、链接、P2P（点对点）传输等帮助行为的，应承担举证责任。网络服务提供者不能提供证据证明被诉侵权的作品、表演、录音录像制品系由他人提供并置于向公众开放的网络服务器中的，可以推定该服务提供者实施了信息网络传播行为。""网络服务提供者主张其提供搜索、链接服务的，可考虑采用下列方法进行举证：一是采用客观性较强的公用软件，对信息地址来源进行解析；二是采用远程登录后台的方式对其链接历史进行回顾；三是采用对比其服务器容量与视频大小的方式进行排除。人民法院可以根据上述情况综合认定。"《规定》（2012）第六条规定："原告有初步证据证明网络服务提供者提供了相关作品、表演、录音录像制品，但网络服务提供者能够证明其仅提供网络服务，且无过错的，人民法院不应认定为侵权。"由此可见，司法实践中采用了举证责任倒置的方法来解决此问题，即由具有提供行为外观的网络服务提供者承担举证责任，否则推定其构成提供行为。

申请再审人北京慈文影视制作有限公司与被申请人中国网络通信集团公司海南省分公司侵犯著作权纠纷案[1]

案情简介: 慈文公司拥有电影《七剑》在大陆地区的著作权。海南网通公司在其网站www.hai169.com首页上设置"影视频道",点击进去"影视天地"(IP地址221.11.132.112),在该网页可以在线观看上述电影。慈文公司以侵犯著作权为由向海南省海口市中级人民法院提起诉讼,要求停止侵权并赔偿损失。海南网通公司在一审诉讼中举证证明点击其网站主页"影视频道"后进入"116天天在线"而非原来的"影视天地"网页。海口市中级人民法院一审认为,海南网通公司提供的是链接服务,被诉侵权后已经断开链接,不应承担侵权责任,遂判决驳回慈文公司的诉讼请求。上诉后,海南省高级人民法院二审维持一审判决。慈文公司申请再审,最高人民法院裁定提审本案并作出再审判决,撤销原两审判决,判令海南网通公司赔偿慈文公司经济损失及诉讼支出的合理费用人民币8万元。

裁判要点: 点击海南网通网站首页上的"影视频道",即可在进入的页面上进行操作观看电影《七剑》。进入的网页上虽然有"影视天地"的名称,但该网页上没有显示任何对应的域名或者网站名称等信息可以表明网页属于第三方所有,该网页的IP地址亦不能证明该网页另属其他主体所有,此种情形与通常所认为的链接不同,该网页至少从表面上属于海南网通公司。海南网通公司如欲证明该网页是其链接的第三方网站而不应为该网页上的侵权行为承担赔偿责任,应提交相应的证据。因该网页的IP地址位于海南网通公司管理的地址段范围内,海南网通公司能够提供该证据,而包括慈文公司在内的社会公众均无法获得。在海南网通公司未提供该证据的情况下,其关于仅提供链接服务的抗辩不能得到支持,其应对该网页

---

[1] 中华人民共和国最高人民法院民事判决书(2009)民提字第17号。载于奚晓明主编:《最高人民法院知识产权审判案例指导》(第二辑),中国法制出版社2010年版,第131–135页。

上播放慈文公司享有著作权的电影作品的侵权行为承担相应的法律责任。❶

此外，该案判决同时指出："即使该网页确属第三方主体所有或实际经营，因该'影视频道'与海南网通公司网站'主页''新闻频道''文学频道'等并列，海南网通公司将该网页内容作为其内容频道向公众提供，且从其在原审中提交公证书显示被诉后即变更了该'影视频道'内容来看，该选择完全是海南网通公司自主进行的。因此，此种行为与仅提供指向第三方网站的普通链接不同，海南网通公司至少应对该网站的实际所有者或经营者的主体资质进行一定的审核。本案中海南网通公司至今称其并不知晓该网页的实际经营主体，可见其并未尽到最低程度的注意义务，对该网页上出现的侵权行为亦应承担连带责任。"如果在网页属于第三方主体所有或实际经营的情况下，将该案与星美传媒集团有限公司诉中国移动通信集团湖南有限公司、上海激动通信有限公司、湖南知博科技发展有限公司侵犯著作权纠纷案相比较可知：

（1）当网络服务提供者与网络信息提供者之间存在内容合作协议，网络服务提供者统一收费并按照一定比例分享收益时，将会构成合作提供行为，进而承担有意思联络共同侵权的直接侵权责任。当网络服务提供者与网络信息提供者之间没有内容合作协议时，将按照网络服务提供者间接侵权责任的构成要件进行判断。

（2）这两个案例中的链接行为（星美案中分工合作的主要方式是由网络服务提供者提供链接和接口）都属于有意识的专项链接，其选择完全是网络服务提供者自主进行的，此种行为与仅提供指向第三方网站的普通链接不同，不属于避风港制度所保护的链接行为，但是仍然属于网络服务提供行为，应当按照引诱、帮助侵权的间接侵权责任构成要件进行法律判断。

（3）服务器标准仍然是区分信息提供行为与服务提供行为的基本标

---

❶ 该法律责任在《最高人民法院知识产权案件年度报告（2009）》中明确为"涉及提供链接服务的网络服务提供者的直接侵权责任"。载于奚晓明主编：《最高人民法院知识产权审判案例指导》（第二辑），中国法制出版社2010年版，第17页。

准，但是在分工合作情形下，法律评价标准有所改变，将网络服务提供行为拟制为信息提供行为。此为我国采用服务器标准为基础的法律标准的重要体现。

（三）快照行为

关于快照行为的详细论述，参照第五章"技术发展与网络著作权侵权责任的认定"部分。

需要说明的一种情况是选择提供行为。司法实践中，网络服务提供者提供搜索、链接或者信息存储空间等服务时，有时对于存储或者传输的内容进行审查、编辑、修改或者选择等，此时即可能改变网络服务行为的属性，增加侵权可能性。其典型情形包括：一是视频分享网站对用户上传的内容设置不同栏目，用户将作品上传至不同的栏目；二是搜索引擎设置针对特定作品类型的榜单，榜单名称由人为设置，并非自动生成，不同于空白搜索框。对选择提供行为的法律定性，《规定》（2012）前后存在明显变化。

1. 《规定》（2012）之前：构成提供行为

《北京市高级人民法院关于网络著作权纠纷案件若干问题的指导意见（一）》（试行）第六条规定："提供信息存储空间服务的网络服务提供者对服务对象提供的作品、表演、录音录像制品的内容主题、质量、内容等进行审查或者对作品、表演、录音录像制品进行了涉及内容的选择、编辑、整理，以决定是否在网络上发布的，其行为构成直接的信息网络传播行为，但基于法律、法规和部门规章的要求对著作权状况之外的内容进行审查的除外。"《山东省高级人民法院关于审理网络著作权侵权纠纷案件的指导意见》（试行）第二十三条规定："提供信息存储空间服务的网络服务提供者对服务对象提供的作品、表演、录音录像制品进行了涉及内容的选择、编辑、整理，其行为构成直接的信息网络传播行为。但基于法律、法规和部门规章的要求对著作权状况之外的内容进行审查的除外。下列情形不应视为构成直接信息网络传播行为：（1）人工审核目的是为了审查上传内容是否违反法律法规、公序良俗等；（2）网络服务商对上传内容进行编辑整理，但只是引导用户上传，且帮助公众查询，未对内容是否应上传进行选择、编辑、整理的。"可知：（1）对于违法信息的人工审查并不必然构成著作权法意义上的"提供行为"，如对《网络安全法》所规定的禁止传播内容的审查就不构成著作权法意义上的"提供行为"；（2）审查、选择、编辑、整理是否需达到影响上传的程度，在司法文件中并不统一，北京市的《意见（一）》（试行）要求必须达到决定发布的程度，而山东省的《意见》（试行）则没有决定发布的要求。

母碧芳诉北京舞风十雨广告有限责任公司著作权侵权纠纷案[1]

案情简介：原告母碧芳是长篇小说《惑之年》的著作权人，诉称：北京舞风十雨广告有限公司未经其许可擅自在网站上的"现代文学"栏目登载《惑之年》以供网络用户免费浏览和下载，侵犯了其对《惑之年》的信息网络传播权和获得报酬权。被告舞风十雨广告有限公司辩称：其经合法审批可以开设电子公告（BBS）服务栏目，网站"现代文学"栏目中的《惑之年》是由网络用户在BBS栏目中自行上传，其已在网站刊登"投稿说明"和"版权声明"，明示文章发布者需对上传文章承担法律责任，因此未侵犯母碧芳的著作权。

裁判要点：根据网站"投稿说明""投稿方法"和在注册过程中需用户接受的关于网络知识产权规定内容以及原审法院的勘验过程可知：用户并不能径行在上述栏目发布文章，而是需要向该网站"投稿"，由该网站栏目编辑对稿件内容进行审核并决定是否发布。包括《惑之年》的"现代文学"等47个栏目的文章编辑和分类工作是由舞风十雨公司网站进行的，而非用户直接自行上传生成。舞风十雨公司的上述行为不属于提供BBS服务，其已实际提供了网络信息内容服务，成为《惑之年》的网络登载及传播者。

---

[1] 北京市第一中级人民法院（2005）一中民终字第10231号。

2. 《规定》（2012）：不构成作品提供行为，仍为技术服务行为

《规定》（2012）第九条将"网络服务提供者是否主动对作品、表演、录音录像制品进行了选择、编辑、修改、推荐等"，作为认定网络服务提供者是否应知的考量因素之一。第十条规定了一种特殊情形，即"网络服务提供者在提供网络服务时，对热播影视作品等以设置榜单、目录、索引、描述性段落、内容简介等方式进行推荐，且公众可以在其网页上直接以下载、浏览或者其他方式获得的，人民法院可以认定其应知网络用户侵害信息网络传播权"。可见，《规定》（2012）在该类行为的定性上与之前的司法文件不同，网络服务提供者对于第三方上传的内容进行了选择、编辑和整理等，如果不存在与内容提供者的合作行为，将其仍然定性为服务提供行为，适用间接侵权规则，只是在此时可以加重其注意义务，即存在此类行为时可以认定其具有过错，但仍然不能改变其行为性质和责任承担。北京市高院的《著作权指南》中也规定："对涉案作品、表演、录音录像制品的主题或者内容主动进行选择、编辑、修改、整理、推荐或者为其设立专门排行榜的"，可以推定信息存储空间服务提供者"应知"。❶

《规定》（2012）只是将"选择"作为间接责任当中"应知"的考量因素，并未进行进一步区分。但是起草者也指出了：是否需要在此基础上进行区分，确实值得研究。❷网络服务提供者对于第三方提供的作品进行编辑、整理、分类等，但并不据此决定是否在信息网络上发布或者提供的，当然不构成作品提供行为，充其量是可能视情况适当加重其对第三方是否侵权的注意义务，而不能因此改变网络服务提供行为的性质。但是，如果编辑、整理等是为了决定是否在信息网络上发布的，如果发布的意志来自编辑、整理者，则可能被认定为提供行为。

---

❶ 北京市高级人民法院《侵害著作权案件审理指南》9.12。
❷ 孔祥俊：《网络著作权保护法律理念与裁判方法》，中国法制出版社2015年版，第170页。

三、作品提供行为的判断标准

（一）服务器标准与用户感知标准

1. 服务器标准

服务器标准，又称客观标准，是指只有将作品上传或以其他方式置于向公众开放的服务器才是"向公众提供作品"。如果满足服务器标准的行为没有获得著作权人的许可，将会构成对信息网络传播权的直接侵权；同样，也意味着未满足服务器标准的行为将不构成对信息网络传播权的直接侵权，但并不排除间接责任。

其正当性主要体现在以下方面：

第一，服务器标准最大限度地维系了利益平衡。这是支持者普遍认可的理由。服务器标准可以包容网络搜索技术的发展和合法应用，且权利人的合法利益可以通过间接侵权规则得到合理的维护，不会因为采用该标准而受到损害。

第二，服务器标准符合网络技术特性。用户点击链接后，其中包含的HTML指令便将被链接文件的网址提供给浏览器，然后浏览器与网址所指向的文件所在服务器建立双向交流，直接将文件下载到用户终端；虽然该文件在被告网页的背景下打开，文件的传输过程完全没有经过被告控制的设备。互联网最大的优点之一就是使从多渠道收集并同时呈现各种内容成为可能，而服务器标准更符合网络技术互联互通的属性。❶

第三，服务器标准符合信息网络传播权的立法原意。《世界知识产权组织版权条约》第8条规定的"向公众提供权"与我国《著作权法》据此规定的"信息网络传播权"均将权利的控制范围限定于"向公众提供作品……"而"提供作品"是一种客观行为，无论用户对其产生怎样的误认，都不应影响法院根据客观事实认定真正的行为实施者。❷

第四，服务器标准符合传播权的共性规律。考察国际条约及各国著作

---

❶ Perfect 10 v. Google, Inc. Perfect 10, Inc. v. Amazon. Com., 508 F. 3d 1146 (9th Cir. 2007).

❷ 王迁："网络环境下版权直接侵权的认定"，《东方法学》2009年第2期。

权法对表演权、放映权和广播权等传统传播权的规定可知，它们所规制的传播行为具备一个共性，即客观上形成了一个"传播源"，使作品以该"传播源"为起点向公众传送。"深层链接"通常只是为用户提供了从同一"传播源"获得作品的不同途径，并未形成新的"传播源"，所以其并不是一种传播行为。❶

第五，服务器标准是司法实践发展的历史性选择。从美国、欧盟及我国网络版权发展史中的一系列经典案例来看，❷ 中外各国的司法实践对网络链接的定性大多经历了一个起初在直接侵权问题上摇摆不定、最后过渡到间接侵权问题的发展历程，而世界各国网络版权司法实践的发展方向高度一致绝非偶然，对深层链接采取以服务器标准为代表的间接侵权标准，不仅能够有效地保护作者和其他权利人的合法利益，而且可以最大限度地促进网络信息传播，发挥网络互联互通的技术潜力。❸

第六，服务器标准已在我国司法文件中有所体现。《北京市高级人民法院审理涉及网络环境下著作权纠纷案件若干问题的指导意见（一）》（试行）规定："……（2）信息网络传播行为是指将作品、表演、录音录像制品上传至或以其他方式将其置于向公众开放的网络服务器中，使公众可以在选定的时间和地点获得作品、表演、录音录像制品的行为。……

---

❶ 王迁："认定信息网络传播行为应采用'服务器标准'"，《检察日报》2017年7月2日第3版。

❷ 美国的"Perfect 10诉Google案"、美国加利福尼亚中区地方法院和美国第九巡回上诉法院判决支持服务器标准、澳大利亚高等法院于2005年终审判决的"环球音乐公司诉Cooper案"、西班牙马德里地方法院在2007年判决的"Sharem ula案"、德国最高法院于2003年判决的"Paperboy案"等。
国国内案例：如在"七大唱片公司诉百度案"的二审判决中，北京市高级人民法院明确指出："将作品上传至或以其他方式将其置于向公众开放的网络服务器中的行为即构成信息网络传播行为，其后果是使公众可以在其个人选定的时间和计算机上通过访问作品所在的网站而获得作品。因此，判断被控侵权行为是否构成侵犯信息网络传播权，应该以被控侵权行为是否属于上传等方式提供作品的行为进行判定。"

❸ 刘家瑞："为何历史选择了服务器标准——兼论聚合链接的归责原则"，《知识产权》2017年第2期。

（4）网络服务提供者的行为是否构成网络信息传播行为，通常应以传播的作品、表演、录音录像制品是否由网络服务提供者上传或以其他方式置于向公众开放的网络服务器上为标准。"上海市第一中级人民法院为承担最高人民法院重点调研课题所撰写的《关于信息网络传播权纠纷案件若干问题的规定》（建议稿）中对"信息网络传播行为"的界定同上述"（2）"，其在说明中指出："对于网络传播行为究竟是采用用户感知标准还是采用服务器标准，学界有争议，本条采用服务器标准。"❶

理论界对服务器标准的质疑主要来自以下三个方面：

第一，服务器标准是纯技术标准，不能直接解决现实的法律适用问题。服务器标准找到了网络作品提供行为的技术起点，并不是法律起点。在当前的网络技术条件下，网络作品提供行为须上载到服务器之中向公众进行传播或提供作品，这是由现行网络服务的技术特征决定的。上载到网络服务器是从网络技术确定的提供行为的技术起点。但是，法律调整的归根到底是人与人之间的关系，确定了技术起点，并不能确定该提供行为是由网络服务提供者还是由网络用户或服务对象承担法律责任。❷

第二，服务器标准是因技术特征决定的提供行为的技术起点，会随着技术发展而变得缺乏存在基础。服务器标准是以技术方式作为法律标准的表达方式，极可能会随着技术的更新而丧失其存在的基础。如果网络技术的发展到了作品提供行为不需要经过服务器的阶段，则又如何判定网络作品的提供行为。❸

第三，服务器标准无法解决网络作品提供行为与存储行为的界定。《信息网络传播权保护条例》明确规定了提供存储空间服务的通知删除程序和提供信息存储空间服务的"避风港"保护，提供存储服务的作品必在网络服务提供者的服务器内。这就使服务器标准陷入了一个绝境：是否提供行为，只能由《信息网络传播权保护条例》第二十二条第一项规定的"明确

---

❶ 孔祥俊："论信息网络传播行为"，载《人民司法》2012年第7期。
❷ 詹启智：《信息网络传播权论》，中国政法大学出版社2014年版，第46页。
❸ 孔祥俊："论信息网络传播行为"，载《人民司法》2012年第7期。

标示"来区分——该种标示由于人为因素具有极大的迷惑性或虚伪性——网络服务提供者为了逃避法律责任，在网络作品提供行为进行时将其"标示"或"标榜"为存储服务提供者，彻底模糊了提供行为与存储行为的界限。❶

2. 用户感知标准

用户感知标准，又称主观标准，是指认定某一行为属于直接的信息网络传播行为，还是属于网络服务提供行为，不以所传播的客体是否存在于该网站的服务器上为标准，而应以其外在表现形式所带给网络用户的认知或用户是否可以直接在该网站上直接获得内容为标准。据此，如果外在的表现形式使得网络用户认为是该网站在提供信息，或用户虽然可以意识到该网站上提供的是链接服务，但用户却可以直接从该网站上得到该内容，则无论该信息是否存在于其服务器上，其行为均应被认为是直接的信息网络传播行为，在未经权利人许可的情况下，构成对信息网络传播权的直接侵犯。反之，则该行为仅是网络服务提供行为，享受避风港保护，仅在行为人明知或应知被搜索链接的内容构成侵权的情况下才承担间接侵权责任。❷

但是，"用户感知标准"也因其具有强烈的主观色彩和不确定性而受到质疑：

第一，"用户感知标准"具有强烈的主观色彩。"以用户的感知作为判断网络服务提供者是否实施了信息网络传播行为的标准。显然，这是一个主观标准：即使网络服务提供者仅仅对第三方网站中的内容设置深层链接，只要消费者误认为该内容直接来自设置链接的网络服务提供者，就可以认定该网络服务提供者未经许可提供了内容，构成直接侵权。"❸

第二，"用户感知标准"具有极大的不确定性。网络作品提供行为是

---

❶ 詹启智：《信息网络传播权论》，中国政法大学出版社2014年版，第47页。
❷ 芮松艳："深层链接行为直接侵权的认定——以用户标准为原则，以技术标准为例外"，《中国专利与商标》2009年第4期。
❸ 王迁："网络环境中版权直接侵权的认定"，载《东方法学》2009年第2期。

否确是网络服务提供者所为,仅凭用户感知难以确定。用户感知的准确程度受到用户的感知注意力的影响和是否具有基本网络知识等不确定因素的影响。因此,以此为标准进行判断"未抓住行为的本质和未能准确体现著作权法律标准的精神实质,也与信息网络传播行为涉及的责任划分制度不相匹配,如可能不适当地扩展网络服务提供者的责任范围、损及互联网产业的正常发展"❶。

近年来,深层链接技术的运用凸显了服务器标准与用户感知标准的标准之争。❷

(二)我国著作权法上采用的标准:以服务器标准为基础的法律标准

在《规定》(2012)出台之前,我国的部分司法文件采用了服务器标准,如上文提到的《北京市高级人民法院审理涉及网络环境下著作权纠纷案件若干问题的指导意见(一)(试行)》和上海市第一中级人民法院为承担最高人民法院重点调研课题所撰写的《关于信息网络传播权纠纷案件若干问题的规定(建议稿)》。《规定》(2012)有所变化:

一般的提供行为:"通过上传到网络服务器、设置共享文件或者利用文件分享软件等方式,将作品、表演、录音录像制品置于信息网络中,使公众能够在个人选定的时间和地点以下载、浏览或者其他方式获得的,人民法院应当认定其实施了前款规定的提供行为。"(第三条)仍然采用了服务器标准。

特殊的提供行为之合作提供行为:"有证据证明网络服务提供者与他人以分工合作等方式共同提供作品、表演、录音录像制品,构成共同侵权行为的,人民法院应当判令其承担连带责任。"(第四条)构成有意思联络的共同侵权。

特殊的提供行为之选择提供行为:"网络服务提供者是否主动对作品、

---

❶ 孔祥俊:"论信息网络传播行为",载《人民司法》2012年第7期。
❷ 关于深层链接技术引发的著作权侵权责任问题详见本书第五章第四节。

表演、录音录像制品进行了选择、编辑、修改、推荐等"，作为认定网络服务提供者是否应知的考量因素之一（第九条）。第十条规定了一种特殊情形，即"网络服务提供者在提供网络服务时，对热播影视作品等以设置榜单、目录、索引、描述性段落、内容简介等方式进行推荐，且公众可以在其网页上直接以下载、浏览或者其他方式获得的，人民法院可以认定其应知网络用户侵害信息网络传播权"。网络服务提供者对于第三方上传的内容进行了选择、编辑和整理等，如果不存在与内容提供者的合作行为，将其仍然定性为服务提供行为，适用间接侵权规则，只是在此时可以加重其注意义务，即存在此类行为时可以认定其具有过错，但仍然不能改变其行为性质和责任承担。这实际上也是建立在服务器标准之上的认定，即侵权行为实施者是将侵权作品上传或者以其他方式放置在服务器上的网络服务提供者以外的第三人。

特殊的提供行为之快照行为："网络服务提供者以提供网页快照、缩略图等方式实质替代其他网络服务提供者向公众提供相关作品的，人民法院应当认定其构成提供行为。前款规定的提供行为不影响相关作品的正常使用，且未不合理损害权利人对该作品的合法权益，网络服务提供者主张其未侵害信息网络传播权的，人民法院应予支持。"（第五条）在认定提供行为时，在服务器标准上另加了实质替代标准。

特殊的提供行为之司法推定："原告有初步证据证明网络服务提供者提供了相关作品、表演、录音录像制品，但网络服务提供者能够证明其仅提供网络服务，且无过错的，人民法院不应认定为侵权。"（第六条）在举证责任中引入用户感知标准，但实质上仍然遵循了服务器标准。

由此可见，我国著作权法所采取的判断标准并非单纯的服务器标准，而是可以概括为以服务器标准为基础的法律标准。

一方面，将作品提供行为的判断标准定位于法律标准具有两方面重要意义：首先，法律标准以事实为依据，同时又是超越事实存在状态的价值性或评价性标准。法律标准与事实标准既有其边界清晰的核心区域，又可能存在不清晰的边缘模糊区域（半影区），但两者的不清晰是不一样的。

法律标准的不清晰，可以通过价值取向或者导向来解决，即在法律定性上左右为难、模棱两可或者模糊不清时，要看哪一种定性更符合法律意义上的价值取向或者导向，以此进行决断。而事实不清的问题则需要根据证据规则解决，如对提供行为的推定，就是解决事实问题的规则。❶ 其次，法律标准可以将政策考量纳入其中，具有更强的灵活性。这种政策考量往往表现为不同产业的发展利益衡量以及公共事业的发展考量。网络著作权的保护关涉版权产业或者文化创意产业的发展、互联网产业的发展乃至新兴的大数据产业及人工智能产业的发展，还会关涉网络文化事业的发展和繁荣。网络著作权侵权责任制度的设计不仅需要考虑到产业与事业的发展需要，而且需要平衡不同产业之间的发展需求，以及相关产业在不同发展阶段的不同需求。

另一方面，也需要看到，尽管《规定》（2012）采取了法律标准，但是并没有与服务器标准完全脱离，服务器标准仍然是法律标准的事实基础。这是由现阶段互联网的技术架构所决定的。它提供了现阶段利益相关方可接受的相对客观的解决方案，在此基础上，各国立法结合本国产业与公共事业的发展需求进行立法及司法政策调整。

需要予以探讨的是，是否将法律标准理解为专有权标准，即是否属于作品提供行为，应当以是否构成对著作专有权的行使或者直接侵犯为标准进行判断。❷ 笔者认为二者之间可能还是不同的。一是专有权标准以行为对著作权所构成的侵害为唯一考量标准，而法律标准可能是综合考量了著作权人、网络服务提供者以及社会公众权益诉求之后的价值判断结果，法律标准更加符合著作权的正当性以及著作权法的立法价值；二是对于"作品提供行为"的判断恰恰是为了证明信息网络传播权的权利范围，而专有权标准表述为"作品提供行为"的判断来源于对信息网络传播权的直接行

---

❶ 孔祥俊：《网络著作权保护法律理念与裁判方法》，中国法制出版社2015年版，第69页。

❷ 孔祥俊：《网络著作权保护法律理念与裁判方法》，中国法制出版社2015年版，第69页。

使，即为了判断直接侵犯了信息网络传播权需要判断构成了作品提供行为，而判断构成作品提供行为又需判断直接行使了信息网络传播权。这难免有陷入循环论证之嫌。

第四节　网络环境下的作品及其实质相似性认定

由于网络著作权侵权损害赔偿责任采用过错原则之下的过错推定规则，在无法定抗辩事由的情况下，如果行为人实施了受网络著作权专有权利控制的行为，则通常可以推定其存在主观过错，并承担相应的赔偿责任。在此，隐含了一个前提性的条件，即争议的对象属于著作权法意义上的作品，在其上能够成立著作权，并且争议的作品之间具有相同或者实质相似性。例如，2009年8月2日，著名跳水教练于芬未经李强许可，亦未向其支付报酬，即在其博客"于芬的博客——搜狐博客"上的《如何突破难度与稳定的瓶颈，继续领跑世界跳坛》（以下简称《如》文）文章中使用了李强所著《西方理念是科学，东方思想是宗教》（以下简称《西》文）的整段内容，引用部分字数占《如》文全文字数的10%，并且未以任何形式注明引文的作者和出处。李强认为，于芬的行为侵犯了其对《西》文依法享有的著作权，将于芬诉至法院。本案中所涉及的第一个问题就是涉案博客文章是否属于受著作权法保护的作品？对此需明确著作权法保护作品的表达形式，作品所体现的思想内容不受著作权法的保护。对于被控侵权作品而言，只有在该作品与权利人的作品在表达形式上存在相同或实质相似的情况下，才构成对权利人所享有著作权的侵犯。李强主张《如》文的第六段整段引用了《西》文第五段内容，相同文字字数为261个字，于芬对此不持异议，法院认定《如》文第六段内容与《西》文第五段内容一致，二者内容的相同构成作品表达形式的相同。

一、网络环境下的作品

作品是著作权产生和存在的基础。从内涵上看，作品是指文学、艺术和科学领域内，具有独创性并能以某种有形形式复制的智力成果。从外延上看，我国《著作权法》第三条以列举的方式概括了各种形式创作的作品。

（一）作品的要件

根据作品的定义，构成著作权法意义上的作品的要件包括：

1. 是思想、情感的表达

据此著作权法上的作品不包括事实（包括数据）和思想。

不管额头上怎样出汗，或者投入了多少资金，所获得的事实都不构成著作权法保护的对象。例如希尔曼进行了艰巨劳动发掘出罗马遗迹，完成了世界史重新书写的伟大事业。但被他发现的历史本身（特洛伊不是神话而是确实存在的城市）属于客观事实，不是思想、情感的表达，不构成著作权的对象，任何人都可以自由记述这一历史事实（但是希尔曼所撰写的论文是作品，如果模仿该论文发表同样的文章，则侵害了希尔曼的著作权）。对他人花费劳动、费用等所发现、收集、记述的信息，未经许可利用的行为，在某种情况下应该受到谴责，但是著作权法对这样的信息不产生保护。因擅自利用而产生的问题，不构成保护创作行为的著作权法上的问题，而是侵权责任法乃至反不正当竞争法上的问题。

著作权法也不保护思想本身，例如发表与他人学术论文主题相同的不同文章（表现），著作权法是允许的。另外，文风、画风等，由于不是表现而属于思想，也不会成为作品。例如模仿毕加索风格的脸部画法，这幅画只要不是临摹毕加索的特定绘画，就不会侵害著作权。著作权法不保护思想的原因在于，如果著作权法超过保护表现而去保护思想，就会使保护过于强大，在某些情况下就会出大问题，即与所谓思想自由、表现自由、学术自由这些构成近代社会根基的价值观产生冲突。❶但是在具体案件中，

---

❶ 【日】中山信弘：《多媒体与著作权》，专利文献出版社1997年版，第18页。

对什么范围认定为表达，即著作权法的保护范围，往往存在争论。如果将表达的范围极度扩张，结果就产生了这种危险，即在保护表达的名义下，达到保护思想的同样效果。这一问题在确定计算机程序作品权利范围的问题上，尤为突出。

2. 具有独创性

"独创性"要求作品是作者自己独立创作完成的，不抄袭别人即可。因此，不论是幼儿园儿童画的幼稚图画，还是简单的无目的涂写，都可以满足法律上的"独创性"要件。这样，世界上就有无数作品存在，甚至可以说不拥有著作权的人，几乎是不存在的。只是由于多半的作品，事实上没有利用价值，因此没有产生法律问题。有关"独创性"的解释，对绘画、音乐、文学这样的传统作品而言，可以说是妥当的。但是对以程序为中心的技术上的作品而言，是否妥当仍有待讨论。

3. 具有可复制性

"可复制性"是指作品能够在一定载体上"固定"和"重现"。在网络空间里，著作权作品的表达方式是由"0"和"1"排列的二进制数码的单纯数据排列，是以数字化形式存在并在互联网上"流动"的。但这种"流动"是种假象，其实信息也是被固定在有形的物质上的。任何上传到互联网上的文件都必须传输到 www 服务器的硬盘驱动器内，即以数字化形式固定在计算机的硬盘上，这种固定的结果是能够被他人使用联网主机阅读、下载到其计算机硬盘上，或用 U 盘拷贝或直接打印到纸张上，这个过程就是著作权法要求的可复制性。❶例如在陈卫华诉成都计算机商情报社侵犯著作权案中，❷法院认为能够在一定时间被有形载体固定下来并保持稳定状态，为公众直接或借助某种媒体所感知、复制，就可认为作品具备可复制性。

4. 属于文学、艺术和科学领域

该要件的意义主要在于将实用性的物品从作品中分离出去，使之成为

---

❶ 王云斌：《互联网法》，经济管理出版社2001年版，第98页。
❷ 北京市海淀区人民法院（1999）海知初字第18号。

外观设计、实用新型等工业产权法保护的对象。

上述作品的构成要件在网络环境下仍然适用。如在瑞得（集团）公司诉宜宾市翠屏区东方信息服务有限公司著作权侵权纠纷案中，❶法院判决指出："作品作为文学、艺术和科学领域内的智力创造成果应具备独创性、可复制性和可传播性。原告的主页虽然所用颜色、文字及部分图标等已处于公有领域，但将该主页上的颜色、文字、图标及数字化的方式加以特定的组合，给人以美感，而不是依照客观规律对客观事实的简单排列，应是一种独特构思的体现，具备独创性；这一主页既可储存在www服务器的硬盘上，又可被打印在纸张上，说明该主页是可复制的；该主页能够被人通过www服务器上载到国际互联网上并保持稳定状态，可以被社会公众借助联网的计算机所接触，说明该主页具有可传播性，故该主页应视为受著作权法保护的作品。"

（二）数字化作品与数字式作品

从来源上看，网络环境下的作品可以分为数字化作品和数字式作品。

数字化作品，即是对传统形式的作品如书稿、电影胶片、唱片等借助数字化转换技术在网络中予以重现。关于对传统作品数字化转换的行为性质以及转换后的数字化作品的著作权归属的问题，学界曾经存在争论。一种观点是将作品数字化定性为类似于翻译的演绎行为，即传统作品数字化的本质是将一种语言翻译成另一种语言，也就是将人类的自然语言翻译成电脑能够识别的二进制代码。并且"数字化作品和数字化前的作品是单纯的演绎关系，它和把一件英文作品译成中文作品没有本质的区别"❷。另一种观点认为，作品数字化实质上是一种复制行为。因为将传统作品数字化只是将作品的原有形态进行数字转换，这种转换过程是机器完成的，其中

---

❶ 北京市海淀区人民法院（1999）海知初字第21号。
❷ 金渝林："数字化技术对版权保护的影响"，载《新技术著作权保护研讨会论文集》，转引自徐家力：《知识产权在网络及电子商务中的保护》，人民法院出版社2006年版，第21页。

并不包含人的创造性劳动，传统作品经过数字化处理后，并没有产生新的作品。作品的数字化与传统的印刷、复印、录音等复制行为并没有本质的区别。❶ 现在对此问题已基本达成共识，认为数字化转换纯粹是一种技术性转换，不存在独创性。传统作品被数字化转换包括两个步骤：一是把传统作品的原有形式转换成二进制数字编码，二是把转换出来的二进制数字编码固定在某个载体上，这种行为实质上与录音、录像过程极为相似，都属于复制行为，没有产生新作品。在王蒙诉世纪互联通讯技术有限公司侵犯著作权纠纷案中，❷ 法院将著作权法适用于作品的网络传播，认为作品的数字化转换，只是作品载体形式和使用手段的变化，并没有产生新的作品，著作权人对数字化作品仍享有著作权。《解释》（2000）明确了传统作品被数字化实际上是将该作品以数字代码形式固定在磁盘或光盘等有形载体上，改变的只是作品的表现和固定形式，对作品的"独创性"和"可复制性"不产生任何影响。因此，作品的表现形式应当包括数字代码形式，被数字化后作品著作权仍由原著作权人享有，著作权的各项权利内容也同样适用于数字作品的著作权。

数字式作品，即创作人直接借助电脑技术在网络上进行原始创作的作品。这种创作与传统作品无异，也是创造者智力活动的结晶。因此，只要创作成果符合著作权法关于作品要件的规定，创作者就应享有著作权。

我国《著作权法》第三条明确列举了八种具体形式的作品：文字作品、口述作品、音乐作品、戏曲作品、美术作品、摄影作品、电影作品和以类似摄制电影的方法创作的作品、工程设计图纸及说明、产品设计图、地图、示意图等图像作品和模型作品、计算机软件。那么网络环境下的作品该如何归类呢？《最高人民法院关于审理涉及计算机网络著作权纠纷案件适用法律若干问题的解释》❸ 第二条对此规定，在网络环境下无法归于《著作权法》第

---

❶ 应明："作品数字化转换的著作权法律性质"，载《著作权法》1997年第2期。

❷ 北京市海淀区人民法院（1999）海知初字第00057号；北京市第一中级人民法院（1999）一中知终字第185号。

❸ 《规定》（2012）生效后，该司法解释同时废止。

三条列举的作品范围，但在文学、艺术和科学领域内具有独创性并能够以某种有形形式复制的其他智力创作成果，人民法院都应当予以保护。这表明：在相关纠纷中首先考虑能否归入第三条的作品范围，其次，纵使无法归入第三条，只要符合作品的构成要件，也要受到法律保护。但是这种做法并不周全，《著作权法》第三条虽然对作品范围做了兜底性规定，即"法律、行政法规规定的其他作品"，但从逻辑结构来看，只有全国人大及其常委会制定的法律、国务院制定的行政法规可以增加新的作品类型，《著作权法》并未赋予人民法院这样的权力。因此，人民法院在个案中仅解释适用作品构成要件，而回避作品归类的做法，只能是权宜之计，并不具有充分的法律依据。目前《关于审理计算机网络著作权纠纷案件若干问题的解释》已废止，而新制定的《关于审理侵害信息网络传播权民事纠纷案件适用法律若干问题的规定》中已无这一规定。这种做法无疑更加符合《著作权法》第三条的规定，但是也使新形态作品的保护再次丧失了法律适用依据。《著作权法》（第三次修订草案送审稿）对《著作权法》第三条的兜底性规定进行了修改，其第五条（十六）规定："其他文学、艺术和科学作品"，取消了法律、行政法规的限制，如获得通过，则人民法院可以据此认定新型作品。

上诉人北京北大方正电子有限公司与上诉人暴雪娱乐股份有限公司等侵犯著作权纠纷案 ❶

案情简介： 北大方正公司是涉案方正兰亭字库的权利人。暴雪公司是网络游戏《魔兽世界》的著作权人，该公司授权第九城市公司对网络游戏《魔兽世界》进行汉化，并由第九城市公司在我国大陆地区运营该游戏；九城互动公司从第九城市公司运营网络游戏《魔兽世界》的收入中进行分成并作为2005年度、2006年度网络游戏《魔兽世界》的会计核算主体。第九城市公司以授权情文图书公司等经销商公开销售网络游戏《魔兽世界》安装光盘的方式向用户提供网络游戏《魔兽世界》的客户端。2007年5月，

---

❶ 中华人民共和国最高人民法院民事判决书（2010）民三终字第6号。

北大方正公司在北京图书批发交易市场购买了两套"魔兽世界"软件光盘。公证书记载，安装网络游戏《魔兽世界》客户端软件或者登录网址为www.wowchina.com 的网站，下载网络游戏《魔兽世界》客户端软件或者相关补丁程序后，通过点击相应的操作，可以在计算机屏幕上显示出涉案5款方正字体的信息。而北大方正公司并未授权暴雪公司、第九城市公司、九城互动公司及情文图书公司使用其享有著作权的方正兰亭字库中的这5款字体。北大方正公司在两审诉讼中的主要主张是其对方正兰亭字库享有计算机软件著作权，对每个汉字享有美术作品著作权；暴雪公司等四公司侵犯了其对方正字库的署名权及5款字体的信息网络传播权。暴雪公司等的主要主张是涉案字库及字型均不属于著作权法保护的作品；涉案游戏中使用的字型具有合法来源。

裁判要点：区分了方正兰亭字库的著作权保护与计算机中文字库运行后产生的单个汉字的著作权保护问题。第一，印刷字库经编码形成计算机字库后，其组成部分的每个汉字不再以汉字字型图像的形式存在，而是以相应的坐标数据和相应的函数算法存在。在输出时经特定的指令及软件调用、解释后，还原为相应的字型图像。字库中的字体文件的功能是支持相关字体字型的显示和输出，其内容是字型轮廓构建指令及相关数据与字型轮廓动态调整数据指令代码的结合，其经特定软件调用后产生运行结果，属于计算机系统软件的一种，应当认定其是为了得到可在计算机及相关电子设备的输出装置中显示相关字体字型而制作的由计算机执行的代码化指令序列，因此属于《计算机软件保护条例》第三条第（一）项规定的计算机程序，属于著作权法意义上的作品。第九城市公司未经北大方正公司的许可，将北大方正公司享有著作权的涉案兰亭字库装入其游戏客户端并销售的行为侵犯了北大方正公司对诉争字库计算机软件的复制权、发行权和获得报酬权，将该客户端通过计算机网络向其玩家提供的行为，侵犯了北大方正公司对诉争字库计算机软件的信息网络传播权。第二，每款字体（字库）均使用相关特定的数字函数，描述常用的5000余汉字字体轮廓外形，并用相应的控制指令及对相关字体字型进行相应的精细调整，因此每款字体（字库）均由上述指令及相关数据构成，并非由线条、色彩或其他方式构成的有审美意义的平面或者立体的造型艺术作品，因此其不属于著作权法意义上的美术作品。根据涉案"方正兰亭字库"的制作过程，其制作过程中的印刷字库与经编码完成的计算机字库及该字库经相关计算机软件调用运行后产生的字体属于不同的客体，且由于汉字本身构造及其表现形式受到一定限制等特点，经相关计算机软件调用运行后产生的字体是否具有著作权法意义上的独创性，需要进行具体分析后尚能判定。鉴于汉字具有表达思想、传递信息的功能，由于暴雪公司、第九城市公司在其游戏运行中使用上述汉字是对其表达思想、传递信息等功能的使用，无论前述汉字是否属于著作权法意义上的美术作品，其均不能禁止他人正当使用汉字来表达一定思想，传达一定信息的权利。因此，暴雪公司、第九城市公司在其游戏运行中使用上述字体相关汉字并不侵犯北大方正公司的相关权利。

二、作品实质相似性的认定

如果某人的作品与他人作品具有同一或者实质相似性，则可能构成对他人著作权的侵害。当然如果这种同一或类似是偶然的，则不构成侵权。因为独立创作的作品即使与他人作品实质相似，也是作者个性的表现。

（一）表达与思想的区分

作品是不同形式的对于思想、情感的表达。著作权法的一个基本原则是只保护对于思想观念的表达，而不保护思想观念本身。❶因此，将思想观念与表达形式相区分，并就后者的实质相似性进行比较，是网络著作权

---

❶ 例如，《美国版权法》第102条第2款规定："在任何情况下，对于作者原创性作品的版权保护，都不延及于思想观念、程序、工艺、系统、操作方法、概念、原则和发现，不论它们在该作品中是以何种形式描述、解释、说明或体现的。"《法国知识产权法典》第112条之1也规定："只要是智力创作的作品，不论其作品的种类或表达形式如何，都应受到保护。"TRIPS 第9条第2款也规定："版权保护应延及表达，而不延及思想观念、工艺、操作方法或数学概念之类。"

侵权认定的重要方面。思想观念是指概念、原则、术语、客观事实、创意和发现等。著作权法中的表达则是指对于思想观念的各种形式或方式的表述，例如文字的、音符的、线条的、数字的、色彩的、造型的、形体动作的表述或传达等。

当某种思想观念仅有一种或有限几种表达时，则著作权法不仅不保护思想观念，而且也不保护表达，这就是"思想观念与表达同一性"（Idea-Expression Identity）原则。因为在这种情况下，他人为了表达同样的思想观念，只能使用第一个人使用过的表达，或者只能使用与第一个人使用过的表达基本相似的表达。如果著作权法对其进行了保护则等于事实上保护了思想观念。该原则主要应用于功能性和事实性作品。因此，如果用于执行某一功能的程序代码仅仅存在一种或极少数几种方法，则其他人在编写执行这种功能的程序时，可以使用该程序代码，即不构成侵权。但是一般要证明某一思想观念的表现形式是唯一的（或只有极少数几种）是很不容易的。

与此相关的还有"情境"（scenes a faire）理论。该理论主要适用于文学性作品。文学作品中的某些要素，如事件、人物的特性和特定的背景等，不受著作权法的保护。因为它们是特定主题或思想观念的必然派生物，或者说作者创作同一主题的作品时不可避免地会运用这些要素。例如，近年来谍战片成为电视剧市场的热门主题，在谍战片中往往会出现情报窃取、情报传递、枪击等情节。如果对这些要素提供著作权保护，必然会阻止其他人就同一主题进行创作。

在对思想观念与表达进行区分时，美国法官汉德（Learned Hand）在1930年的"尼克斯"一案中提出的"摘要层次法"，具有一定的借鉴意义。他说："无论是依据普通法或是版权法，对于文学财产的保护来说，权利当然不能仅仅局限于逐字逐句的文本上。否则，抄袭者就会因为略加变化而逃脱责任。这从来就不是法律。然而，当文字上的挪用不再是检验标准的时候，则必然涉及笼统的整部作品。在涉及戏剧作品时，抄袭者可以是割走了一个场景，或者可以是挪用了一部分对话。然而问题在于，这拿走的部分是否构成'实质性',因而不是对于享有版权作品的'合理使用'。同样的问题也存在于涉及其他类享有版权作品的案件中。但是,当抄袭者不是拿走了具体的一块,而是拿走了整体的摘要,判定就更为麻烦。就任一作品,尤其是就戏剧来说,随着越来越远离情节,会有一系列越来越具普遍性的模式与之相应。最后一个模式可能就是该戏剧是有关什么的最一般的陈述,有时可能只包括它的名称。但是,在这一系列的摘要概括中,有一个不再受到保护的点。否则,剧作家就可能阻止他人使用其'思想观念'。除了思想观念的表述,他的财产权永远不及于思想观念。"❶ 而对于受保护的表达与不受保护的思想观念之间的临界点,又必须依据作品的种类、性质、特点等个案处理。

(二)表达的对比

在将思想与表达进行区分后,所要比较的是表达之间是否具有实质相似性。而实质性相似则是从作品的读者(Audience,包括读者、听众、观众等)的角度来说的。即一般的读者在比较了两部作品后,如果感到被告的作品使用了原告的作品,两者之间存在着实质性相似,即存在侵权;如果感到两部作品之间不存在实质性相似,则不存在侵权。但是无论如何所比较的都是两部作品之间的相似之处,而不允许比较两部作品之间的不同之处。在实质性相似的判定中,"一般读者"是一个关键性要素,这一判定方法具体贯彻了版权法的传统目的,即保障作者对其受保护的表述拥有排他性的市场——读者。当侵权作品盗用了享有版权作品的表述时,部分读者会选择购买侵权作品,从而使享有版权的作品失去部分的市场。在美国由陪审团来担当一般读者的角色,而在大陆法系国家,则由法官来完成这项任务。一般读者的标准因作品性质的不同而有所不同,在传统上,一般读者的检验标准,与文学、戏剧和绘画等作品联系在一起,在涉及这些作品的时候,一个一般的观察者可以通过细心比较而判断出原告作品与

---

❶ Nichols v. Universal Pictures Corp., 45 F. 2d 119, 7 USPQ 84 (2d Cir. 1930).

被告作品之间是否存在着实质性相似。因为这不需要很多的专业知识或背景。但在涉及专业性较强的音乐作品和计算机软件等作品的时候，一般的读者，甚至是进行审判的法官都难以判定两部作品之间是否存在实质性相似，此时就需要借助专家的力量。因此随着作品类型的丰富，"一般读者"的标准也在发生变化，逐渐转变为"作品所针对的读者"（the works intended audience）的检验标准。

第五节　网络信息提供者著作权侵权责任的限制

在现实生活中，尽管网络信息提供者的某些行为从表面上看侵犯了他人的权利，但由于法律有特别规定，因此不认为其行为违法，或者阻却了其行为与损害结果之间的因果关系，从而可以减轻或者免除侵权损害赔偿责任。而法律的这些限制侵权责任的规定，就构成了侵权的抗辩事由。

一、概述

抗辩事由，是指被告针对原告的诉讼请求而提出的证明原告的诉讼请求不成立或不完全成立的事实和理由。这样的抗辩如果成立，案件将被实体驳回，也就是对诉讼请求的驳回。因此，这种抗辩是依据实体法而享有的一种防御方式，不包括单纯依据程序上的理由来防御或对抗原告的情况，如管辖权异议等。

在侵权法中，抗辩事由是针对承担民事责任的请求而提出的，所以也称为免责或者减轻责任的理由。通常认为，侵权法中的抗辩事由包括正当防卫、紧急避险、自助、依法执行职务、受害人同意、不可抗力、意外事件、受害人过错、第三人行为等。前五种抗辩事由一般被称为"正当理由"，后四种抗辩事由一般被称为"外来原因"。❶ 所谓"正当理由",是指"行为人的某些行为虽然在客观上有造成他人损害的特征,但这些行为又具有侵权责任法上的正当性和合法性,因而人们可以以这种正当性和合法性作为抗辩事由,主张不承担民事责任"。因此这是一种行为合法性的抗辩。所谓"外来原因",是指损害的结果不是由于被告的行为所导致,而是由于其行为之外的独立原因造成的。因此这是一种排除因果关系的抗辩。

网络信息提供者可以主张侵权责任法上的一般抗辩事由,例如依法执行公务、获得权利人的许可(受害人同意)等。实践中,作者通常会许可出版社、期刊社一项或几项权利,数字图书馆、期刊网在从出版社、期刊社获得授权时,需要特别注意作者是否将信息网络传播权许可给了出版社、期刊社,以及是否允许出版社、期刊社进行再许可,否则一旦发生纠纷,数字图书馆、期刊网将无法进行有效抗辩,从而面临侵权的风险。例如,在魏某与龙源期刊网著作权纠纷案中,权利人魏某发现,其曾发表的文章凡是能在网上搜索到的,大部分在龙源期刊网上都能找到,在意识到可能被侵权后,他对其中的58篇文章进行了证据保全,并以自己作品的信息网络传播权没有授予过龙源期刊网为由,将其诉至法庭。对此,龙源期刊网主张他们已经取得了刊登权利人魏某文章的杂志社授权,并且与杂志社签订了《网络电子版合作协议书》,约定杂志社提供期刊给龙源期刊网进行数字化处理、制作网络电子版,并进行网络销售代理;协议签订后龙源期刊网便向杂志社支付了约定的版税和收益。在本案中,由于龙源期刊网在签订协议前,只审查了杂志社的出版资质,而未审查杂志社是否有权利处置其登载文章的著作权,因此不构成有效抗辩。❷

此外,网络信息提供者还可以主张著作权法上的特别抗辩事由,而这些抗辩事由主要与著作权的权利限制制度相关。著作权制度有其文化上的目的,希望借由对著作权人的保护,达到促进文化进步繁荣的终极目标,

---

❶ 冯珏:"论侵权法中的抗辩事由",《西北政法大学学报》2011年第4期。
❷ 姜旭:"龙源期刊网版权纠纷案引发业界讨论",《知识产权报》2010年7月2日,第9版。

因此各国的著作权法一方面赋予著作权人诸多财产性质的权利，以保障著作权人的利益；另一方面，也兼顾社会大众的利益，而对著作权人的权利加以适当的限制，允许他人在一定范围内使用作品，而不须先经著作权人的同意。❶ 著作权限制制度体现了平衡个人利益和公共利益的立法理念。在网络著作权侵权诉讼中，如果被诉侵权的网络信息提供者主张并证明自己的行为构成著作权限制的具体情形，则可以成立有效抗辩。而著作权法上的特殊抗辩事由主要包括期限限制、合理使用和法定许可。

（一）著作权保护期限的限制

作品已过保护期是著作权无效的原因之一。从历史进程来看，著作权的保护期限呈不断增长的趋势。❷ 我国《著作权法》第二十、二十一条也对著作权的保护期限做出了规定：（1）作者的署名权、修改权、保护作品完整权的保护期不受限制。（2）公民的作品，其发表权和著作财产权利的保护期为作者终生及其死亡后五十年，截止于作者死亡后第50年的12月31日；如果是合作作品，截止于最后死亡的作者死亡后第50年的12月31日。（3）法人或者其他组织的作品、著作权（署名权除外）由法人或者其他组织享有的职务作品，其发表权和著作财产权利的保护期为50年，截止于作品首次发表后第50年的12月31日，但作品自创作完成后50年内未发表的，不再受著作权法保护。（4）电影作品和以类似摄制电影的方法创作的作品、摄影作品，其发表权和著作财产权利的保护期为50年，截止于作品首次发

---

❶ 谢铭洋等著：《智慧财产权入门》，元照出版社2008年版，第211页。

❷ 1710年英国安娜法案中的保护期限，是从出版日起算14年，14年期限届满后，如果作者还活着，那么已经转让出去的权利重新收归作者所有，作者另外享有一个14年的保护期。美国1909年版权法中，版权保护期限是自发表之日起28年，之后还可以另外有一个28年的保护期。1837年的德国著作权法中，作者享有一生加30年的保护期。《伯尔尼公约》第7条是关于著作权保护期的规定，著作权保护期一般为作者终生加50年；电影作品的保护期可以自作品向公众提供起保护50年，或者自创作完成起保护50年；匿名或者假名作品的保护期自发表起保护50年，自作者身份披露后，仍按照作者终生加50年计算；摄影作品和实用艺术作品的保护期不得低于25年，自作品完成时起算。成员国可以提供更长的保护期。

表后第50年的12月31日,但作品自创作完成后50年内未发表的,不再受著作权法保护。因此,如果著作权的保护期限已过,则构成侵权的有效抗辩事由。

(二)合理使用

合理使用,是指在法律规定的条件下,不必征得著作权人的同意,也不必向其支付报酬,基于正当目的使用他人著作权作品的合法行为。❶ 合理使用是各国著作权法的通行制度,也是著作权实务和理论研究的一个最易引起争议的规则。从各国的立法来看,主要存在因素主义和列举主义两种立法模式:(1)因素主义模式,即仅列出可以合理使用的领域,具体需要考虑各种因素确定,以美国为代表。《美国版权法》第107条规定:"为了批评、评论、新闻报道、教学(包括用于课堂的多件复制品)、学术或研究之目的而使用版权作品的,包括制作复制品、录音制品或以该条规定的其他方式使用作品,系合理使用,不视为侵犯版权的行为。"❷ 在某一特定案件中决定对一项作品的使用是否属于合理使用时应当考虑的因素包括:该使用的性质和目的,包括该使用究竟是出于商业目的还是非营利性的教育目的;受版权保护作品的性质;从整体上看使用部分在受版权保护作品中的比重和地位;该使用对受版权保护作品潜在市场或价值的影响。(2)列举主义模式,即通过列举方式明确规定合理使用的规则,以欧盟及其成员国国内法为代表。绝大多数国家对著作权权利限制与例外进行列举和特定化,法院对于合理使用采取封闭与谨慎的姿态,很少基于立法列举的类型之外去判断其他行为的合理性。❸

我国采取的也是列举主义模式,《著作权法》第二十二条规定了十二种合理使用方式,《信息网络传播权保护条例》在此基础上,将合理使用

---

❶ 吴汉东:《著作权合理使用制度研究》,中国政法大学出版社2005年版,第144页。
❷ 《十二国著作权法》,《十二国著作权法》编译组译,清华大学出版社2011年版,第731页。
❸ 【美】朱莉·E. 科恩等著:《全球信息化经济中的著作权法》,中信出版社2003年版,第494页。

制度延伸适用于网络环境下,包括:(1)为介绍、评论某一作品或者说明某一问题,在向公众提供的作品中适当引用已经发表的作品;(2)为报道时事新闻,在向公众提供的作品中不可避免地再现或者引用已经发表的作品;(3)为学校课堂教学或者科学研究,向少数教学、科研人员提供少量已经发表的作品;(4)国家机关为执行公务,在合理范围内向公众提供已经发表的作品;(5)将中国公民、法人或者其他组织已经发表的、以汉语言文字创作的作品翻译成的少数民族语言文字作品,向中国境内少数民族提供;(6)不以营利为目的,以盲人能够感知的独特方式向盲人提供已经发表的文字作品;(7)向公众提供在信息网络上已经发表的关于政治、经济问题的时事性文章;(8)向公众提供在公众集会上发表的讲话;(9)图书馆、档案馆、纪念馆、博物馆、美术馆等通过信息网络向本馆馆舍内服务对象提供本馆收藏的合法出版的数字作品和依法为陈列或者保存版本的需要以数字化形式复制的作品,但不得直接或者间接获得经济利益,当事人另有约定的除外。尽管可以不经著作权人许可,无需支付报酬,但是仍应当指明作者姓名、作品名称,并且不得侵犯著作权人依照本法享有的其他权利。

(三)法定许可

著作权法定许可,是指根据著作权法的直接规定,使用者在以特定方式利用他人已经发表的作品时,可以不经著作权人的许可,但应向其支付报酬,并尊重著作权人的其他权利的制度。需要指出的是虽然使用者可以不经著作权人的同意而使用其作品,但是仍需要支付相应的报酬,否则将构成对著作权人获酬权的侵犯。各国在设定法定许可制度时,主要根据本国的政治、经济、文化、科技发展的实际需要,主要包括:(1)基于公共利益的需要,例如不经著作权人许可而将已发表作品使用在教科书中,广播电视组织使用他人已经发表的作品等;(2)基于市场公平的需要,例如音乐作品的著作权人如果授权一家录音制品制作者制作录音制品,他不得给予该录制者以排他许可;如果其他的录音制品制作者寻求他的授权,他必须以相同的条件许可第二、第三家录制者，以防止第一家录制者垄断录制品的市场；（3）由于他人对于作品的使用过于广泛，著作权人无法自愿许可，甚至无法获得报酬，例如就空白磁带、空白录像带、复印机征收少量的使用费等。❶

我国著作权法规定了五种法定许可情形，即编写出版教科书法定许可，报刊转载、摘编法定许可，制作录音制品法定许可，以及广播电台、电视台播放已发表作品和录音制品法定许可。❷《信息网络传播权保护条例》第八条还规定了远程教育的法定许可。

毫无疑问，在侵权诉讼中，著作权限制制度是被告重要的防御手段。那么在数字网络环境下，被告能够继续主张这些抗辩事由，尤其是那些一向被优待的传统的作品传播者，当其成为网络信息提供者时，能否继续享有这些优待？不无疑问。下文将结合数字图书馆、远程教育机构、网络电视台来具体探讨。

二、数字图书馆的抗辩

自2002年陈兴良教授诉中国数字图书馆侵犯信息网络传播权案以来，"数字图书馆"已经引发了众多著作权侵权纠纷。例如，2004年郑成思等七教授状告书生公司，2007年几百名学者状告超星图书馆，2008年482名硕士、博士将万方数据公司告上法庭，104名硕博士将矛头指向中国学术

---

❶ 李明德、许超：《著作权法》，法律出版社2009年版，第101页。
❷ 《著作权法》第二十三条、第三十二条第二款、第三十九条第三款、第四十二条和第四十三条。

期刊网等。相关法律问题更因"谷歌数字图书馆计划"[1]而成为理论界和实践界关注的焦点。尽管上述侵权纠纷多以"数字图书馆"的失败告终,似乎意味着"数字图书馆"的合理使用抗辩无效,但是笔者认为不尽然,"数字图书馆"应该有主张合理使用抗辩的空间,这主要取决于三个主要问题的解决:

(一)图书馆能否将合理使用抗辩延伸至数字网络环境?

图书馆、档案馆、纪念馆、博物馆、美术馆等公共文化机构,负有传播文化、提高民族素质的职能,因此各国的通行做法是对图书馆使用作品在著作权保护上规定例外和限制。在传统的印刷环境下,关于图书馆的合理使用一般限定在为了陈列或者保存版本的需要可以复制馆藏的作品。数字网络技术进一步提高了图书馆在信息扩散和知识传播方面的能力,使作品的传播成本更低廉、传播速度更快捷、读者群更庞大。因此将图书馆的合理使用制度延伸至数字网络环境有利于图书馆职能的更好发挥。但是另一方面,如果对图书馆向公众提供数字作品不加以任何限制,又会严重影响著作权人的利益。因此,各国对图书馆在网络环境下的合理使用做出了调整,主要包括两类:

其一是从维护权利人利益的角度,对合理使用进行严格的限制,仅规定了图书馆为了保存版本的需要制作数字复制品的合理使用,基本没有规定网络传播的合理使用,如美国、日本等。根据《美国版权法》第108条

---

[1] 谷歌自实行数字图书馆计划以来,名称多有变化,如 Google Books、Google Print、Google Book Search。2004年10月,Google Books 诞生,剑桥大学等15家出版社首先宣布加入该计划。同年12月,谷歌宣布 Google Print 计划,与哈佛大学、密歇根大学、牛津大学、斯坦福大学图书馆及纽约公立图书馆合作。2005年8月 Google 宣布 opt-out 策略,9月美国作家协会(AG)与美国出版商协会(AAP)对谷歌提起集体诉讼。2006年法国作家协会(SGDL)等团体以"谷歌在其网站中使作品可读而获取广告收入,未向作者和出版社支付报酬"为由起诉谷歌侵犯版权。2009年10月23日,中国作家棉棉对谷歌提起诉讼,11月18日中国作协向谷歌发出维权通告。(董永飞、马海群:"谷歌数字图书馆计划发展历程与版权问题分析",《情报资料工作》2010年第4期。)

的规定，在非常严格的条件下，(无直接或者间接商业利益目的的)图书馆和档案馆可以以保存和安全为目的，以及以替换已毁坏的、丢失的或者被盗的作品为目的，制作一定类型作品的复制品。图书馆也被允许根据读者的要求制作作品一部分或者制作其收藏期刊所刊载的或者在图书馆馆际互借阅服务系统内一篇文章的复制件。DMCA对该条进行了修改，允许对毁坏、退化、丢失或被偷窃的作品或者现有格式陈旧的作品制作替代性复制件，其条件为：(1)图书馆或档案馆做出合理努力后，确实不能以合理的价格得到未使用过的替代物；(2)任何以数字形式复制的此类拷贝或光盘不能在图书馆或档案馆之外以合理拥有的形式向公众提供。此外，由图书馆或档案馆馆长或其代表通过计算机终端向公众在线传播作保存之用的美术收藏品的复制件，不构成侵权，其条件是：(1)终端安装在图书馆或档案馆内；(2)为制作电子或纸质复制件或传播复制件而想获取作品的人不能使用计算机终端。《日本著作权法》第31条第1款规定："国会图书馆以及以供公众使用图书、档案或者其他资料为目的设立的图书馆和依照政令设立的其他设施，在下列情况下，可以不以营利为目的，使用图书馆等的图书、档案或者其他资料复制作品。(一)应图书馆等的使用者请求，为供其调查研究使用，可以为其提供已发表作品的一部分(在发行后经过相当时间的期刊上刊登的个人作品，则为全部)的复制品，但限于一人一份；(二)为保存图书馆资料的需要；(三)应其他图书馆等的请求，为其提供因绝版或与此类似理由，而难以获得的图书资料的复制品。"❶

其二是在规定图书馆为了保存版本的需要制作数字复制品的合理使用的同时，规定了有限的网络传播的合理使用，如欧盟、澳大利亚和加拿大等。欧盟《关于协调信息社会中版权和相关权若干方面的第2001/29/EC号指令》第5条第2款(c)项规定："由公众可以进入的图书馆、教育机构、博物馆或档案馆进行的无直接或间接经济或商业利益的特殊复制，成员国可以做出复制权的限制。"第3款(n)项规定："为了研究和私人学习目的，

---

❶ 《十二国著作权法》，《十二国著作权法》编译组译，清华大学出版社2011年版，第376页。

在第2款（c）向所指机构的场所内，通过指定的终端，向公众中的个体成员传播或提供其拥有的作品或其他客体，成员国可以做出向公众传播权的限制，但不得违反购买或许可使用作品或其他客体的条件。"❶《澳大利亚版权法》第54-94条规定，图书馆和档案馆可以无需支付报酬或获得许可，按下述规定进行文件传输服务：（1）按照研究或学习的需要，复制和传输一部作品或一篇期刊文章的10%；（2）按照研究或学习的需要，为使用者复制或向另一个图书馆电子传输（即电子邮件）一部作品，条件是在合理的时间内以正常的商业价格买不到该作品；（3）向为了保存和内部管理目的的人员复制和电子传输（即经过电子邮件或内部网）馆藏作品；（4）在图书馆内部不容许在计算机终端上电子复制（比如用磁盘拷贝）或交流（比如电子邮件或上载互联网或内部网）以电子形式向公众提供的作品。2017年版权法修正案进一步合并简化了允许图书馆和档案馆出于保存目的制作版权材料复制件的例外，出于保存目的制作版权材料的复制件时，图书馆和档案馆不再需要作出并保持关于商业复制件缺乏可用性和适用性的声明。并规定出于研究目的而制作版权材料的电子复制件，也可以向公众提供而不构成侵权，只要其采取合理措施确保其使用者不以侵权的方式接触或使用该研究复制件。❷根据《加拿大著作权法》第30条之1、第30条之2的规定，图书馆、档案馆、博物馆或其授权的人，为了管理和维护其永久性馆藏的目的，制作其永久馆藏中某作品或其他题材的一件复制品，无论是否发表，均不构成著作权侵权。图书馆、档案馆、博物馆或其授权的人，根据为研究或个人学习目的而使用复制品之人的要求，制作发表在学术、科学或技术期刊或者是已出版一年以上的报纸和其他期刊中的作品的复制件，不构成版权侵权。但仅得向此人提供一份作品复制品，并且告知使用者该复制件仅供研究或个人学习目的，如用于其他目的需要得到作品著作

---

❶ 王迁、【荷】Lucie Guibault 著：《中欧网络版权保护比较研究》，法律出版社2008年版，第155-178页。

❷ "国际视野下的澳大利亚版权法修正案"，载人民网，http://ip.people.com.cn/n1/2018/0417/c179663-29930578.html，访问日期：2018年12月17日。

权人的许可。

我国著作权法采取了第二类模式。《信息网络传播权保护条例》第七条专门规定了图书馆等公共文化机构通过信息网络提供馆藏作品的合理使用制度。根据该条的规定，图书馆等公共文化机构进行合理使用抗辩需要满足以下条件：(1)对象限制，即仅向本馆馆舍内的服务对象提供；(2)范围限制，即包括本馆收藏的合法出版的数字作品，以及为陈列或者保存版本需要以数字化形式复制的作品，并且于后者是已经损毁或者濒临损毁、丢失或者失窃，或者其存储格式已经过时，并且在市场上无法购买或者只能以明显高于标定的价格购买的作品；(3)非营利性限制，即不得直接或者间接获得经济利益。与上述国家不同，我国没有对服务对象在计算机终端制作数字复制件的行为做出限制，因此只能通过当事人的约定和相关技术安排来进行限制。例如，有些数据库全文档经 DRM（数字版权管理机制）加密，一经下载后即锁定于该计算机才能开启，并仅供下载的计算机浏览、存储，并且下载后的全文档不提供文章段落剪切、复制和转帖等，此外，如果个人计算机毁损、系统重置等，则已下载的全文档需重新付费下载。

（二）"数字图书馆"是否为图书馆？

从图书馆合理使用制度的立法基础来看，图书馆是公共文化机构，是公益性事业单位，其公益性主要表现在两个方面：其一是非营利性，即不以经营图书馆并获取商业利益为目的，但并不排除为了图书馆的正常维护而收取必要的管理费；其二是承担着为文化教育事业、科学研究服务进行文献信息资源保存的重任。"公益性"是其获得优待的主要原因。"数字图书馆"，从技术上看，是一个数字化的信息服务系统，它将分散于各种载体、不同地理位置的信息资源以数字化的方式存储并以网络化的方式传播，为读者提供服务，以实现资源共享。实践中，既包括国家财政支持运作的公益性数字图书馆，也包括由专业技术公司进行商业运作的营利性网站或数据库和民间投资建立的免费网络数据库。因此，尽管都称为"数字图书馆",但是并非都是"图书馆"。现阶段,只有那些进行数字化建设(图书馆数字化服务系统)的传统图书馆才属于"图书馆",才可能主张图书馆的合理使用抗辩,包括公共图书馆、科学研究图书馆、高等院校图书馆等系统内的信息资源数字化建设,其本质上是传统图书馆职能在网络环境下的延伸。而其他的商业性或免费的网站或数据库,都是一般的网络信息提供者,不能主张合理使用抗辩。

(三)"数字图书馆"的使用是否合理?

"数字图书馆"所触及的核心著作权问题在于其服务行为可能严重有损于著作权人的经济利益。传统图书馆可以基于陈列和保存版本的需要,而复制本馆收藏的作品,复制件是少量而有限的,而在馆内收藏的作品复制件的数量是确定的,并且主要来源于作品的出版发行市场。同时纸质载体决定了同一时间仅允许数量确定的读者进行阅读,也就是说,读者所阅读的作品复制件仍主要来自作品的出版发行市场,因此著作权人的经济利益能够通过作品的出版发行而获得充分保障。而数字图书馆则有所不同,它是以生成作品复制件的方式来供读者阅读的,也就是说,数字图书馆提供的作品复制件数量是不确定的,取决于读者的人数,它不是以"恒量"的方式进行提供,而是以"增量"的方式进行提供的。例如,图书馆从出版发行市场购入一本书籍,但是将其数字化后,通过数字服务系统向读者提供时,可以根据读者的需求提供数量倍增的复制件,其后果是变相扩大了作品的市场供应量,或者是作品的复制件并非主要来自作品的出版发行市场。但是权利人仅能获得一本书籍的版税(这里忽略了读者获得数字化作品后仍购买纸质作品和进行再传播,以及权利人也能从数字图书馆间接获利等因素),因此严重减损了著作权人在作品出版发行市场的经济利益,由此产生了"合理性"的偏离。但是如果数字图书馆能够通过技术措施和使用协议等制度安排限制读者的访问量,限制对数字作品的下载和编辑等,从而保障著作权人在出版发行市场的经济利益,矫正"合理性"的偏离,则数字图书馆可以主张合理使用抗辩。

三、远程教育机构的抗辩

（一）传统教育机构的抗辩事由

建立著作权保护制度的目的是鼓励作品的创作和传播，教育是作品创作和传播的源头，而且教育关涉国民素质的提高和国家文化的发展，因此，在著作权保护制度中，对为教育目的使用作品设定例外和限制，是著作权保护的传统做法，各国的著作权立法一般都有这方面的规定。例如，《美国版权法》第107条规定："为了批评、评论、新闻报道、教学（包括用于课堂的多件复制品）、学术或研究之目的而使用版权作品的，包括制作复制品、录音制品或以该条规定的其他方式使用作品，系合理使用，不视为侵犯版权的行为。"❶ 该法第110条（1）进一步规定："非营利性教育机构中的教员或学生，在课堂上或者用于教学的类似场所面授教学活动中表演或展出作品；涉及电影或其他音像作品时，以违反本篇非法制作的复制品表演或展出单个图像，且负责该表演者知道或有理由知道该复制品不是合法制作的除外。以上行为不视为侵犯版权的行为。"❷《日本著作权法》第35条第1款规定："在学校和其他教育机构（以营利为目的设立的学校和其他教育机构除外）中担任教学的人以及听课的人，为了在教学过程中使用，在必要的限度内，可以复制已经发表的作品。但是，按照该作品的种类、用途以及复制的数量、复制的方式，著作权人的利益会受到不当损害的，不在此限。"❸ 我国《著作权法》在第二十二条、第二十三条分别规定了为学校课堂教学而翻译或少量复制已发表作品的合理使用制度，以及为编写教科书使用作品的法定许可制度。

---

❶ 《十二国著作权法》，《十二国著作权法》编译组译，清华大学出版社2011年版，第731页。

❷ 《十二国著作权法》，《十二国著作权法》编译组译，清华大学出版社2011年版，第735页。

❸ 《十二国著作权法》，《十二国著作权法》编译组译，清华大学出版社2011年版，第378页。

（二）网络远程教育机构的抗辩事由

网络和数字技术的发展，为教育发展提供了新的手段，同时也丰富了教育的内容，拓宽了教育的空间，使远程教育成为可能。网络远程教育，又称在线教育，它是随着数字网络技术的发展而兴起的一种新的教与学在空间与时间相分离的教学模式。网络远程教育的形式具有多样性，目前包括电子邮件、新闻组、聊天室、电子布告板系统、可下载的录音、录像文件、课程管理结构程序、网站之间的超文本链接以及交互式 CD-ROM 和 DVD-ROM 等方式。❶ 各国肯定了远程教育在发展教育公益事业中的积极作用，因此应当提供便利。例如，美国合理使用联合会（CONFU）在1996年的《教学多媒体合理使用纲领的建议》中指出：如果满足一定条件，教师和学生被允许为准备多媒体材料使用含有著作权的作品，但教师所制作的多媒体材料的使用仅限于面对面的教学、安排学生有目的的自学以及向网上注册学生进行远程教学。2002年《技术、教育和版权协调法案》（Technology Education And Copyright Harmonization Act，简称 TEACH 法案）对《美国版权法》第110条第2款进行了修正，建立了合格的非营利性机构在远程教育中对版权作品的合理使用制度。欧盟《关于协调信息社会中版权和相关权若干方面的第2001/29/EC 号指令》也规定了成员国可以为教学或科学研究目的制定关于复制权和向公众传播权的限制。只要注明作品的出处，包括作者的姓名，并且要达到的目的被证明为非商业性的。

我国《信息网络传播权保护条例》将《著作权法》第二十三条的规定延伸到网络环境，规定了远程教育的法定许可，即"为通过信息网络实施九年义务教育或者国家教育规划，可以不经著作权人许可，使用其已经发表作品的片断或者短小的文字作品、音乐作品或者单幅的美术作品、摄影作品制作课件，由制作课件或者依法取得课件的远程教育机构通过信息网络向注册学生提供，但应当向著作权人支付报酬"。可见，目前在我国远程教育机构的法定许可还是受到诸多限制的，主要包括：（1）使用作品的

---

❶ 张建华主编：《信息网络传播权保护条例释义》，中国法制出版社2006年版，第36页。

前提：通过信息网络实施九年义务教育或者国家教育规划，因此并不包括通过互联网从事营利性培训、辅导的机构。（2）使用作品的行为：使用其已经发表作品的片断或者短小的文字作品、音乐作品或者单幅的美术作品、摄影作品制作课件。（3）对象的限制：仅供注册学生使用，因此并不包括面向公众的教育、宣传行为。

四、网络电视台的抗辩

（一）电台电视台的抗辩事由

电台电视台是主要的大众传播媒体，是新闻宣传事业的主力军，也是社会公众获取信息的重要途径。根据我国《著作权法》的规定，广播电台、电视台在著作权侵权诉讼中可以主张的抗辩事由主要包括合理使用和法定许可，在法定许可的情况下，需要证明符合法定许可的情形，以及支付了报酬。

电台电视台可以主张的合理使用事由主要包括：（1）为介绍、评论某一作品或者说明某一问题，在作品中适当引用他人已经发表的作品；（2）为报道时事新闻，在广播电台、电视台等媒体中不可避免地再现或者引用已经发表的作品；（3）播放其他广播电台、电视台等媒体已经发表的关于政治、经济、宗教问题的时事性文章，但作者声明不许刊登、播放的除外；（4）播放在公众集会上发表的讲话，但作者声明不许播放的除外。

由于电台电视台播放节目，要使用大量的文学艺术作品和录音录像制品，基于公共利益和效率的需要，我国《著作权法》规定了相应的法定许可，具体包括：（1）播放他人已发表的作品，可以不经著作权人许可，但应当支付报酬。（2）播放已经出版的录音制品，可以不经著作权人许可，但应当支付报酬。当事人另有约定的除外。具体办法由国务院规定。2009年5月6日，国务院通过了《广播电台电视台播放录音制品支付报酬暂行办法》，具体规定了广播电台电视台支付报酬的方式和标准，保障了相关权利人获得报酬权的实现，同时也有利于电台电视台在相关侵权诉讼中提出有效的法定许可抗辩。

（二）网络电视台的抗辩事由

"三网融合"是指电信网、广电网、互联网在向宽带通信网、数字电视网、下一代互联网演进过程中，其技术功能趋于一致，业务范围趋于相同，网络互联互通、资源共享，能为用户提供话音、数据和广播电视等多种服务。❶"三网融合"是为了实现网络资源的共享，避免低水平的重复建设，形成适应性广、容易维护、费用低、高速宽带的多媒体基础平台。❷2010年1月21日，国务院印发实施了《推进三网融合的总体方案》，全面阐述了推进三网融合的重要意义、指导思想和基本原则，明确了三网融合总体目标，即到2015年，实现电信网、广电网、互联网融合发展，新型信息产品和服务不断涌现，网络利用率大幅提高，科技创新能力明显增强，国民经济和社会信息化水平迅速提升，网络信息安全和文化安全保障能力进一步增强，信息产业、文化产业和社会事业进一步发展，社会主义文化进一步繁荣，人民群众享有更加丰富多样、快捷经济的信息和文化服务。

我国当前的网络电视台大多由广电总台牵头，打造的具有政府性质的一个整合资源后的综合性网站，也就是说，是由电视台来办网络电视台，从而强化电视台的媒体建设。目前中国的网络电视台主要有中国网络电视台（China Network Television，简称CNTV）、芒果TV、浙江网络电视台、江苏网络电视台、东方卫视的百视通等。以CNTV为例，它于2009年12月28日正式开播，是中国国家网络电视播出机构，是以视听互动为核心、融网络特色与电视特色于一体的全球化、多语种、多终端的网络视频公共服务平台。为用户提供包括视频直播、点播、上传、搜索、分享等在内的全功能服务。❸从信息来源上看，网络电视台播出的内容主要包括电视节目、

---

❶ 蔡赴朝："发展现代传播体系　提高社会主义先进文化辐射力和影响力"，http://www.sarft.gov.cn/articles/2011/11/07/20111107103457360412.html，2012-03-14。

❷ 百度百科，http://baike.baidu.com/view/1510634.htm，2012-03-13。

❸ "中国网络电视台简介"，http://www.cntv.cn/cntv/01/index.shtml，2012-03-14。

网络原创品牌节目以及网友原创和分享的视频等。尽管网络电视台与电视台是同一主体,但是网络电视台的信息内容与电视台还是有所区别的,而且我国著作权法对于网络媒介下的合理使用和法定许可都是进行了单独规定的,因此网络电视台在进行节目的网络传播过程中不能当然地主张电台电视台的合理使用和法定许可抗辩。

第三章　网络服务提供者的著作权侵权责任

一般而言，科技发展有助于提高人类的共同利益。因此，技术创新者通常能够基于其良好的主观意图，而获得侵权责任的豁免。技术可以外化为产品或者服务。服务者的意志和行为体现在其服务的过程中，而当产品的所有权转移到消费者手中后，其产品使用过程中所反映的就是消费者的意志和行为，而非生产者的意志和行为，但是如果产品生产者将其意志和行为延伸到消费者对产品的使用过程中，其实际上还是服务提供者。而服务提供者的意志和行为有时是存在瑕疵的。

第一节　网络服务提供者的含义及法律地位

一、网络服务提供者的含义及分类

网络服务提供者，是指为通过信息网络向公众提供信息或者获取网络信息等目的提供服务的单位或个人，如为公众提供接入互联网服务、传输信息对象的信息，或者为单位或个人出租网页，或者提供搜索或链接服务，或者通过网络提供自己制作、收集的信息等。这些机构既包括各种营利性网站、电信公司，也包括通过信息网络提供作品、表演、录音录像制品的非营利性图书馆、教育机构、国家机关等，还包括通过信息网络提供交互式广播电视节目的电台、电视台等。❶需要注意的是，并非所有的网络服务提供者都充当同样的角色，如一些网络服务提供者仅提供接入服务，以使个人或单位能够与互联网相连接，他们的主要作用是建立链接和作为信息传输的通道，这是一个技术的和自动的过程。因此，他们不是内容的提供者，而仅提供内容传输的装置和服务。而其他网络服务提供者提供除了接入服务以外的服务，包括向用户提供下载、复制和存储的平台服务。这些服务中包括了用户共享的内容，他们通常面临着承担侵权责任的风险。因此，对网络服务提供者著作权侵权责任的分析需要区分不同的服务类型。如果网络服务提供者仅充当信息传输通道，则一般无需为他人利用该通道进行的侵权行为承担责任，但是，情况并非那么清楚，当网络服务提供者保留了一些对用户使用其服务的控制权时，则可能面临承担侵权责任的风险，这取决于其实际或显然知晓用户利用其服务进行侵权活动的程度，以及其控制通过其服务进行侵权活动的能力。

网络服务提供者对于直接侵权活动的介入程度不同，导致其面临不同的侵权责任风险。而这种介入程度可以分为三种情况：

一是未介入类型。也就是仅提供互联网接入和信息传输通道服务的网络服务提供者，通常是主网运营商，具有被动性和自动性的特征。

二是完全介入类型。网络服务提供者本身就是信息内容的提供者，例如由网站编辑撰写文章、上传照片和视频等。如果发生侵权，他们就是直接实施侵权行为的主体。

三是部分介入类型。网络服务提供者并非信息内容的提供者，但是其提供的网络服务中又包含了由他人提供的信息内容，如各种论坛、视频分享网站、搜索引擎等。在传播信息内容方面具有一定的积极行为，如设置不同的栏目以及热点推荐等。同时，他们对上传的信息也具有一定的控制

---

❶ 张建华主编：《信息网络传播权保护条例释义》，中国法制出版社2006年版，第52页。

能力，例如能够在后台审查、删除信息等。

通常情况下，"未介入"情形能够获得完全免责，而"完全介入"情形需要承担直接侵权责任，这两种情况的处理结果是确定并可以预期的，不会产生较大争议。进入司法程序的纠纷主要集中在"部分介入"的情形，因为对于网络服务提供者主观状态的判断具有一定的不确定性，所以导致处理结果的不确定。对于"部分介入"情形的分析是网络服务提供者著作权侵权责任的主要内容。以下所称网络服务提供者主要是指"非完全介入"的情形。

二、网络服务提供者的法律地位

网络服务提供者的法律地位决定了法律对其行为的评价。从网络信息获取者或者消费者的角度来看，似乎网络服务提供者就是网络信息传播者，这在信息平台服务提供者中尤为突出，没有人在意是张三或是李四上传了信息，大家只知道是网络信息服务者处浏览或下载了该信息。但是，如果就此认定网络服务提供者就是一般意义上的作品传播者，那么网络服务提供者就会动辄陷入著作权侵权诉讼，并且承担停止侵权和损害赔偿等侵权责任，这无异于扼杀了整个网络产业的发展，尤其是在网络发展的早期阶段。

网络服务提供者是伴随着网络的产生和发展而出现的法律主体，是网络传播媒介的技术服务提供者。

（一）网络服务提供者不一定是物理设施提供者，并不当然免责

世界知识产权组织在制定"互联网条约"（WCT 和 WPPT）中采取了责任中立的态度。"责任问题十分复杂，需要充分了解各国大量的成文法和判例法以后，才能对个案做出正确的判断。因此，知识产权领域的国际条约都没有对责任问题做出规定。我们认为，这种做法是十分明智和正确

的。WCT（以及WPPT）也遵循了这一惯例，没有涉及责任问题。"❶WCT第8条议定声明指出："不言而喻，仅仅为促成或者进行传播提供实物设施不致构成本条约或者伯尔尼公约意义下的传播。"❷因为"如果某人实施的行为，并不能被公约（以及国内立法）所规定的某一权利直接涵盖，则该人显然就不应承担侵犯此项权利的直接责任。当然，如果符合了其他条件，该人有可能仍然需要承担其他形式的责任，例如帮助侵权或者替代责任；但这是另外一个问题"❸。

WCT议定声明第1句重复了基础提案注释第10.10目所表达的思想："仅仅为传送或者信号的路由选择提供服务器空间、传播连接或者设施"不构成提供作品的行为。例如，那些制造或者销售电缆、计算机或者其他从事WCT第8条中提供作品的行为所需要设备的人，并没有参与提供作品的行为。然而，该议定声明并没有豁免运营商在其网络上提供作品的责任。某一运营商、电信公司或者网络服务提供商，是否侵犯了作者在线提供作品的权利，或者在什么条件下构成侵权，这些问题取决于相关行为的性质，而且应当根据有关的国内法做出具体分析。议定声明只是将提供实物设施的行为排除在传播之外，并没有排除运营网络以及使用作品的行为。使用"仅仅"这一用语，表明应当严格解释被排除在传播之外的行为。此外，从一般意义上讲，议定声明的这一句话应当理解为，不应损害国内法中责任条款的适用。❹

（二）网络服务提供者是网络传播媒介的组成部分

网络服务提供者无论是提供接入、通道抑或平台服务都是网络传播媒

---

❶【匈】米哈依·菲彻尔:《版权法与因特网》，郭寿康译，中国大百科全书出版社2009年版，第743页。

❷【匈】米哈依·菲彻尔:《版权法与因特网》，郭寿康译，中国大百科全书出版社2009年版，第599–600页。

❸【匈】米哈依·菲彻尔:《版权法与因特网》，郭寿康译，中国大百科全书出版社2009年版，第743页。

❹【德】约格·莱茵比特:《WIPO因特网条约评注》，万勇译，中国人民大学出版社2008年版，第150页。

介的组成部分,其提供了信息在网络媒介下传播的途径,起到了助力作用。另外,网络服务提供者并非网络传播行为的直接实施者,换言之,信息在网络媒介下传播的决定意志并非来源于网络服务提供者,而是其所服务的用户。

(三)网络服务提供者是技术服务提供者

索尼案[1]确立了"实质性非侵权用途"规则,即"技术中立原则"或"索尼规则"。只要网络技术或商业模式的开发并非专门用于侵权,还具有非侵权的实质用途,那么它的存在就是合理的,而网络服务提供者仅仅是作为符合互联网发展要求的技术提供者,其地位是中立的,从而保障网络技术和商业模式的不断革新。

1. 网络服务提供者追求互联网的开放与效率

网络服务提供者是互联网技术的提供者,其作用主要是方便用户信息交流,为互联网的稳定、高效运行提供技术支持和服务。因此,尽管网络服务提供者提供了栏目分类、专项搜索,提供了快速的上传或下载工具等,也不能就此推定其知晓著作权侵权的存在,从而承担侵权责任。

2. 网络服务提供者遵循权利平等原则

著作权作为民事权利的一种,与其他的民事权利地位是平等的,因此,网络服务提供者不应当对其承担法定的特殊的或更高的注意义务。

3. 网络服务提供者没有主动监督侵权的法定义务

如果网络服务提供者承担主动监督侵权的义务,将意味着它们将要从海量信息中找出侵权信息,这不仅是技术上的信息定位问题,更是法律上对于是否侵权的判断问题,但是网络服务提供者不是法学专家,更不是司法裁判者,因此承担这样的法定义务显然是不合法理的。

网络服务提供者不承担主动监督侵权的法定义务,并不排除其承担监督侵权的约定义务,也就是说,网络服务提供者可以与权利人等主体通

---

[1] Sony Corp. of Am. V. Universal City Studios, Inc., 464 U.S.488 (1984). 详见第五章第六节。

过合同约定承担监督著作权侵权的义务,此时,网络服务提供者将要承担更高的注意义务,如果其没有履行该义务而导致著作权侵权,不仅会承担违约责任,也可能会因为存在过错而承担侵权责任,此时将会发生责任的竞合。

另外,网络服务提供者不承担主动监督侵权的法定义务,并不排除其通过用户协议而享有监督著作权侵权的权利。事实上,很多网络服务提供者在用户协议中都保留了这项权利。由于这是一项权利,因此只要不违反法律、法规的强制性规定,其是否行使、如何行使都是权利人的自由,纵使未行使,也不会给权利人带来任何法律上的不利后果。

虽然网络服务提供者提供的是技术服务,处于中立的地位,但却不一定是被动的。如前所述,多数情形下,网络服务提供者是保留了一定的用户使用其服务的控制权的,也就是"完全介入"或者"部分介入"了用户的侵权行为。当"完全介入"时,网络服务提供者本身就是网络信息提供者,承担了作品利用者的侵权责任。当"部分介入"时,情况就复杂了,因为如果网络服务提供者确切地知晓用户上传的信息侵犯了著作权而不去制止,而且即使权利人、有关组织或者行政机关发现了侵权事实,也需通过网络服务提供者采取制止措施,就是说网络服务提供者处于制止侵权的有利位置或者唯一位置时,仍不去制止,那么网络服务提供者不承担权利人全部或者扩大了的损害赔偿责任,显然是不公平的。但是,如果网络服务提供者确实不知道具体用户的侵权行为,进而没有进行控制,导致了权利人的损害,让其承担侵权责任也是不公平的,因为那样做无异于使其承担主动监督侵权的义务。因此,网络服务提供者的主观状态是判断其是否承担侵权责任的关键,而不确定性也由此产生。

三、网络服务提供者承担侵权责任的合理性

在网络环境下的著作权侵权问题上,著作权人与网络服务提供者各执一词。一方面,著作权人凭借其著作权的专有性宣称:"如果法律不能保护我们所拥有的权利,我们实际上就不拥有这项权利。"面临找不到直接

侵权人以及管辖和法律冲突等困难，选择网络服务提供者作为诉讼对象显然更具可行性而且更加有利可图；另一方面，网络服务提供者则认为："让他们对网络用户的侵权行为负责将会严重阻碍互联网的发展。为了加速网络的发展，正在建设网络的人们必须得到公平，以及可遵循的基本规则。"网络服务提供者并不想代人受过，为第三人的侵权行为负责。如果网络服务提供者总是被动地卷入诉讼的话，会大大地影响其吸引投资的能力，因为没有人会对一个存在高诉讼风险的行业投资。而缺乏资金会阻碍技术的发展和设备的更新，从而对互联网业的发展带来致命的打击。❶著作权人与网络服务提供者之间的冲突不断加剧，引发的诉讼日益增多，其最突出的问题是：谁来对已经发生的侵权后果负责？

网络服务提供者承担著作权侵权责任在一定程度上意味着为他人行为负责任，意味着著作权侵权责任追究的扩大，也意味着著作权的权利有了更多的保障，解决了网络环境下著作权人在维权过程中的实际问题。但同时，我们也需要谨慎适用该制度，防止其泛化。毕竟责任人和实际的直接的侵权行为人是两个主体。笔者认为网络服务提供者承担著作权侵权责任的合理性主要在于：

（一）意思自治原则

从因果关系的角度看，网络环境下，著作权人受到侵权是网络服务提供者的技术服务行为（帮助行为）与内容提供者的直接侵权行为直接结合的结果，二者均构成原因。如果仅据此认定网络服务提供者需对第三人的侵权行为承担责任，那么后果就是网络服务提供者不可避免地卷入每一起网络著作权侵权案件中，这不仅违反了"技术中立"的原则，而且妨碍了网络的正常运转，对网络服务提供者是不公平的。因此，网络服务提供者承担侵权责任的基础并非来自于客观的帮助行为，而是主观的不良状态，

---

❶ 范思泓："欧盟与美国法律中的互联网服务商版权侵权责任"，范思泓、丛林主编：《我们眼中的欧洲法律——中欧法律和司法合作项目学术论文精选》，中国法制出版社2005年版，第126页。

是其意思自治的结果。

意思自治是指在理性自由的价值指导下，个体充分实现自己的意志。它源于古罗马法，发端于16世纪的法国工商业发展时期，兴起并确立于19世纪的自由资本主义时期，在《法国民法典》编纂时得到了体现和反映，成为法国民法重要的基本原则，并与个人本位、权利至上等思想共同成为自由资本主义时期私法制度的理论支柱和基石。意思自治成为民法的基本原则具有深厚的法哲学基础。❶承认意思自治就等于承认了人的理性能力。人既然是有理性的，那么他便是可归责的，其意志的不良状态（过错）就可被归责由其承担。意思自治决定了近代私法的三大基本原则，即所有权绝对、契约自由以及过错责任。尽管后来的社会化思潮对其进行了修正，但是其在民事交往活动中的基础地位并未改变。

（二）受益原则

网络服务提供者从用户的侵权行为中获得了商业利益。这种商业利益通过点击率、浏览率、流量等量化指标，最终表现为广告收入等经济收益。因此在找不到直接侵权人的情况下，由受益人来填补权利人的损失符合分配正义的要求。

（三）激励原则

为作者创作作品和传播者传播作品提供激励，是著作权法的重要激励机制。激励原则的基本观点是，如果不对作品提供足够的保护，创作者就不会有足够的动力从事作品的创作。从效用的角度看，作品在缺乏著作权保护时，理想的生产和分配将不存在；从功利方面考虑，在确保为创作原创性作品提供足够的激励层面上，著作权利益确保了作者投资的及时的和有效的回报。❷

---

❶ 主要是指欧陆理性主义哲学思想有关自由意志与法律的理论。代表人物：卢梭、康德、黑格尔。

❷ 冯晓青："著作权法之激励理论研究——以经济学、社会福利理论与后现代主义为视角"，《法律科学》（西北政法学院学报）2006年第6期。

数字网络技术的快速发展为作品的复制和传播提供了极大的方便，也为各种新型侵权行为提供了便利。没有网络服务商提供的网络服务和高科技产品制造商提供的工具，大量的侵权行为就无法实施。同时，高技术条件下侵权行为的实施者有许多是地理上分散、缺乏经济赔偿能力的个人用户。只有使那些在提供高科技产品时引诱、教唆他人实施侵权行为的人，或出于过错为侵权者提供高科技工具及网络服务的人承担责任，才能使权利人获得充分的救济。作者的利益得到了有效的保障，以利益为主要的激励作用将会得到进一步的显现。

第二节　美、欧、日网络服务提供者的著作权侵权责任

从比较法上来看，美国、欧盟和日本的相关制度演进提供了可资借鉴的法理基础。

一、美国

美国运用第三人责任（the third party liability）理论来解决网络服务提供者的著作权侵权责任问题，该理论是在判例基础上逐步发展起来的，包括帮助侵权（Contributory Infringement）、替代责任（Vicarious Liability）和引诱侵权（Inducement）三种情形。❶

（一）帮助侵权

在早期案例中，法官将侵权法上的共同侵权理论类推适用于帮助行为人。1892年的Fishel诉Luekel案是此种类型的首个案例。该案原告是一地图作品的版权所有人，被告是该地图的购买者，被告试图通过印刷公司复

---

❶ Douglas Lichtman, William Landes. Indirect Liability for Copyright Infringement: An Economic Perspective, Harvard Journal of Law and Technology, Spring, 2003, 386.

制再版该地图,因此被法庭判令承担侵犯版权的责任。被告以自己并没有亲自"印刷或出版"版权作品,因此根据版权法的规定不应当承担责任为由,拒绝承担责任。法庭援引侵权法原则指出:"证据表明被告从原告处购买图片,尔后将它们提供给印刷公司,要求制作复制件并指示应如何去做。因此被告作为共同侵权行为人应当承担责任。"❶ 具有里程碑意义的案例是 Mark-Fi 唱片制作一案。该案中,哥伦比亚唱片公司起诉了盗版唱片的制作人(一个叫 Mark-Fi 的唱片公司),同时被起诉的还有几个为侵权提供帮助的公司,包括 Mark-Fi 的广告代理机构、为盗版唱片播放广告的广播电台以及包装邮寄这些非法物品的公司。由于 Mark-Fi 是一家专门以盗版为业的小公司,在以低价出售唱片之后即销声匿迹,连传票都无法送达,因此案件的审理集中在后面三个被告的行为。三个被告辩称,他们并没有参与 Mark-Fi 制作盗版的行为,也不能控制它的行为或者直接从侵权行为中获利,故而不应当承担侵犯版权的责任,请求法院做出有利于自己的判决。法庭认为,该案涉及共同责任的问题而不是控辩双方所理解的替代责任的问题。法庭根据侵权法阐述共同责任的构成:"根据普通法的基本原则,各个明知侵权而参与或促成侵权行为的人应当与主要侵权人共同承担责任,该原则可适用于根据版权法提出的诉讼。"本案中三个被告从"可疑的低价"即知晓或者应当知晓 Mark-Fi 制造盗版唱片,却分别为 Mark-Fi 提供服务,故而应当对该侵权行为负连带责任。在做出上述认定的同时,法官 Weinfeld 还注意到了盗版的经济因素:"盗版唱片不是最近才产生的,20世纪50年代早期,它就已经是这个行业所公认的邪恶行为。大约十年前,上诉法院就注意到它的存在。原告指出了现实中盗版的一种典型形式——通常这种行为都是由一个很小的具有可疑财政背景的企业实施的,这些企业的经营期限只是足以使他们非法获利的时间,当他们被诉诸法院之时,

---

❶ 转引自 Peter S. Menell & David Nimmer, "Unwinding Sony", UC Berkeley Public Law Research Paper No. 930728. From http://www.papers.ssrn.com。

便已销声匿迹了。"❶Mark-Fi 案的判决不仅是版权领域共同责任制度成型化的起点，而且法官对侵权现象的分析深刻揭示了共同侵权责任运用于版权法的现实基础。❷后来的判例不断丰富和完善了帮助侵权制度，其中具有代表性的就是上文提到的索尼案。1971年的 Gershwin Publishing Corp. 一案判决，对帮助侵权有经典定义，即"在知道他人的行为构成版权侵权的情况下，诱导、促成或实质性地帮助他人进行侵权行为，应当作为帮助侵权者而承担责任"❸。其构成要件包括：(1)存在直接侵权行为；(2)间接责任人认识到直接侵权行为的存在；(3)帮助直接侵权人实施了侵权行为。在英美法传统中，共同侵权行为分为"同一"侵权行为（即"为了一致的目的而实施的共同行为"）和"分别但一致"的侵权行为，对于前者可以提起"共同诉讼"，对后者则产生针对"若干"行为人的独立侵权诉讼。❹在网络著作权侵权案中，帮助人提供网络技术服务是"分别"的，但其行为帮助了直接侵权人，导致了"一致"的侵权后果发生，因而权利人可以针对网络服务提供者单独提起诉讼。❺

（二）替代责任

替代责任（Vicarious Liability），也称为转承责任、代位责任或者代理责任等，是指监督人因为与被监督人的某种关系，为被监督人的侵权行为或者其他可诉行为承担法律责任。在现今多数国家的侵权法体系中，替代责任最常见的适用领域是，雇主对雇员在雇佣范围内的侵权行为承担连带责任，所以替代责任，也常常被称为"雇主责任"。❻

---

❶ 转引自 Peter S. Menell & David Nimmer, "Unwinding Sony", UC Berkeley Public Law Research Paper No. 930728. From http:// www.papers.ssrn.com.
❷ 张今：《版权法中的私人复制问题研究——从印刷机到互联网》，中国政法大学出版社2009年版，第189页。
❸ Gershwin Publishing Corp. v. Columbia Artists Magaement, Inc., 443F.2d.1159, 1162(2dCir.1971).
❹ 徐爱国编：《英美侵权行为法》，法律出版社1999年版，第271页。
❺ 吴汉东："论网络服务提供者著作权侵权责任"，《中国法学》2011年第2期。
❻ 刘家瑞："版权法上的转承责任研究"，《知识产权》2011年第3期。

在英美法系国家，替代责任根植于代理法中的"归责于上"（"Respondent Superior"）原则，即本人（"Principal"）对代理人（"Agent"）在授权代理范围内的所有行为，包括缔约行为和侵权行为，都要承担法律责任。❶ 所以，英美法系上的替代责任基本上是一种严格责任，不管本人或雇主是否具有主观过错，只要代理人或雇员在特定范围内的行为构成了侵权，前者就必须对受害者承担责任。

在大陆法系国家，替代责任是否为严格责任存在一些分歧。例如，《法国民法典》以及受其影响的比利时、希腊、葡萄牙和荷兰等国的民法典将替代责任规定为严格责任，无论雇主对雇员的选任或监督是否存在过错，都要对后者在雇佣范围内的侵权行为承担连带责任。❷ 而《德国民法典》则规定，受害人虽然可以根据雇员的侵权行为向雇主提出赔偿请求，但如果雇主能够证明在对雇员的选任和监督上没有过错，则可以免于承担责任。❸ 可见，德国法采取了过错原则下的过错推定规则。有民法学者指出：一些原本在立法上追随德国采用过错推定规则的大陆法系国家或地区，近些年也开始在司法实践中强化雇主的举证责任，实际上已经逐步向法国法和英美法系上的严格责任靠拢，典型的例子是西班牙和中国台湾地区。❹

在版权领域正式确立替代责任始于"夏皮罗"一案。❺ 本案的原告夏皮罗起诉两名被告制造、销售未经授权的非法唱片。第一被告 Jalen 公司直接从事了制造、销售行为，第二被告 H. L. Green 公司则是一家连锁店的经营者，在其连锁店内销售非法唱片。原告针对 Jalen 公司的指控非常简单，联邦地区法院认定 Jalen 公司应承担侵犯版权的责任，但却驳回了对第二被告的诉讼请求。原告不服提起上诉，第二巡回上诉法院的审理围绕

---

❶ 参见美国《第二次代理法重述》第212—46条。

❷ 参见《法国民法典》第1384条。又见克雷斯蒂安、冯·巴尔著：《欧洲比较侵权行为法》，张新宝译，法律出版社2002年版，第233页。

❸ 参见《德国民法典》第831条。

❹ 参见克雷斯蒂安、冯·巴尔著：《欧洲比较侵权行为法》，张新宝译，法律出版社2002年版，第234页；王泽鉴：《民法学说与判例研究（一）》，中国政法大学出版社1997年版，第12页。

❺ Shapiro, Bernstein. & Co. V. H. L. Green Co., 316 F.2d 304 (2d Cir. 1963).

第二被告 Green 公司的归责问题产生了激烈的争论。Green 公司和 Jalen 公司是出租人和承租人的关系，双方签订的协议规定，Green 公司允许 Jalen 公司在 Green 连锁店中销售唱片，Jalen 公司将销售额的一定比例作为酬金付给 Green 公司。所有销售的非法唱片都是由 Jalen 公司订购并付款的，Green 公司没有参与销售甚至对唱片的侵权情况一无所知。地区法院之所以拒绝让 Green 公司承担责任，理由在于他们之间并不存在雇主与雇员的关系。但上诉法院突破了雇佣关系的限制，认定第二被告负有侵权责任。法庭认为："现实中有许多情形能够适用雇主责任原则，而这些情形并非理论上的雇主与雇员关系。当监管的权利和能力明显地和直接经济利益结合在一起的时候，即使事实上并不知晓版权受到损害，课以非法行为的获利者承担版权责任可使版权法的目的得以最好的实现。"[1] 为了支持判决结果，法庭进一步指出，让 Green 公司承担责任将鼓励与其类似的其他企业预防侵权或者确保制止侵权。如果不作这样的判决，企业有可能将侵权行为委托给独立缔约方，从而逃避侵权责任。[2] 从此，监管关系和经济利益取代了"雇佣关系"成为第三人为他人侵权行为承担责任的构成条件。其含义为某人有权利和有能力监督直接侵权行为，并且从直接侵权行为中能获得直接的经济利益，就应为直接侵权人承担责任。

（三）引诱侵权

引诱侵权规则由 MGM Studios v. Grokster, Ltd. 一案确立。[3] 在 Grokster 案中，Grokster 和 Stream Cast 公司提供了一种新型 P2P 软件技术，用户可以通过此种技术分享数字文件。这种新技术是计算机直接相互之间通信，不需要通过中心的服务器。以米高梅（MGM）为代表的唱片公司发现，其所拥有的大量作品正在被用户通过该软件共享。因此，权利人向美国洛杉

---

[1] Alfred C. Yen, "Sony Tort Doctrines, and the Peer-to-Peer", 307, from http://www.ssrn.com.

[2] Alfred C. Yen, "Sony Tort Doctrines, and the Peer-to-Peer", 308–309, from http://www.ssrn.com.

[3] MGM Studios v. Grokster, Ltd., 545 U.S. 787 (2005).

矶联邦地区法院提出了诉讼。2003年4月25日地区法院做出了支持Grokster和StreamCast公司的主张。随后案件被提起上诉，2004年8月，第九巡回法院维持了地区法院的判决。巡回法院分别就索尼规则与间接侵权责任进行了分析，Grokster和Stream Cast公司的P2P软件具有实质性非侵权用途，而且基于软件的非中心化架构，软件提供者并不实际知晓侵权行为，因此其行为符合索尼规则的规定。同时，软件提供者并未实质性帮助用户的侵权行为，因为是用户自己搜索、检索并存储侵权文件，除提供最初的软件外，并没有参与用户的直接侵权行为。因此，其行为可以排除帮助侵权行为。对于替代责任，法院认为软件提供者并没有监视或控制软件的使用，也没有约定的权利或现实能力监督其使用，不存在独立的监视行为的能力，也就不存在替代责任的问题。最后案件上诉至美国最高法院，最高法院的大法官们以9票全体一致地推翻了原审判决，并创设了引诱侵权规则，即以促进版权侵权使用为目的而提供设备，并且已经清楚地用语言表明或者另外采取了确实的步骤促进侵权，应当对第三人导致的侵权行为承担责任，而不用考虑产品的合法用途。Grokster和Stream Cast公司从一开始提供免费软件就一再宣称接受者可以用它来散布受著作权法保护的著作，可以说非法目的是毫无疑问的，符合引诱侵权规则的所有要件。

  美国通过立法对网络服务提供者的侵权责任进行限制。最初表现在美国国会通过的两个法案，即《在线版权侵权责任法案》（Online Copyright Liability Infringement Act）和《数字版权和技术教育法案》（Digital Copyright Clarification and Technology Education Act）中。前者规定，网络服务商在未主动传输、挑选、编辑受指控侵权信息及机器暂存未超过限定时间的条件下，不因传输或机器自动复制、暂存了使用者侵害他人著作权的信息而承担直接、连带或替代侵权责任。后者强调，在收到著作权侵权通知并采取合理措施限制所指控的侵权行为时，并且对所传输的内容没有编辑、修改的网络服务提供者不承担侵权责任。为了适应WCT和WPPT的要求，美国1998年10月通过了DMCA，其第512条详细规定了网络服务提供者版权侵权责任的限制。

二、欧盟

欧盟为了统一各成员国关于网络服务提供者责任的法律、法规，于1998年11月发布了《电子商务指令》草案（以下简称《指令》），在1999年进行了修改。该指令主要参考了德国《规定信息和通讯服务的一般条件的联邦立法》，❶同时也受到美国 DMCA 的影响。

《欧盟电子商务指令》（2000/31/EC）采用了98/34/EC 指令之第1.2条下"信息社会服务商"的定义，用以代指网络服务提供商，并且界定了充当中介人的网络服务提供商的民事、刑事责任。该指令规定：当严格责任之适用可能损害电子商务在欧盟范围内的扩张，则网络服务提供商免于承担任何法律领域下的责任。该规定适用于任何领域的法律责任，无论主张该责任的理由是什么，因此被称为"平行的"法律。该指令规定不仅适用于版权法领域，也同样适用于诸如诽谤、猥亵等其他法律领域。❷根据该《指令》，如果网络服务提供商仅仅作为"纯粹通道"（第12条）或者提供"临时缓存"（第13条）服务，且其唯一目的是使内容的传输更为高效，并具有机械的、自动的、被动的性质，而且其对传输、储存的内容既不知情也无权控制，则免于承担法律责任；对于那些提供内容存储服务的网络服务提供商，即"主机服务商"（第14条），如果他们对于非法行为并无"实际知晓或者意识到相关事实和情形"，并且在知晓或者意识到后"迅速删除或者屏蔽"对该内容的访问，则也免于承担法律责任。尽管各成

---

❶ 1997年6月，德国制定了世界上第一部规范计算机网络的成文法，学者称为"多媒体法"。该法将网络服务提供者进行分类，以确定各自的责任：对于信息提供者，应当依法对自己制作和编辑的内容负全部责任；对于中间服务提供商，一般不对第三者的信息承担责任，除非他们对这些信息进行了有意的利用。另外，如果他们已经知晓侵权信息的存在而没有采取措施禁止该信息被其他用户接触，那么他应该与信息制作者承担共同责任；而对仅仅提供接入服务的中间服务商，不需要承担任何责任。

❷ Andrea Schultz：《与电子贸易相关的法律问题》，转引自宋海燕：《中国版权新问题——网络侵权责任、Google 图书馆案、比赛转播权》，商务印书馆2012年版，第20页。

员国不得给网络服务提供商施加"一般性的监管责任",但并不排除在特定、有限的个案中,成员国的法院或者行政机关有权利向其施加监管责任(第12、13、15条)。

在欧洲各国法院审判的关于网络服务提供商侵权责任的案例中,电子商务指令第14条规定的"主机服务商"所提供的避风港条款似乎是最为常用的条款,在判定此类案件时,法院一般要首先确定被诉的网络服务提供商是否有资格被认定为主机服务商,如果答案是肯定的,则继续分析其是否应当免于承担侵权责任。如在法国 My Space 案中,法国滑稽演员 Jean-YvesL.(别名"Lafesse")向网站 My Space 提起诉讼,指控被告允许其用户将原告受版权保护的滑稽短剧上传到被告网站,从而侵犯了原告的版权及其他权利。法国巴黎高等法院(一审)驳回了被告提出的其提供的是"主机服务"因而有资格获得电子商务指令第14条之避风港保护的抗辩。法院将被告"My Space"归为"出版商",理由是其允许用户在特定的框架结构下建立个人主页,包括视频上传和在线视频播放,并从广告中获取收益。法院判定电子商务指令第14条所规定的免责条款并不适用于 My Space,My Space 应当承担直接版权侵权责任。❶ 即使构成"主机服务商"也可能需要承担更高的注意义务,而无法驶入避风港。如在 Google 案中,原告 Zadig Productions 是一家法国电影公司,其因 Google 未经授权而擅自提供原告受版权保护的电影"Tranquility Bay",而对 Google 提起侵权之诉。法院承认 Google 应当被认定为电子商务指令之14条所定义的"主机服务商"。但法院判定 Google 仍应承担间接侵权责任,理由是 Google "并未采取足够的行动"以保护知识产权。尽管 Google 每次收到侵权通知后,都将该未经授权的影片从其网站删除,但该影片却依然反复被用户上传。法院认为 Google 在得知电影侵权的复制件存在后,就应当承担并采取必要的措施以防止将来侵权内容的继续传播。由于 Google 未能遵守 LCEN6-I-2条关于后续上传的条

---

❶ 宋海燕:《中国版权新问题——网络侵权责任、Google 图书馆案、比赛转播权》,商务印书馆2012年版,第20页。

件，法院判定其应当承担版权侵权责任。❶ 通常情况下，网络服务提供商不负有一般性的监管责任，但对于那些为终端用户提供了侵犯版权方式的中介商，应当承担一种事先监管的责任，以防止用户侵权行为的发生。如在 Dailymotion 案中，原告为电影"Joyeux Noel"的制片人、导演兼发行人，其起诉 UGC 网站 Dailymotion 为该电影的侵权复制品提供主机服务。法院同意被告 Dailymotion 是一家主机服务商，符合电子商务指令第14条的主体资格，但仍判定侵权成立，因为被告 Dailymotion 实际知晓其服务器上存在侵权内容，且为这些非法行为提供了技术手段，而且其收益正是建立在为用户提供这些由其用户上传的版权作品之基础上。网络服务提供商一般性监管责任的排除仅仅适用于终端用户的直接侵权行为，并非由中介商自身引发或者引诱产生的情形。❷

整体来看，欧盟对于网络媒介下的版权保护更加严格，而美国则较多地考虑网络产业的发展利益。欧盟《电子商务指令》与美国 DMCA 之间的不同主要表现在：(1) 美国仅涉及版权侵害时网络服务提供者的责任；欧盟指令则针对网上所有的侵权行为和犯罪（包括知识产权侵权、诽谤、非法提供色情服务等）统一规定了网络服务提供者的责任。(2) 对美国所规定的"通知—移除"程序，欧盟虽然也有所涉及，但是在具体适用方面与美国有很大不同。欧盟更加倾向于采用行业自律的方法而不是法律进行规定，即由网络服务提供者自己制定行为规则，或与利益相关者各方协商订立类似美国法中的"通知—移除"程序，当然这并不代表其取代了司法救济。❸ (3) 美国法中规定的"对于信息定位工具的责任限制"，在欧盟指令中没有做出规定。(4) 虽然欧盟各国已经根据欧盟电子商务指令第12条至14条的具体条款，对于网络服务提供商的侵权责任做出各式案例判决，但

---

❶ 宋海燕：《中国版权新问题——网络侵权责任、Google 图书馆案、比赛转播权》，商务印书馆2012年版，第25页。

❷ 宋海燕：《中国版权新问题——网络侵权责任、Google 图书馆案、比赛转播权》，商务印书馆2012年版，第25页。

❸ 全国人大常委会法制工作委员会民法室编：《侵权责任法立法背景与观点全集》，法律出版社2010年，第596页。

欧盟判例法似乎并未明确形成如美国的所谓三种间接侵权责任理论。❶

三、日本

为了从理论上解释没有直接利用他人作品的被告承担著作权侵权责任的依据，日本学界在案例的基础上，总结出了两种追究被告责任的法理。

（一）卡拉OK法理

又称为扩张直接利用他人作品主体的手法，最初是指将管理和支配利用他人作品行为的场所和机会提供者作为直接利用他人作品行为主体，后来是指将管理和支配复制他人作品的系统提供者作为直接利用他人作品行为主体的法理。该理论是在日本最高裁判所猫眼俱乐部案的基础上形成的。❷ 该案中，日本最高裁判所认为，顾客、陪歌服务员的演唱以相当于公众的其他顾客直接听到为目的。即便只是在顾客自己演唱的情况下，也并非和经营者毫无关系，顾客的演唱是在店内服务员的劝诱下，在其所准备的卡拉OK曲目范围内选择曲目，通过服务员对卡拉OK装置进行操作，在经营者的管理之下进行的。另外，经营者将顾客的演唱作为营业的一种手段，以此酿造出一种氛围，招徕喜欢此种氛围的顾客光临，从而提高了营业利益。因此，顾客的歌唱行为从著作权法的角度来看，应当作为卡拉OK经营者的歌唱行为。据此，责任构成要件主要有二：一是管理、支配性，

---

❶ 宋海燕：《中国版权新问题——网络侵权责任、Google图书馆案、比赛转播权》，商务印书馆2012年版，第25页。

❷ 福冈地方裁判所昭和55年（ワ）第847号事件。福冈高等裁判所58年（ネ）第329号事件。日本最高裁昭和59年（オ）第1024号事件。该案原告是日本音乐著作权管理协会，被告是卡拉OK经营者猫眼俱乐部，被告在店内设置卡拉OK装置，在没有经过原告许可的情况下，为来店顾客提供由该团体所管理歌曲的卡拉OK伴奏磁带，供来店顾客在其他来店顾客面前演唱。在此过程中，被告准备了卡拉OK磁带和选歌单，被告营业员具体操作了卡拉OK装置，并且有时还和客人一起演唱。原告以被告行为侵害其管理歌曲的演奏权为由，起诉到福冈地方裁判所，要求被告停止侵害行为，并赔偿损失。（李扬："日本著作权间接侵害的典型案例、学说及其评析"，《法学家》2010年第6期）。

即被告对直接利用他人作品的行为（该种行为属于合理使用等合法行为还是侵害著作权的行为在所不问）进行了管理乃至支配，直接利用他人作品的行为人只不过充当了场所和机会提供者非法利用他人作品的手和脚，即工具。二是利益性，即被告从直接利用他人作品的行为中获利。

在另一案中，❶东京地方裁判所和东京高等裁判所一致认为，虽然被告的中央服务器在其会员用户交换文件的过程中不存储文件，但因为用户进行文件交换时必须以安装、使用其提供的软件为前提，必须连接其服务器，而且必须在其服务器上确定自己所需要文件所在位置，并且被告在其网页上说明了该软件的适用方法，几乎所有用户都按照该说明方法进行使用，因此认定被告对用户侵害公众送信权的系统进行了管理，具备管理性；同时，被告从用户下载P2P软件的网站上获得广告收入，构成利益性，因此被告构成公众送信权侵害的主体，应当承担停止侵害和赔偿损失的责任。

卡拉OK法理与美国判例法上的替代责任存在重大差别。替代责任的适用存在三个前提，一是直接利用行为构成侵权行为；二是责任承担者对直接侵权行为具有监督管理的权限和能力；三是责任承担者从直接侵权行为中获得经济利益。而根据卡拉OK法理，直接行为人的行为即使不构成著作权侵害行为，在具有管理乃至支配关系的前提下，甚至不需要利益性要件，管理乃至支配者也需要承担侵权责任，相比美国的替代责任明显严厉得多，正如日本学者所批评的，该理论存在拟制性过强的弊病，对于技

---

❶ 东京地方裁判所平成14年（ワ）第4237号事件。东京高等裁判所平成16年（ネ）第405号事件。该案原告是日本音乐著作权管理协会，被告是在网络上提供P2P共享软件服务的公司，被告提供的软件是一款非常初期的P2P软件，需要共享软件的会员用户访问被告的中央服务器，才能获得自己所需要的文件。具体原理如下：被告的免费注册会员用户首先下载并安装其提供的P2P软件，然后访问被告中央服务器，被告的中央服务器显示处在联网状态的其他用户可以共享的文件，会员用户下载使用。不过在这一过程中，被告的中央服务器本身并不存储用户可以用来共享的文件。原告以自动公众送信权和送信可能化权被侵害为由，向东京地方裁判所起诉，要求被告停止侵害并赔偿损失。（李扬："日本著作权间接侵害的典型案例、学说及其评析"，《法学家》2010年第6期。）

术进步和产业发展非常不利。❶

(二) 帮助侵权法理

帮助侵权法理是民法中共同侵权行为理论在知识产权领域中的应用。按照《日本民法典》第719条第2款的规定，教唆或者帮助不法行为人实施不法行为的，视为共同不法行为人，由此给他人造成损害的，承担连带责任。构成教唆性或帮助性的共同侵权行为，一般需要具备如下要件：一是被教唆者或者被帮助者的行为构成侵权行为，因此，在直接利用行为构成著作权法上的合理使用等合法行为时，教唆者、帮助者不构成侵权；二是教唆者或者帮助者实施了教唆或帮助行为；三是教唆者或帮助者主观上具有过错，明知或者应当知道被教唆者或者被帮助者实施侵权行为。❷

在帮助侵权法理的适用过程中，有两个问题是值得注意的。其一是有关过错的认定问题。如何划定场所等提供者注意义务的界线，是决定场所等提供者主观上是否存在过错、是否构成帮助侵权的关键。对此，日本裁判所在进行判断时综合考量的因素包括场所等本身的危险性、被侵害利益的重大性、被告是否从侵害行为中获利、被告预见侵害的可能性、被告回避侵害结果的可能性等因素。❸其二是有关停止侵权责任的问题，即能否追究教唆者、帮助者的停止侵权责任。对此日本学界存在肯定说和否定说两种观点。肯定说的理由主要包括：(1) 在直接利用行为难以排除的情况下，考虑到帮助者提供的工具和直接侵害行为的密切关系等因素，可以将工具提供者类推解释为《日本著作权法》第112条第1款所说的"侵害著作权、著作邻接权者或者有侵害之虞者"，从而准许权利人直接行使停止侵害请求权；(2) 著作权属于对著作物的独占支配权，为了确保著作权人的这种支配手段，应该维持著作权人排除妨碍对其著作物进行独占支配的地位，因而著作权人停止侵害请求的对象不应该限定为直接利用行为人，对

---

❶ 李扬："日本著作权间接侵害的典型案例、学说及其评析"，《法学家》2010年第6期。
❷ 李扬："日本著作权间接侵害的典型案例、学说及其评析"，《法学家》2010年第6期。
❸ 李扬："日本著作权间接侵害的典型案例、学说及其评析"，《法学家》2010年第6期。

于帮助者，至少也应该类推解释为侵害主体，允许著作权人行使停止侵害请求；(3)从实效性上看，在侵害行为继续的情况下，对于帮助者如果只能事后追究其损害赔偿责任，对于保护权利人明显是不利的。否定说的理由主要包括：(1)根据《日本著作权法》第112条第1款的规定，只有形式上符合《日本著作权法》第21条至28条所列举的各种利用行为，权利人才能行使停止侵害请求权，才能追究被告的停止侵权责任。如果将停止侵害的对象扩大到损害著作权人经济利益的行为，则超过了法律解释的限度，不适当地扩大了著作权人权利的范围；(2)将基于著作权的停止侵害请求权与民法上的物权停止侵害请求权进行类比。物权停止侵害请求的对象为侵害支配权的行为人，以此来看，基于著作权的停止侵害请求权对象也应当理解为产生侵害行为者或者侵害之虞者，而不能随意扩大。目前，否定说是日本的主流观点，并得到判例的支持，肯定说则是少数派的观点。❶

从实践应用来看，帮助侵权法理已经完全脱离了共同侵权形态，而去孤立地讨论帮助侵权的性质，也就是说，在诉讼中权利人只针对场所等提供者提起独立诉讼，法院也不再追加直接侵权行为人为被告，即法院不再将因帮助行为引起的诉讼作为必要共同诉讼处理。

通过追溯历史的方法，我们不仅看到了规则的适用范围，同时也清楚地看到，新的法律问题如何在传统的法律制度中得到消解，这正是法律体系的生命所在。从法理角度来看，网络服务提供者的著作权侵权问题是更加广泛存在的著作权间接侵害问题的一种。而所谓著作权间接侵害是指，为直接利用著作权行为提供场所、工具、服务、系统的行为人对著作权构成的侵害。❷美、欧、日通过既有法律体系和制度来解决该问题，尽管运用共同侵权责任的相关理论来处理网络服务提供者的著作权侵权责任问题，但是经过不断发展后，我们也看到了网络服务提供者的著作权侵权责任与一般民事共同侵权的不同，成为相对独立的一种形态。

---

❶ 李扬："日本著作权间接侵害的典型案例、学说及其评析"，《法学家》2010年第6期。
❷ 李扬："日本著作权间接侵害的典型案例、学说及其评析"，《法学家》2010年第6期。

第三节　我国网络服务提供者侵权责任的性质

一、共同侵权责任

《侵权责任法》出台以前，网络服务提供者的著作权侵权责任主要在《民法通则》框架下解决。1987年1月1日实施的《民法通则》第一百零六条第二款规定："公民、法人由于过错侵害国家的、集体的财产，侵害他人财产、人身的应当承担民事责任。"将过错责任原则作为我国民事侵权责任的一般原则。第一百三十条规定："二人以上共同侵权造成他人损害的，应当承担连带责任。"确立了共同侵权制度。1988年实施的最高人民法院《关于贯彻执行〈中华人民共和国民法通则〉若干问题的意见（试行）》第一百四十八条规定："教唆、帮助他人实施侵权行为的人，为共同侵权人，应当承担连带责任。"将教唆、帮助行为视为共同侵权行为。《解释》（2000）首开网络著作权共同侵权制度之先河，将民法上的参与、教唆、帮助行为引入其中，定性为共同侵权，且作为让网络服务提供者承担责任的主要依据。《解释》（2000）第三条和第四条分别规定："网络服务提供者通过网络参与他人侵犯著作权行为，或者通过网络教唆、帮助他人侵犯著作权行为的，人民法院应当根据民法通则第一百三十条的规定，追究其与其他行为人或者直接实施侵权行为人的共同侵权责任。""提供内容服务的网络服务提供者，明知网络用户通过网络实施侵犯他人著作权的行为，或者经著作权人提出确有证据的警告，但仍不采取移除侵权内容等措施以消除侵权后果的，人民法院应当根据民法通则第一百三十条的规定，追究其与该网络用户的共同侵权责任。"此后，该观念深入审判实践之中。❶ 如《北京市高

---

❶ 孔祥俊：《网络著作权保护法律理念与裁判方法》，中国法制出版社2015年版，第143页。

级人民法院关于网络著作权纠纷案件若干问题的指导意见（一）》（试行）第十四条规定："提供信息存储空间、搜索、链接、P2P（点对点）等服务的网络服务提供者通过网络参与、教唆、帮助他人实施侵犯著作权、表演者权、录音录像制作者权的行为，并有过错的，承担共同侵权责任。"《信息网络传播权保护条例》第二十三条规定："网络服务提供者为服务对象提供搜索或者链接服务，在接到权利人的通知后，根据本条例规定断开与侵权的作品、表演、录音录像制品的链接的，不承担赔偿责任；但是，明知或者应知所链接的作品、表演、录音录像制品侵权的应当承担共同侵权责任。"因此，在《侵权责任法》及《规定》（2012）出台以前，网络服务提供者侵权责任的性质为共同侵权责任。

二、间接侵权责任

《侵权责任法》在"关于责任主体的特殊规定"部分第三十六条规定了"网络用户与网络服务提供者的网络侵权责任"。其第三款规定："网络服务提供者知道网络用户利用其网络服务侵害他人民事权益，未采取必要措施的，与该网络用户承担连带责任。"规定了网络服务提供者的间接侵权责任。❶《规定》（2012）在区分提供行为与教唆、帮助行为的基础上，相应地规定了直接侵权责任与间接侵权责任。例如，该规定第三、四、五条规定了提供行为的直接侵权，第七条则规定了教唆、帮助行为的间接侵权。两种侵权行为的划分构成整个司法解释的重要基础，承载了相应的制度设计和利益平衡。❷

划分直接侵权与间接侵权的意义在于：网络环境下的著作权保护不仅针对侵权行为人，还会涉及那些使侵权行为成为可能或者扩展侵权后果的技术（设备或者服务）提供者。但是，普遍的思路是，侵权行为本身仍然

---

❶ 最高人民法院侵权责任法研究小组：《〈中华人民共和国侵权责任法〉条文理解与适用》，人民法院出版社2016年版，第268页。

❷ 孔祥俊：《网络著作权保护法律理念与裁判方法》，中国法制出版社2015年版，第123页。

是技术的使用者即用户实施的,用户的侵权行为是权利人提起诉求的基础;提供技术的服务提供者在一定条件下也难辞其咎,但承担的主要是间接责任。换言之,在第三方实施直接侵权行为的情况下,网络服务提供者可能因为提供便利侵权的技术(设备或者服务)而构成间接侵权。所谓的间接侵权责任(indirect liability),就是指一定条件下为或者因他人实施的侵权行为而承担的侵权责任。❶网络服务提供者毕竟不是侵权行为的始作俑者,让其承担责任是必要的,但又必须是有限度的。以间接侵权作为网络服务提供者侵权责任的基本定位也就营运而生和理所当然。

  在网络著作权保护中较为广泛地引进间接侵权,可以拓展著作权保护的范围,即强化网络服务提供者的责任意识,这就是所谓的"中间人承担的责任越多,其在传播内容时就越谨慎"。但是,对于间接责任的适用又必须节制和有度。因为,如果过于宽泛地适用间接责任,或者降低其适用门槛,会使网络服务提供者在创新技术或者商业模式时心存忌惮,不利于互联网行业的创新和发展。换言之,将网络服务提供者的主要责任形态设计为间接侵权,乃是一种豁免其部分责任、避免其因提供纯粹的技术服务而担责的重要制度设计,其目的是促进技术和商业的正常发展。就大多数国家的法律制度而言,对于网络服务提供者基本上都是纳入间接侵权的。❷《规定》(2012)开始,明确地将网络服务提供者的著作权侵权责任定性为间接侵权责任。其意义在于:其一,使网络服务提供者的著作权侵权责任具有更加明显的独立性,摆脱了共同侵权责任理论的制约;其二,为以后可能增设替代责任制度留出了空间;其三,作为更加广泛的间接侵权责任理论可能得以发展。

---

❶ 孔祥俊:《网络著作权保护法律理念与裁判方法》,中国法制出版社2015年版,第125页。

❷ 孔祥俊:《网络著作权保护法律理念与裁判方法》,中国法制出版社2015年版,第126页。

三、不真正连带责任

连带责任是一种连带债务的履行。当债务人有数人时，各债务人均负有履行全部给付的债务，且全部债务因一次全部履行而归于消灭。"法律上规定连带债务，原意在于确保债权人的利益，使其尽先向最具偿付能力的债务人请求给付。而且在连带债务中，系以数个连带债务人的全部财产作为给付之担保，所以通常情况下，债权人的利益足以得到保障。"❶基于连带债务所产生的赔偿责任，是一种比较重的共同责任，只有在法律明文规定的情况下才能适用。《侵权责任法》区分了共同侵权与数人承担连带责任的其他侵权行为。法律规定承担连带责任的，被侵权人有权请求部分或者全部连带责任人承担责任。该法第三十六条特别规定了网络侵权责任。

连带责任是网络服务提供者与网络用户共同承担网络侵权行为的责任形式。但是，网络服务提供者的责任并不是典型的连带责任，而是法律上的不真正连带责任、事实上的最终责任。这一规则，体现了间接侵权责任制度的立法意图，即以连带责任形式为网络服务提供者设立了独立负担的责任机制，保证了著作权人得以充分救济自己的权利。同时，这一规则对于明确网络服务提供者的责任范围，处理其与作为直接侵权人的网络用户的责任分担问题提供了司法依据。❷就连带之债而言，各连带责任人内部存在责任分摊，这在大陆法系被称为"债务的分担"，在英美法系即是"连带赔偿责任的分摊"。确定各连带责任人的赔偿数额标准是"责任大小"，通常做法是，看法律对责任大小有无明确规定；在无法律规定的情况下，按各连带责任人的过错和原因的大小来确定。在网络侵权行为中，网络服务提供者承担连带责任往往成了最终责任，因为有何种网络用户在何时、何地实施何类侵权行为，造成何等损害后果，都难以确定，网络服务提供者在承担了中间责任后，实际上很难向网络用户进行追偿。

---

❶ 王家福主编：《民法债权》，法律出版社1991年版，第43页。
❷ 吴汉东："论网络服务提供者著作权侵权责任"，《中国法学》2011年第2期。

第四节 我国网络服务提供者的连带责任构成

总体来看，我国立足于既有的法律传统，通过借鉴美、欧、日等国家和地区的具体做法，来解决网络服务提供者的著作权侵权责任问题。在《侵权责任法》和《规定》（2012）通过之后，立法与实务主要运用间接侵权责任理论来解决网络服务提供者的著作权侵权责任问题。从立法体例来看，互联网环境下著作权侵权责任的体系是以《侵权责任法》《著作权法》为基础，以《信息网络传播权保护条例》和《规定》（2012）为基本架构的；此外，北京市高级人民法院还发布了《侵害著作权案件审理指南》，对北京地区法院审理互联网环境下的著作权侵权案件具有指导作用，对我国大陆其他地区法院审理此类案件也有一定的引导意义。

一、全部连带与部分连带

基于主观过错产生的时间点不同，网络服务提供者承担损害赔偿责任的范围也是不同的。

我们区分为他人提供信息时、权利人通知时和诉讼时这三个重要时点，可能存在以下情形：

（1）在他人提供信息时就已经知道侵权情形，而未采取必要措施，则无论权利人通知与否，网络服务提供者都应对权利人的全部损失承担连带赔偿责任。

（2）在他人提供信息时不知道，后经权利人通知，采取必要措施，则网络服务提供者免责。

（3）在他人提供信息时不知道，后经权利人通知，未采取必要措施，则网络服务提供者对权利人因此遭受的扩大损失承担连带赔偿责任。

这样规定的合理性在于遵循过错责任原则，即每个人仅对因自己的过错造成的损失承担赔偿责任，损害赔偿的范围以过错的范围为限。

尽管在立法上的构造思路是清晰的，但是基于知识产权的特殊性，知识产权侵权实际损害的计算向来是司法难题。而扩大部分更是难以认定，可能导致司法裁量权的任意扩大，因此有待司法解释进行更加明确和具体地规范。

二、主要构成要件

（一）他人侵权实施行为的存在

这意味着存在侵权责任主体的复数性。尽管司法实践中著作权人通常以网络服务提供者为被告进行诉讼，但是这并不能否认侵权责任主体的复数性。也就是说，侵权行为的实施者应当是直接的第一责任人。如果侵权行为实施者是广大网络用户，基于网络的特点，著作权人很难找到明确的侵权行为人，因此诉讼中往往只有明确的网络服务提供者作为被告，并承担侵权责任。但是这并不意味着缺少侵权实施行为，网络服务提供者的侵权责任仍然成立，著作权侵权行为的存在是网络服务提供者承担侵权责任的前提。然而，在司法实践中，侵权行为的实施主体究竟是网络服务提供者本身（此时实际上是网络信息提供者）还是其他人，有时是存在争议的。而只有在排除了网络服务提供者实施侵权行为，才有必要进一步考察其是否要对网络用户的侵权实施行为承担责任。

这里面存在一个问题，网络服务提供者能否行使侵权实施行为人的抗辩权，如主张属于合理使用。笔者认为，可以从权责一致的角度来考虑。既然代替侵权行为人承担了全部责任，事实上也很难再找到侵权实施行为人，就应当允许其行使本来属于侵权实施行为人的抗辩权。否则将导致网络服务提供者对一部分可能不构成侵权的行为也承担了责任。这意味着网络服务提供者代替了部分有责任的人承担了责任，也代替了部分没有责任的人承担了责任。这显然是不公平的。

（二）存在法律上的因果关系

从因果关系的角度看，在网络环境下，信息的网络传播是信息提供者和服务提供者共同努力的结果。例如，网络用户在 BBS 上发帖，就离不开网络用户提供信息的行为，接入服务商在设备和技术上的帮助行为，以及 BBS 经营者提供信息发布平台的服务。因此，可以说信息提供者的提供行为与服务提供者的帮助行为相互结合，才导致信息在网上传播的结果，它们构成了信息网络传播的必要条件。因此，在互联网环境下的著作权侵权中，信息提供者的侵权行为与服务提供者的帮助行为直接结合导致了著作权人的同一损害。因此，他们的行为与权利人的损害具有事实上的因果关系。但是，根据著作权法的规定，只要信息提供者的行为落入了著作权人专有权利的控制范围，就构成行为违法。而服务提供者只有在知道服务对象侵权，仍提供帮助的情况下才成立行为违法。而侵权责任法上的因果关系所要追究的是违法行为与损害结果之间的引起与被引起关系。因此，服务提供者的合法行为与著作权人的损害之间并不成立法律上的因果关系。

（三）积极的介入行为

积极的介入行为，主要是指网络服务提供者介于单纯技术的、自动的、被动的行为与决定发布行为之间的积极作为。比较具有代表性的是网络服务提供者建立涉案作品的榜单或目录、人工汇编数据并提供给用户使用等行为。在这方面认定上，Napster 案具有代表性。❶ 该案中，美国第九巡回上诉法庭认为，Napster 公司为直接侵权行为提供的软件、服务器、检索系统、调度和工作人员等，为其用户之间建立联系并方便地下载音乐文件提供了帮助，构成帮助侵权。2006年 Techno Design 诉 Brein 案中，法院进一步指出 Techno Design 利用汇编的数据简化了互联网用户对 MP3音乐文件的搜索，并提供了 MP3文件的必要信息，因而其行为超过了网络服务提供者根据避风港规则可以免责的范围，构成了帮助侵权。2009年 Brein 诉

---

❶ A&M Records, Inc. v. Napster, Inc., 239F. 3d1004(2001).

Mininova案中，法院则明确指出Miniova对其网站的资料的处理行为过于活跃，提供"技术的、自动的以及被动的性质"的服务才可以根据避风港原则豁免版权侵权的赔偿责任。在2007年房思玉诉北京世纪摇篮网络技术有限公司案中，❶ 北京市海淀区法院也认为，如果网站上栏目中的文章和图书是网友上传后由栏目管理人员经过人工收集整理后发布出来的，网友要对文章发表评论也需通过网站管理者的审核，而且网站管理者还会定期对栏目中的热门下载文章进行编排、整理，形成排行序列供网络用户选择，则其不符合"避风港"的要求，实际上成为网络内容的提供者。由此可见，认定网络服务提供者的积极介入行为的理由主要是，网络服务提供者违反了"避风港原则"豁免其赔偿责任的被动性要求，通过积极作为的方式参与到用户的侵权行为中。

（四）存在主观过错

1. 不需要共同过错

关于共同行为人之间是否需要"共同过错"或者"意思上的联络"问题，存在主观说、客观说和折中说的观点。主观说认为共同侵权需要具备意思上的联络。而所谓"意思上的联络"是指数个行为人对加害行为存在"必要的共谋"，如事前策划、分工等。主观说是一种较早的共同侵权行为理论，反映了早期立法者和司法部门严守过错责任原则和限制连带责任的指导思想。在晚近的各国判例中，法官们开始确认即使多数加害人之间没有意思上的联络，其共同行为造成损害的，也为共同侵权行为，应当承担连带责任。这就是"客观说"或者"行为关联说"。主观说害怕扩大共同侵权及连带责任的适用而加重加害人的负担；客观说则试图寻求对受害人的更有力的保护和救济。为求平衡，折中说认为构成共同侵权，数个加害人均须有过错，或者为故意或者为过失，但是无须共同的故意或者意思上的联络；各加害人的过错的具体内容是相同的或者相似的。❷

---

❶ 北京市海淀区人民法院（2007）海民初字第18718号。
❷ 张新宝：《侵权责任法原理》，中国人民大学出版社2004年版，第81页。

最高人民法院《关于审理人身损害赔偿案件适用法律若干问题的解释》第三条规定："二人以上共同故意或者共同过失致人损害，或者虽无共同故意、共同过失，但其侵害行为直接结合发生同一损害后果的，构成共同侵权，应当按照民法通则第一百三十条承担连带责任。二人以上没有共同故意或者共同过失，但其分别实施的数个行为间接结合发生同一损害后果的，应当根据过失大小或者原因力比例各自承担相应的赔偿责任。"《侵权责任法》明确规定二人以上共同实施侵权行为，造成他人损害的，应当承担连带责任；二人以上分别实施侵权行为造成同一损害，每个人的侵权行为都足以造成全部损害的，行为人承担连带责任。❶ 从立法规定来看，我国基本上采取了折中说的立场，包括有意思联络的共同侵权行为和无意思联络但有行为关联的共同侵权行为。多数情况下，网络服务提供者与内容提供者之间并没有意思联络，不构成共同过错，但是其帮助行为与内容提供者的直接侵权行为仍可构成行为关联的共同侵权行为。

2. 过错的本质和判断标准

关于过错的本质，在学说上主要存在主观过错说和客观过错说两种主张。主观过错说以《德国民法典》为代表，绝大多数大陆法系国家民法典以及苏俄民法均采此说。这种理论根据源于耶林关于"客观的不法与主观的不法"的划分。其核心内容是：过错是指行为人的主观方面，即过失或故意的心理状况，因而应当把过错与行为的不法性区别开来，"过错与人相关，不法则是对行为的描述"❷。苏联民法学家也主张过错的主观性，认为"过错就是违反社会主义民事法律秩序的人，对于自己的违法作为及其有害后果的、以故意或过错为形式的心理态度"❸。而客观过错说则认为，过错和不法是彼此不可分离的，因而将二者结合为一个责任要件。其在立法上的代表为《法国民法典》，其后法国法系的大陆法国家多效法之。依

---

❶ 《中华人民共和国侵权责任法》第8、11条。
❷ 王家福等主编：《民法债权》，法律出版社1991年版，第461页。
❸ 【苏】马特维也夫：《苏维埃民法中的过错》，法律出版社1958年，第185页。转引自张新宝：《侵权责任法原理》，中国人民大学出版社2005年版，第68页。

据此观点，一般侵权行为由过错、损害和因果关系三个要件构成。其中的"过错"是客观的，它不是或者主要不是加害人的主观心理状态，而是加害人的行为的违法性质。❶ 我国民法采主观过错说。

关于过错的判断标准也存在主观说和客观说两种主张。主观判断标准主要通过判断行为人的心理状况来确定其有无过失，其核心在于判断行为人能够预见其行为的后果。主观说认为，"过错是一种心理状态，所以在司法实践中，对行为人过错的认定就是这种心理状态的再现性描述"❷。行为人"主观上无法预见自己的行为引起的结果，他对此结果则不负任何责任；相反，如果他能够预见这种结果，就要承担责任"❸。能够预见或不能预见的标准是行为人自身的各种要素，如年龄、经验、学识等，而不是以行为人之外的第三人的预见能力作为标准，这就是主观标准说的实质。其具体适用分为三个步骤：（1）确定行为人对其行为后果有无预见；（2）行为人在预见到后果的情况下，对后果所采取的态度；（3）根据上述两个方面的情况得出行为人有过错（疏忽或轻信）的结论，进而决定其可归责的主观心理状况。❹ 客观判断标准则不是以行为人的预见能力或识别能力作为过失的认定标准，而是以某种客观的行为标准来衡量行为人的行为，进而做出其有无过失的判断：如果其行为达到了该客观行为标准的要求，则认定没有过失；反之，则认定有过失。这就是过失认定的客观标准说。在立法例和侵权法理论中，这个"客观的行为标准"可能是法律拟制的"理性人"（reasonable man / reasonable person），也可能是"善良家父"（善良管理人、善良家父，bonus paterfamilias）。在不同的立法例和法律理论中，这样的代表客观行为标准的"标准人"被赋予不同的要求，这往往与社会经济发展和道德伦理发达状况有关。❺ 虽然我国民法对于过错的本质采取主观说的立场，但是对于过错的判断标准却主要采取客观说。

---

❶ 张新宝：《侵权责任法原理》，中国人民大学出版社2005年版，第68页。
❷ 王卫国：《过错责任原则：第三次勃兴》，中国法制出版社2002年版，第258页。
❸ 魏振瀛、王小能："论民事责任条件中的过错"，《中国法学》1985年第5期。
❹ 张新宝：《侵权责任构成要件研究》，法律出版社2009年版，第463页。
❺ 张新宝：《侵权责任构成要件研究》，法律出版社2009年版，第465页。

这一客观标准又是多元的。在一般情况下，对于他人的权益负有一般义务的人，应当尽到一个理性人的注意义务。对于他人的权益负有特别义务的人，应当尽到法律、法规、操作规程等所要求的特别注意义务。在以理性人的注意义务作为标准来判断时，对理性人还有职业上、经验上、年龄上的要求。❶

三、网络服务提供者的过错形态

对于网络服务提供者的过错形态到底包括哪些，还存在着争议。有观点认为，仅指"实际知道"或者"明知"；也有观点认为，其过错不仅包括"明知"还包括"应知""有理由知道"，即故意和过失。

《民法通则》第一百零六条第二款规定："公民、法人由于过错侵害国家的、集体的财产，侵害他人财产、人身的应当承担民事责任。"一般认为，过错包括故意和过失。故意是指行为人预见到自己的行为可能发生某种不利的后果，而希望或者放任该不利后果发生的心理状态。过失是指行为人应当预见到自己的行为会引起某种不利后果的发生，而由于疏忽没有预见或虽已预见但轻信其能够避免的一种主观心理状态。《信息网络传播权保护条例》第二十二条规定的关于存储空间服务提供者免责的条件之一，是其不知道也没有合理的理由应当知道服务对象提供的信息侵犯他人的权利。这样规定的目的，是要求网络服务提供者提供服务一定是出于善意，主观上没有过错。❷《信息网络传播权保护条例》第二十三条更明确地指出，搜索、链接服务提供者"明知或应知"所链接的信息侵权的，应当承担共同侵权责任。

2002年12月17日第九届全国人大常委会第三十一此会议审议的《中华人民共和国民法（草案）》侵权责任法编（第一次审议稿）在其第十章"有关侵权责任主体的特殊规定"中，对于网络侵权责任做出了专门规定，即第六十三条规定："网站经营者明知网络用户通过该网站实施侵权行为，或

---

❶ 张新宝：《中国侵权行为法》（第二版），中国社会科学出版社1998年版，第140页。
❷ 张建华主编：《信息网络传播权保护条例》，中国法制出版社2006年版，第85页。

者经权利人提出警告，仍不采取删除侵权内容等措施消除侵权后果的，网站经营者与该网络用户承担连带责任。"2008年12月22日第十一届全国人大常委会第六次会议审议的《中华人民共和国侵权责任法（草案）》（第二次审议稿）第四章在"关于责任主体的特殊规定"中对于网络侵权责任做出如下专条（第三十四条）规定："网络服务提供者明知网络用户利用其网络服务实施侵权行为，未采取必要措施的，与该网络用户承担连带责任。"这两稿要求的主观要件是"明知"。2009年10月27日全国人大常委会第十一次会议审议的《中华人民共和国侵权责任法（草案）》（第三次审议稿）第三十六条规定："网络服务提供者知道网络用户利用网络服务侵害他人民事权益，未采取必要措施的，与该网络用户承担连带责任。"此稿开始将"明知"改为"知道"。2009年12月22日第十一届全国人大常委会第十二次会议审议的《中华人民共和国侵权责任法（草案）》（第四次审议稿）第三十六条规定："网络服务提供者知道或者应当知道网络用户利用其网络服务侵害他人权益，未采取必要措施的，与该网络用户承担连带责任。"此稿增加了"应当知道"。正式通过的《中华人民共和国侵权责任法》第三十六条第三款规定："网络服务提供者知道网络用户利用其网络服务侵害他人合法权益，未采取必要措施的，与该网络用户承担连带责任。"又删除了"应当知道"。对于其中的"知道"如何理解，虽然民法学者们说法不一，但目前主流观点认为"知道"包括"明知"和"应知"两种主观状态。❶ 此观点也得到了最高法院文件的认可。❷ 起草者解释为："其一，要求被侵权人证明网络服务提供者具有'明知'的主观状态，难度太大，可能使得网络服务提供者逃脱责任，这显然不符合制定这条规定的本义。其二，虽然网络上的信息是海量的，侵权信息混杂其中，难以逐一辨别，但有些侵权

---

❶ 王利明主编：《中华人民共和国侵权责任法解读》，中国法制出版社2010年版，第185页。

❷ 转引自陈锦川："网络服务提供者过错认定的研究"，《知识产权》2011年第2期。最高人民法院副院长奚晓明在2010年4月28日召开的全国法院知识产权审判工作座谈会上所做的报告指出：（侵权责任法）第3款规定的"知道"这一主观要件，包括"明知"和"应知"两种情形，这与条例第22、23条的规定精神并无本质不同。

信息是可以通过技术措施进行控制的,某些领域的过滤技术已经比较成熟,而且运用这种技术不会给网络服务提供者在经济上造成过重的负担,目前很多网站正在以技术措施加人工审查的方式对网络用户上传的信息进行过滤,取得了很好的效果。其三,网络上的某些侵权事实已为大众所共知,如盗版音乐、盗版影视作品、明显具有恶意攻击意图的文章广泛传播,但很多网络服务提供者却视而不见,甚至以此获得高额利润,长此以往,不利于净化网络环境,也不利于培育行业道德规范,更不利于网络行业的正常发展。其四,要求网络服务提供者在过错而不仅在故意的情形下承担侵权责任,符合其他国家和地区的发展趋势以及国际惯例,并没有给我国网络服务提供者加以过重的义务。基于这些考虑,我们将'明知'修改为'知道'。从法的解释学角度来讲,'知道'可以包括'明知'和'应知'两种主观状态。"❶《规定》(2012)第八条第一款规定:"人民法院应当根据网络服务提供者的过错,确定其是否承担教唆、帮助侵权责任。网络服务提供者的过错包括对于网络用户侵害信息网络传播行为的明知或者应知。"

在司法实践中,法院基本上坚持过错包括故意和过失的观点。在华纳唱片有限公司诉北京世纪悦博科技有限公司案中,❷二审法院驳回了被告关于"原告应当证明其主观上是明知"才承担责任的主张,认为:"根据我国民法通则和著作权法,除法律另有规定外,行为人对因过错(故意或者过失)给他人人身、财产造成侵害的行为承担民事责任……民法通则规定的过错责任原则以及如何判断过错的民法原理同样适用于网络环境下著作权侵权行为。被告关于《民法通则》《著作权法》不能完全适用于网络知识产权纠纷案件的审理的主张不能成立。"

四、网络服务提供者过错的判断

网络著作权法律为了减轻网络服务提供者的责任,体现促进网络发展

---

❶ 全国人大常委会法制工作委员会编、王胜明主编:《中华人民共和国侵权责任法释义》,法律出版社2010年版,第194–195页。
❷ 北京市高级人民法院(2004)高民终字第1303号民事判决书。

的政策导向，在过错归责的基础上形成了一些特殊规则：

（一）应当是对具体侵权行为的知道，而不是概括知道

网络服务提供者知道对其行为客观上起到帮助作用的具体侵权行为的存在，而不能以网络服务提供者的概括知道（constructive knowledge）来推定网络服务提供者知道具体侵权行为的存在。不仅包括对行为的明显性的认知，而且包括对侵权性质的认知。

在 Perfect 10 inc. v. CCBill LLC 案中，❶ 原告根据被告提供服务的两个网站的域名为"illegal.net""Stolencelebritypics.com"的事实，主张"红旗"标准的存在，指出被告应当知道侵权行为的存在。美国第九巡回上诉法院审查了版权所有人有关被告已认知第512条（c）（1）（A）（ii）要求的事实和情形而不能适用避风港保护的请求，在驳回该请求时，该法院的着眼点在于，版权人主张的事实和情形是否使被告认知其用户活动的侵权性质，而不是认知正在发生的活动。版权所有人主张因为被告以"illegal.net"和"stolencelebritypics.com"这样的域名提供服务，因此被告"必定已知明显的侵权活动"。法院对此不予支持，认为一家进行挑逗性图片交易的网站，将其图片描述为"非法"或者"盗版"，可能是意欲增加其色情吸引力，而不是自认其图片实际上是非法或者盗版的。我们并不将决定图片是否实际非法的举证责任让服务提供者承担。❷ 可见，关键并不在于被告是否知道这些图片的存在，而在于是否知道这些图片的侵权性质。ViacomInterna-

---

❶ Perfect 10, Inc. v. CCBill LLC, 488 F.3d 1102 (9th Cir. 2007).
❷ 孔祥俊：《网络著作权保护法律理念与裁判方法》，中国法制出版社2015年版，第205页。

tional. v. YouTube 案❶同样具有重要参考价值。该案中,美国纽约州南部地区法院判决认为,YouTube 对侵权活动的概括知晓不足以排除避风港条款的保护。法院主要从两个角度阐述了理由:其一是有关避风港条款的立法背景。认为众议院报告和参议院报告都表明了第512条 (c)(1)(A) 下,网络服务提供者无须监控其服务,从而过滤掉侵权内容,因此网络服务提供者没有责任积极寻找侵权内容,但是对于明显的侵权活动视而不见将排除避风港的保护。基于此,法院解释第512条 (c)(1)(A) 所要求的是对"特定个别事项的具体的并且可识别的侵权"的知晓。其二是有关判例。在 Perfect 10诉 CCBill 案中,❷美国第九巡回上诉法院认为,识别潜在的侵权材料,并且准确地记录侵权情况的监督侵权的负担,应当在版权持有人一方。同样地,在 Tiffany 诉 eBay 案中,❸第二巡回上诉法院认为概括知晓不足以对 eBay 拍卖网强加监控网站的责任。在 MGM Studios 诉 Grokster 案❹及其后的相关判例中,美国最高法院认为如果服务的目的在于促进侵权,则网络服务提供者将作为第三人承担替代责任。但是 Grokster 主要是处理 P2P 文件分享网站,并不属于避风港的保护范围,而且,纵使 Grokster 案适用,YouTube 的意图也不是促使版权侵权。

---

❶ Viacom International Inc. v. YouTube Inc., 718 F. Supp. 2d 514 (S.D.N.Y. 2010). 该案中,被告 YouTube 公司隶属于 Google 公司,在其运营的网站上,用户可以免费上传视频文件提供给公众观看。原告 ViacomInternational 公司是美国一家从事有线电视和电影的传媒集团。从2005年 YouTube 创站以来,用户上传了许多侵犯 Viacom 版权的视频。在2007年,Viacom 通知 YouTube 大约100000个潜在侵权的剪辑,YouTube 在一天之内几乎移除了全部被通知视频,但是,侵权剪辑还是继续被用户上传。因此,2007年3月,Viacom 起诉 YouTube 直接侵权和替代责任。Viacom 诉称 YouTube 对持续发生的侵权实际知晓,并且以广告费用的方式从侵权活动中取得了经济利益,并且 YouTube 的行为不适用避风港条款。YouTube 则主张概括知晓不足以排除避风港的保护。

❷ Perfect 10, Inc. v. CCBill LLC, 488 F.3d 1102 (9th Cir. 2007).

❸ Tiffany(NJ) Inc. v. eBay Inc., 600 F.3d 93 (2d Cir.2010).

❹ MGM Studios, Inc. v. Grokster, Ltd., 545 U.S. 913 (2005).

（二）通知—移除规则

在确定网络服务提供者的主观状态时，通知—移除规则提供了较为客观的判断标准。权利人发现网络服务商的系统上存在侵权信息，并就此按照法定格式通知了网络服务商，网路服务商就能够意识到侵权行为正在发生。由于网络中的侵权信息会持续地扩散和传播，如果网络服务商在获悉其正在提供侵权信息这一事实后，仍然拒绝采取措施防止损害的扩大，就明显具有主观过错。这一规则在遵循了侵权法基本原则的同时，创造了一种高度形式化的判断网络服务商责任的程序，一方面可以推动权利人积极地寻找和发现侵权信息、保护自己的利益；另一方面也促使网络服务商及时地制止侵权行为、防止侵权后果的蔓延。这实际上在权利人和网络服务商之间建立了一种联合制止侵权行为的合作机制。

（三）红旗标准

在判断网络服务提供者是否具有过失时，主要考虑其是否达到了法律法规为其设定的特别注意义务，以及一个"理性人"在当时当地条件下所做出的合理反应。在侵权责任法上，"理性人"的注意程度构成了判断过错的基本标准。在网络著作权侵权责任中，这一基本标准则为"红旗标准"。

DMCA并未将权利人的通知作为认定网络服务提供者过错的唯一途径。网络服务提供者还需要符合"不应知"用户侵权的条件。根据DMCA的规定，在缺乏该实际知晓状态时，没有意识到能够从中明显推出侵权行为的事实或情况。[1] 由此，即使权利人没有向网络服务提供者发出通知，但是只要能够证明网络服务提供者"能够明显推出侵权行为的事实或情况"，而没有"迅速移除材料或屏蔽对它的访问"，其行为依然可构成帮助行为。这一认定网络服务提供者主观过错的标准被称为"红旗标准"。"当服务提供者意识到了从中能够明显发现侵权行为的'红旗'之后，如果其不采取措施，就会丧失享受责任限制的资格……在判断相关事实或情况是

---

[1] 17USC512(c)(1)(A).

否构成'红旗',换言之,即侵权行为是否对一个在相同或类似情况下的理性人(reasonableperson)已然明显时,应当采用客观标准。"[1]这表明,当网络系统中存在侵权材料的事实已经像一面鲜艳的红旗在网络服务提供者面前飘扬时,如果网络服务提供者采取"鸵鸟政策",像一头鸵鸟那样将头深深地埋入沙子中,装作看不见侵权事实,则同样能够认定其侵权责任。欧盟《电子商务指令》也做出了类似的规定。

从红旗标准的法源来看,DMCA和欧盟《电子商务指令》都包含了"明显推知侵权行为的情况",由此可见,应当包括故意和过失的状态,并且从过失的程度来看,应属于重大过失。例如有学者举例,如果一名用户未经许可将一部受著作权保护的DVD电影制成Divx压缩格式上传至一个FTP站点之后,大量用户竞相下载该部电影导致该FTP站点瘫痪。FTP管理者在调查服务器瘫痪原因后恢复了FTP服务。由于目前网络上流传的Divx格式文件的内容绝大多数为电影,而Divx版电影均来源于非法复制的DVD版电影,FTP管理者在调查服务器瘫痪原因时必然会发现服务器上存在Divx格式文件。此时他虽然可以在浏览文件名称后,凭常识推断文件为盗版DVD电影并将其移除,但他却可能视而不见,任其继续被其他用户下载,并声称确实不知自己的站点存在盗版电影。由于难以找到证明FTP管理者"明知"的证据,如果该部电影作品的著作权人没有发出通知,或者FTP管理者在收到通知后采取了移除措施,著作权人就无法追究FTP管理者的法律责任。这样的后果就是,无论网络中的侵权内容是多么明显,只要权利人无法获得网络服务提供者"明知"的证据,就必须发出通知。而在发出通知之前,由于由网络服务提供者默许侵权内容传播所导致的损害后果,权利人完全无法要求赔偿。同时,网络服务提供者即使发现了明显的侵权内容的存在,也可以采取忽视态度。不但增加了著作权人的维权成本,也助长了网络服务提供者怠于履行注意义务的倾向。[2]

而对于是否构成"明显",需要采取"理性人"的判断标准。在多数

---

[1] Senate Report on the Digital Millennium Copyright Act of 1998, Report 105-190.
[2] 王迁、王凌红:《知识产权间接侵权研究》,中国人民大学出版社2008年版,第58页。

情况下，人们对于他人民事权益的保护负有一般的注意义务。此时，"理性人"的客观标准就发挥了重要作用。这个"人"是拟制的，而不是特别指向某个具体的社会成员。"理性人"不是一个具有崇高觉悟的社会先进分子，也不是受过特别高级教育的知识分子或者掌握特别技能的技术人员；他也不是道德水平低下、缺乏一般教育、没有任何谋生技能的人。他具有其所处社会的一般道德水平、一般教育程度等"一般性"的特征。

有学者提出这样的质疑："按照《侵权责任法》第三十六条第二款，通知以后不采取措施，对扩大的损失承担责任。通知以后，行为人主观上已经是故意了。如果将'知道'解释为明知或者应知，则会出现在过失状态下要对全部损失承担连带责任，在故意情况下对扩大的损失承担责任，这从立法逻辑上是不通的。"❶笔者认为，此推理有待商榷。因为根据过错责任原则，侵权人的过错不仅决定了是否承担损害赔偿责任，而且决定了承担损害赔偿责任的范围。如果权利人无法证明网络服务提供者"明知存在侵权活动"，或者"应当知道存在明显的侵权活动"，那么他可以发出书面通知。网络服务提供者接到书面通知后明确知道存在侵权内容，在此之前法律没有为网络服务提供者设定主动监控网络活动的义务，从而不能推定网络服务提供者存在主观过错，因此网络服务提供者仅需对其"明知"范围内的损失（扩大的损失）承担责任，而对在此之前发生的损失不承担责任。但是，如果权利人能够证明网络服务提供者一开始就明确知道存在侵权内容，或者应当知道存在明显的侵权内容，那么网络服务提供者应当对其过错所致的全部损失承担责任。可见，这并非不合法律逻辑。

（四）网络服务提供者对于作品是否侵权不负担事前审查义务

网络服务提供者是否有过错，只能通过相关事实来证明，不能仅仅从网络服务提供者没有监控网络，没有事先发现和制止侵权行为这一事实本身推定其有过错。❷在《大学生》杂志社诉北京京讯公众信息技术有限公司

---

❶ 陈怡、袁雪石：《网络侵权与新闻侵权》，中国法制出版社2010年版，第15页。
❷ 陈锦川："网络服务提供者过错认定的研究"，《知识产权》2011年第2期。

案中，法院判决认为：京讯公司作为网络服务商，其设置免费个人空间，向公众提供的仅是交流信息所需的物质设备条件，除对法律法规明令禁止传播的信息必须进行过滤外，对所传输的其他信息并无法定义务进行主动的筛选和控制。由于目前网络上存在和传输的信息量巨大，内容多样，权利来源复杂，要求网络服务提供商对所传输的全部信息内容是否存在权利瑕疵做出判断，是比较困难和不现实的。❶

这里有两点值得注意：其一，是网络服务提供者是否具有监控义务与其技术发展水平和法律判断能力密切相关。随着相关技术成熟，成本合理，则可能规定网络服务提供者负有一定的法定监控义务，要求网络服务提供者采用相应技术手段识别、删除侵权内容；拒绝采取相关技术措施防止侵权的，可能认定其有过错。❷其二，是对于反复侵权行为的规制，网络服务提供者应当承担一定的法律责任。反复侵权既包括未经许可同一作品被反复上传或传播的情况，也包括同一账号反复进行侵权活动的情况。

第五节　网络服务提供者著作权侵权责任的限制——避风港制度

一、避风港制度的功能

网络服务提供者连带责任的确立，使得著作权人的权利在一定程度上得到了扩张，原有的利益平衡格局被打破，利益的天平发生了倾斜。由于互联网产业试图避免被卷入因第三方行为引发的网络著作权纠纷，网络服务提供者不仅要求建立和扩大责任免除制度，而且要求法律具有明确性和可预见性，只有这样，他们才能明确知道何时以及如何对网络著作权侵权

---

❶ 北京市第二中级人民法院（2000）二中知初字第18号民事判决书。
❷ 陈锦川："网络服务提供者过错认定的研究"，《知识产权》2011年第2期。

行为承担责任。❶ 否则网络服务提供者将会陷入两难境地：一方面，一旦收到通知，指控其系统或网络中存储侵权信息，就必然立即采取措施加以删除或屏蔽，否则就要承担侵权责任；另一方面，不得不对通知的指控侵权信息或自己发现的侵权信息做法律上的判断，否则擅自清除用户上载的信息，也要承担违约甚至侵权责任。总之，法律不能让网络服务提供者"腹背受敌"，应当对其责任做出必要的限制。美国和欧洲国家较早出现了这方面判例。但是，由于缺乏统一的法律标准，法院对于网络服务提供者是否构成侵权的裁判不一，网络服务提供者及互联网产业界则呼吁统一法律标准并限制其提供网络服务的法律责任。于是，1998年美国专门制定了DMCA，该法特别规定了限制网络服务提供者侵权责任的"避风港"制度。欧盟制定了适用于包括侵犯著作权在内的网络侵权的统一立法，限制了网络服务提供者的侵权责任。两者恰恰形成了限制网络服务提供者侵权责任的两种立法模式。❷ 我国《条例》中的"避风港"移植自美国 DMCA。

从制度功能来看，避风港制度主要具有两项功能：

（一）免责功能

互联网发展初期，美国一些法院曾认定网络服务提供者构成直接侵权，承担严格责任。如1993年的 Playboy Enterprises 诉 Frena 案中，❸ 法院判决经营 BBS 的被告 Frena 承担"直接"侵犯版权的责任；法院指出侵犯版权承担的是严格责任，被告没有侵权故意或对侵权行为发生一无所知，并不能

---

❶ Information Infrastructure Task Force, Intellectual Property & The NII, at 116, Washington, 1995 Government Printing Office. 转引自范思泓："欧盟与美国法律中的互联网服务商版权侵权责任"，载范思泓、丛林主编：《我们眼中的欧洲法律——中欧法律和司法合作项目学术论文精选》，中国法制出版社2005年版，第127页。

❷ Lilian Edwards: "Role and Resposibility of Internet Intermediaries in the Field of Copyright and Related Rights", pp.3-4, 转引自孔祥俊：《网络著作权保护法律理念与裁判方法》，中国法制出版社2015年版，第101页。

❸ Playboy Enterprises Inc.V.Frena,839 F.Supp.1552(M. D.Fla.1993).

令其免责。❶1995年,美国公布了《知识产权与国家信息基础设施:知识产权工作组的报告》(白皮书),认为现行的责任规则尤其是直接侵权的严格责任,完全适用于在线服务提供者(如BBS经营者)。白皮书还明确反对以网络服务提供者知晓侵权行为和具有制止侵权行为的能力作为其承担侵权责任的前提,并提出:"改变认定侵权责任的标准将显著背离现行版权法的原则,将导致对版权人权利的极大损害。"❷但也有法院对类似案件做出了相反的判决。在1995年的Religiors Technology Cr.v.Netcom On-line Communication Service. Inc.案中,法院认定提供接入服务的Netcom与提供BBS服务的Klemesrud不构成直接侵权,但认为Netcom有可能承担共同侵权责任,如果它得知上传者的侵权行为时还来得及采取措施却置之不理,就构成了共同侵权。法院还认定Netcom不需要为上传者的侵权行为承担代替责任,因为原告无法证明Netcom从上传者的侵权行为中获得了任何直接经济利益,而这一点对替代责任的成立起关键作用。❸可见,在DMCA出台前,对网络服务提供者的版权责任,存在着两种针锋相对的观点,一种认为网络服务提供者构成直接侵权,承担严格责任;另一种则主张适用帮助侵权、替代责任规范网络服务提供者。

1998年美国公布DMCA中规定"避风港"的第512条被称为"与在线材料有关的责任限制"("Limitation on Liability relating to Online Material")。该条从直接侵权责任和他人侵权责任的角度对网络服务提供者的责任进行了限制,规定在符合一定条件下,传输管道和服务器代理缓存服务提供者不因对他人作品的使用承担赔偿损失的责任,而只承担有限的停止侵权的责任,从而对网络服务提供者的直接侵权责任进行了限制。针对信息存储和信息定位服务提供者,该条的(c)、(d)两款对它们责任的限制吸收了

---

❶ 薛虹:"在线服务提供者在版权法中的地位和责任",载《电子知识产权》1997年第4期。

❷ Information Infrastucture Task Force, Intellectual property and the National information Infrastructure-The Report of the Working Group on Intellectual Property Right, p.117(1995).

❸ 薛虹:"在线服务提供者在版权法中的地位和责任",载《电子知识产权》1997年第4期。

美国判例法中帮助性侵权责任和代替责任两种规则的内容,既考虑了网络服务提供者是否具有主观过错(帮助性侵权规则),又考虑了网络服务提供者是否对侵权行为有控制能力,以及是否从侵权行为获得直接的经济利益(代替责任规则)。❶ 帮助性侵权责任属于过失责任,因此适用帮助性侵权责任的标准便实实在在地降低了网络服务提供者的责任风险。❷

美国国会众议院的报告对第512条指出:"新增加的第512条并不意图暗示在服务提供者的行为满足免责条件或不满足免责条件时,其是否要作为侵权者承担责任。相反,免责条款是在服务提供者根据现行法律原则被认定为需承担责任时才适用的。"❸ 所谓的"免责条款是在服务提供者根据现行法律原则被认定为需承担责任时才适用的"中的"现行法律原则",即美国版权法的严格责任原则,这一句话的准确意思应当是"免责条款是在服务提供者根据严格责任原则被认定为需承担责任时才适用的"。DMCA采取"免责条件"的立法方式,"实际上是'糅合'Netcom案与Frena案这两种观点截然对立的判决的结果。它列举了免责条件,但对于免除的是否为'侵权'责任这一关键问题,却不置可否,从而避免了明确表态支持相互冲突的任何一种观点。它体现的是英美法系典型的实用主义立法思路"❹。

我国在制定《信息网络传播权保护条例》之前,最高人民法院在司法解释中确立了网络服务提供者帮助、教唆侵权的制度,但并无系统全面的避风港免责制度。该条例对于有关网络服务提供者避风港制度的规定,为网络服务提供者提供了新的免责依据。

(二)确定性功能

避风港制度在于界定清楚的责任边界,增强网络服务提供者的经营活

---

❶ 薛虹:"再论网络服务提供者的版权侵权责任",载《知识产权文丛》第四卷,中国政法大学出版社2000年版,第160页。
❷ 陈锦川:"关于网络服务中'避风港'性质的探讨",《法律适用》2012年第9期。
❸ House Report 105-551, Part 2, 105th Congress, 2nd Session, p.50.
❹ 王迁:"《信息网络传播权保护条例》中'避风港'规则的效力",载《法学》2010年第6期。

动安全性,即便按照侵权责任法的一般规则衡量,网络服务提供者符合避风港规定的行为也并不必然属于构成间接侵权的情形,一些情况可能并不侵权,但适用一般规则毕竟具有较大的不确定性,不利于为互联网这种新兴产业创造良好的和安定的从业环境。法律根据互联网产业发展的实际和特殊需求,通过设定避风港规则,为网络服务提供者界定了清晰的责任边界,至少在网络服务提供者从事符合避风港要求的行动时,能够确知不会承担侵权责任,这就满足了互联网产业发展的一些基本要求,有利于促进产业发展。"信息网络作为传输信息的媒介或者平台,网络服务提供者提供的服务难免会与第三人产生著作权纠纷,如果法律不规定哪些网络服务可以免责,就可能使网络服务提供者陷入无休止的侵权纠纷中,无暇顾及自身业务的发展,这对网络产业的发展是十分不利的;……,应该结合本国实际,明确网络服务提供者的哪些行为可以免责。"❶

二、"避风港"制度的性质

(一)性质之争

争议比较大的是提供信息存储空间、搜索引擎和链接等中介服务的网络服务提供者是否构成侵权。主要原因在于《著作权法》及《信息网络传播权保护条例》没有专门规定其侵权构成问题,相反却对其免责作了特别规定,有些条件与侵权构成条件类似,由此产生了免责条件与侵权构成是什么关系的分歧与争论。❷

一种观点认为,免责规定与侵权规定应是同一事物的正反两面,只是举证责任的差异,并不影响实体结论的认定。据此,网络服务提供者只有全部符合免责条件的项目才没有过错,凡是有一个项目不符合就是有过错,从而构成侵权。另一种观点认为,免责规定与侵权规定之间是存在差异的,

---

❶ 张建华主编:《〈信息网络传播权保护条例〉释义》,中国法制出版社2006年版,第77页。

❷ 陈锦川:"网络环境下著作权审判实务中的几个问题",《法律适用》2009年12期。

二者并非同一事物的正反两面。"理论上讲，对于信息存储空间提供行为的侵权认定，无论是适用侵权认定规定，还是适用《条例》第二十二条的规定，在结论上应并无差异。但事实并非如此。司法实践中，对于如何适用这一免责规定，以及如何理解这一规定与侵权认定之间的关系一直存在疑惑。"❶ 问题在于：符合免责条件时一定会免责，但在不符合免责条件时，是否一定要承担侵权责任？

（二）免责事由及抗辩事由

"避风港"规则指明了网络服务提供者在什么情况下可以避免侵权责任、免除赔偿责任，但其本身并没有告诉网络服务提供者怎样会构成侵权责任的意图。因此，"避风港"是免责条款，符合《条例》规定的免责条件的网络服务提供者将进入安全港湾，绝对的、必然的不承担赔偿责任，但是不符合或不完全符合其规定的免责条件的，可能承担侵权责任也可能不承担侵权责任，是否承担责任，仍然需要根据侵权责任构成的条件判定，"避风港"本身不具有侵权判定规则的功能和作用。"避风港"条款实质上是在传统的合理使用和法定许可之外新设的免责事由，其作用与合理使用和法定许可并无不同。任何免责事由都是有法定条件的，法律为"避风港"的适用设定了实体条件和程序条件（如通知移除程序），这本身体现了该种免责事由的特殊性，但不能据此否定其免责事由属性。既然是一种免责事由，避风港本身属于实体法规范。在诉讼程序中，避风港规则可以成为抗辩事由，实体法上的免责事由与诉讼程序中的抗辩事由非但并行不悖，而且是相辅相成和相互衔接的。❷

（三）不是归责原则

"避风港"本身属于法律概念的移植，但这一概念在美国法的语境与

---

❶ 北京市第一中级人民法院：《网络著作权司法保护的课题调研报告》（2010年最高人民法院重点调研课题）。

❷ 孔祥俊：《网络著作权保护法律理念与裁判方法》，中国法制出版社2015年版，第105页。

我国不同。美国法是在未明确网络服务提供者过错责任的基础上谈论避风港的，只要符合该规则即可免除赔偿责任，该法适用的逻辑思维是先考虑被控网络服务行为是否符合该规则适用的前提，在符合该前提的基础上再考虑该规则的适用，即判断被控侵权行为是否符合该规则的具体条款，如符合则免除网络服务提供者的赔偿责任。而我国采取完全相反的逻辑思路，只要网络服务提供者存在主观过错，即应承担相应的责任，而不存在先不考虑侵权与否直接适用避风港条款的情形。同时在过错认定上，我们强调过错的客观化，由法官根据一般的过错判断规则综合考量。因此，避风港规则所涉之反向责任认定逻辑在我国并不适用，其在我国司法实践中的适用应转化为以过错为基础的责任认定规则，即避风港规则适用的前提以及该规则所涉之红旗标准、通知移除规则、直接经济利益等具体条款在此均纳入过错判断的考量范畴。❶从我国的司法实践来看，适用"避风港"的通常情形是，原告主张被告特定行为侵权，有时进一步主张其不符合"避风港"的免责条件。被告提出"避风港"抗辩。法院在判定原告主张的侵权行为成立，且被告主张的"避风港"不成立时，即追究被告的侵权责任。倘若被告主张的"避风港"事由成立，则免除其赔偿责任。原告主张的侵权行为与被告主张的"避风港"免责在认定上往往是交织的，但符合"避风港"的免责事由是由被告负举证责任的。如《北京市高级人民法院关于网络著作权纠纷案件若干问题的指导意见（一）》（试行）第二十三条指出："网络服务提供者主张其符合《信息网络传播权保护条例》规定的免责条件的，应对所依据的相关事实负举证责任。"❷

司法实践一般认为，不符合法定的"避风港"免责条件，并不一定要承担责任，也就是免责条件与侵权构成之间并非一个事物的正反两面。是否承担责任需要再以是否符合归责条件进行衡量，对于所不符合的免责条

---

❶ 孔祥俊：《网络著作权保护法律理念与裁判方法》，中国法制出版社2015年版，第105页。

❷ 孔祥俊：《网络著作权保护法律理念与裁判方法》，中国法制出版社2015年版，第106页。

件进行分析，看是否可以据此认定其符合归责条件。这种归责条件主要是是否具有过错。首先，网络服务提供者承担间接侵权责任的情况下，过错是其基本的归责原则。有些避风港要件还不足以认定网络服务提供者具有过错的程度，不适宜因此而认定其承担责任；其次，避风港制度的主要目的是以明确规定免责条件的方式，为网络服务提供者拓展行为空间，增强其行为的可预见性，而不是一般性地免除其过错责任，即只解决了必然免责的典型情形，并未穷尽是否承担责任的所有情形。

三面向版权代理有限公司与武汉长城宽带网络服务有限公司侵害著作权纠纷案 ❶

案情简介：长城宽带公司与吴传韬签订《武汉长城宽带网络服务有限公司域名、虚拟主机合同》约定：长城宽带公司为吴传韬提供域名注册及虚拟主机租用服务，服务期限为三年，并注明虚拟主机是指用户将其网站寄放在长城宽带公司提供的在互联网上采用共享服务器主机资源技术的服务器上，并接受相关技术及网络支持服务。三面向公司于2008年11月24日向湖北省武汉市中级人民法院起诉称，三面向公司拥有《销魂一指令》《狞皇武霸》等23部武侠小说的著作权，2007年长城宽带公司的用户吴传韬未经许可，在其开办的网站上上传了该23部文字作品。被控网站的信息存储空间由长城公司提供，该空间并未标识系为服务对象提供，也未公开长城公司自己的名称、联系人、网络地址等注册信息，违反了《信息网络传播权保护条例》第二十二条规定，在三面向公司向长城宽带公司发函索取被控网站侵权主体资料时，长城宽带公司未提供吴传韬的真实注册信息，客观上为三面向公司向吴传韬主张权利设置了障碍，导致三面向公司重复起诉，应承担共同侵权的连带赔偿责任。长城宽带公司向一审法院对三面向公司反诉称，三面向公司明知本案被控网站的开办主体及相关信息，仍将长城宽带公司单独作为被告起诉，起诉目的显属恶意。即使要依据《信息网络传播权保护条例》第二十二条追究长城公司的责任，也应当有直接侵

---

❶ 最高人民法院（2011）民申字第291号民事裁定书。

权人的参与，不能单独将长城宽带公司作为被告。三面向公司起诉长城宽带公司缺乏事实依据，加重了长城宽带公司作为网络服务商的运营负担。

裁判要点：《信息网络传播权保护条例》第二十二条第一项是规范网络空间服务提供者与内容服务提供者之间法律关系条款，目的在于该网络存储空间发生侵权时，便于权利人在无法查询侵权网站责任主体的情况下通过网络空间服务提供者及时找寻侵权责任主体。三面向公司已经明知被控网站侵权责任主体身份；长城宽带公司系信息存储空间服务提供商，没有证据证明长城宽带公司改变了该空间上存储、传输的信息内容，也无证据证明其从该信息存储空间传输的信息内容上直接获利。长城宽带公司对涉案网站上传输的侵权内容既不明知，也不应知，主观上不存在过错。长城宽带公司采取措施，断开了信息存储空间服务。因此，长城宽带公司依法不承担赔偿责任。综上，被控网站未经许可，传播涉案文字作品的行为构成侵权。长城宽带公司作为被控网站的网络空间服务提供者，按照法律、法规规定履行了法定义务，其行为既未妨碍三面向公司诉讼维权，也未参与侵权行为人的共同侵权，不应承担民事责任。

三、责任限制的一般条件

（一）并非所有的网络服务提供者都受到"避风港"的保护

避风港的适用对象为单纯提供技术中介服务的网络服务提供者。其服务行为具有技术性、自动性和被动性的特征，即其仅为用户的网络信息提供和网络信息获取提供技术支持；根据用户的指令和预先设定的程序进行自动的存储或者定位；对于用户的指令不进行人工的识别、选择和干预。

从立法内容看，相关立法例区分了有限的服务类型，并有针对性地规定了免责条件。美国 DMCA 规定的服务类型包括：（1）临时性数字网络传输；（2）系统缓存；（3）根据用户指令存放在系统中的信息；（4）信息定位工具。欧盟《电子商务指令》规定的服务类型包括：（1）纯粹传输服务；（2）缓存服务；（3）宿主服务。与美国不同，欧盟并没有对信息定位工具规定免责条款。

我国在制定《信息网络传播权保护条例》时，关于是否将搜索与链接服务纳入"避风港"曾存在争议：第一种意见认为，搜索或者链接作为一种技术，对方便人们查找信息、减少重复存储有重要作用，"无搜索则无信息、无链接则无共享"；因此只要提供此类服务的网络服务提供者主观上没有侵权故意，就不应当承担法律责任，美国 DMCA 就采纳了该意见。第二种意见认为，搜索或者链接服务在为人们提供快捷服务的同时，也扩大了网络上侵权行为的范围，因此，提供搜索或者链接服务的网络服务提供者不应当免责，不能纳入"避风港"。第三种意见认为，搜索或链接技术比较复杂，对提供搜索或者链接的网络服务提供者是否应当免责，可以由司法实践进行判断，或者在全球有关法律发展比较成熟时再处理，法律不宜简单地规定免责还是承担责任，欧盟《电子商务指令》就没有对搜索或者链接服务规定免责。《信息网络传播权保护条例》最终采纳了第一种意见，将搜索或者链接服务纳入了避风港，认为搜索或者链接服务作为网络服务的一种方式，对促进网络产业发展大有裨益，并不必然带来对权利人著作权或者相关权利的侵害，只要主观上没有过错，客观上没有直接进行侵犯权利人权利的行为，并遵守了一些合理规定，则应当免于承担法律责任。❶

我国《信息网络传播权保护条例》提供了四种服务类型的"避风港"保护，即网络接入和自动传输服务、系统缓存服务、信息存储空间服务以及搜索与链接服务，但是并未对这四种服务进行进一步界定。北京市高院《著作权指南》中规定了关于"信息存储空间服务"和"提供链接服务"的认定标准。对于"提供信息存储空间服务"一般需综合以下因素进行认定：被告提供的证据可以证明其网站具备为服务对象提供信息存储空间服务的功能；被告网站中的相关内容明确标示了为服务对象提供信息存储空间服务；被告能够提供上传者的用户名、注册 IP 地址、注册时间、上传 IP

---

❶ 张建华主编：《信息网络传播权保护条例释义》，中国法制出版社2006年版，第87页。

地址、联系方式以及上传时间、上传信息等证据；以及其他因素。❶ 由此可见，并不是网络服务商主张或者在页面标识为"提供信息存储空间服务"就是"信息存储空间服务提供者"，从而对假借"提供存储空间服务"的名义从事网络信息提供活动的行为做出了进一步规制。对于"提供链接服务"，一般需具有以下情形之一：涉案作品、表演、录音录像制品的播放是自被告网站跳转至第三方网站进行的；涉案作品、表演、录音录像制品的播放虽在被告网站进行，但其提供的证据足以证明涉案作品、表演、录音录像制品置于第三方网站的。❷ 在链接服务的问题上仍然遵循了服务器标准。

（二）网络服务提供者接到权利人通知后及时采取必要措施移除侵权信息

随着网络应用技术的普及，通过网络传播新闻、评述、论文、软件、音乐、影视作品等情况越来越多。在传播的这些作品、表演、录音录像制品中，存在未经权利人许可被上载到网络上侵犯权利人信息网络传播权的情形。由于这些侵权纠纷往往只涉及一篇文章或者一首音乐，标的额较小，通过行政或者司法程序解决此类纠纷成本过高，也没有必要。但是，网络传播的优势在于传播速度快、传播范围广，如果不及时制止这种侵权行为，权利人的利益会受到很大损失。为寻找一种既不需要动用行政或司法力量，又能方便权利人维护其权利、快速解决纠纷的办法，美国 DMCA 设计了"通知—移除"简易程序，对"根据用户指令存放在系统中的信息"以及"提供信息定位工具"的网络服务提供者提供了免责规定。即网络服务提供者根据用户的指令将存放在网络服务提供者控制或者经营的系统或者网络中的材料加以存储而侵犯版权的，或者因为通过使用信息定位工具包括目录、索引、指南、指示或者超文本链接，将用户指引或者链接至一个包含了侵权材料或者侵权行为的网站而侵犯版权的，在满足规定的条件包括

---

❶ 北京市高级人民法院《著作权指南》第9.10条。
❷ 北京市高级人民法院《著作权指南》第9.14条。

接到侵权通知后、对被指称侵权的材料或者作为侵权行为主题的材料，迅速移除或者屏蔽对它们的访问，则不承担赔偿责任。该规则的原理是，如果网络服务提供者并不实际知道用户存储的资料侵权，就不承担版权侵权责任。但是，一旦网络服务提供者知道了侵权或者收到了版权人有关侵权的通知，就丧失了责任屏障，除非立即采取行动移除被指控的侵权材料。❶日本、澳大利亚等国制定的有关网络环境下著作权保护制度都不同程度借鉴了该规定。

按照美国 DMCA 的规定，移除通知必须由版权人或其代理人发出，必须指明所涉版权作品及其在网络服务提供者网站上的位置，尤其是，通知中必须声明请求人"善意地相信被指控的材料的使用方式未经版权人、其代理人或者法律授权"❷。如果无视该通知，网络服务提供者就丧失了 DMCA 规定的保护。DMCA 还规定了反通知程序，即网络服务提供者收到被通知者的反通知之后，必须通知版权人要在10~14天内恢复被移除的材料，除非版权人提起诉讼请求，法院发布限制侵权活动的命令。设定如此严格和复杂的通知形式和内容，显然是平衡各方关系的一种具体体现，即既为权利人提供保护手段，又为网络服务提供者提供服务及作品在网络上的合法传播行为提供屏障，避免其动辄受扰。❸

但是，并非所有国家都采取类似的做法。欧盟所属成员国就没有这样的规定，理由是公民享有言论自由的权利，网络服务提供者不能仅凭权利人的一纸通知就删除网络上传播的作品、表演、录音录像制品；如果这些作品、表演、录音录像制品有侵权嫌疑，引起纠纷，可以通过司法程序解决。加拿大也曾考虑设计"通知—移除"程序，但认为美国的做法过于繁琐，最终政府提交的法案中仅有通知程序，即权利人认为网络上传播的作品、表演、录音录像制品侵权时，可以通知网络服务提供者，网络服务提

---

❶ 孔祥俊：《网络著作权保护法律理念与裁判方法》，中国法制出版社2015年版，第110页。

❷ 17USC§512（1）（C）（3）（A）（v）。

❸ 孔祥俊：《网络著作权保护法律理念与裁判方法》，中国法制出版社2015年版，第110页。

供者接到通知书后并不实施删除或者断开链接，而是将通知书转交给提供该作品、表演、录音录像制品的服务对象，由服务对象去处理。❶

在我国《信息网络传播权保护条例》的制定过程中，多数意见认为，网络服务提供者作为权利人和作品、表演、录音录像制品使用者的桥梁，应当减少其传播作品、表演、录音录像制品的成本和风险。如果网络服务提供者不直接提供权利人的作品、表演、录音录像制品，只是为服务对象提供信息存储空间服务或者搜索、链接服务，则可以通过"通知—移除"程序免除相应的责任。建立该程序符合我国国情，只要防止权利人滥用权利，就可以减少纠纷，降低社会成本，及时维护权利人的合法权益。❷因此，《信息网络传播权保护条例》最终采纳了该程序安排。《侵权责任法》也借鉴了该制度。

1. 通知

如前所述，"通知"的作用在于使网络服务提供者知晓其网络中存有他人上传的侵权内容，需要符合一定的要求，才能使网络服务者进行准确定位和移除。通知应当以书面形式做出，包含如下内容：权利人的姓名（名称）、联系方式和地址；要求删除或断开链接的侵权作品、表演、录音录像制品的名称和网络地址；构成侵权的初步证明材料。符合法定条件的通知送达网络服务提供者即可认定其已经知晓侵权内容的存在。

至于通知书中是否需要列出全部侵权作品的名称和地址，还是仅需列出有代表性的侵权作品名称和地址，法律规定并不明确。在华纳唱片公司诉北京阿里巴巴信息技术有限公司一案中，❸法院认为："被告收到上述函件后，即可以获取原告享有录音制作者权的相关信息及被控侵权的相关歌曲的信息，应知其网站音乐搜索服务产生的搜索链接结果含有侵犯原告录音制作者权的内容。但被告仅删除了原告提供了具体 URL 地址的24个侵权搜索链接，怠于行使删除与涉案歌曲有关的其他侵权搜索链接的义务，放任

---

❶ 张建华主编：《信息网络传播权保护条例释义》，中国法制出版社2006年版，第54页。
❷ 张建华主编：《信息网络传播权保护条例释义》，中国法制出版社2006年版，第55页。
❸ 参见北京市第二中级人民法院民事判决书（2007）二中民初字第02630号。

涉案侵权结果的发生，其主观上具有过错，属于通过网络帮助他人实施侵权的行为，应当承担相应的侵权责任。"可见司法实践中，有的法院认为网络服务提供者的移除义务并不以通知书的范围为限，笔者认为这是有待商榷的，理由主要是：网络中存在海量信息，包括侵权信息，也包括合法的信息，要求网络服务提供者对侵权信息进行主动查找、识别和移除是不现实也不合理的，因此各国和地区都明确了网络服务提供者不承担主动监督侵权的法定义务和责任。对侵权信息进行识别和定位的负担由权利人来承受，因为权利人对自身的利益是最关心的，而且著作权人对作品的内容也是最清楚的，不仅包括作品被完整复制的情形，也包括作品被实质性复制、改编等情形。如果连著作权人都无法判断通知书以外的情形是否侵权，而让网络服务提供者进行判断，显然是不合适的。那么如果著作权人网络中侵权信息的海量，而在通知书中列举代表性地址，同时声明网络中存在的全部以其作品名称为名的信息都是侵权的，那么网络服务提供者是否有义务全部予以删除或者断开链接呢？笔者认为，这种看似明确的通知，实际也是不明确的。因为以相同名称命名的作品，内容却不一定是相同的，这需要网络服务提供者对通知书以外的以作品名称命名的信息进行逐一审查后将侵权信息移除，这无异于让网络服务提供者承担主动监督侵权的责任。因此，笔者认为，权利人的通知书中必须列出明确的侵权地址，并且网络服务提供者的移除责任以通知书的范围为限。

但是，对于同一侵权作品被反复上传的情形，网络服务提供者应当承担更高的注意义务或采取一定的措施。如前文提到的 Google 案中，法国法院就认为尽管 Google 每次收到侵权通知后都将未经授权的影片从其网站删除，但该影片依然被用户反复上传。Google 在得知电影侵权的复制件存在后，就应该承担并采取必要的措施以防止将来侵权内容的继续传播。❶ 美

---

❶ SARL Zadig Productions, Jean-Robert Viallet et Mathieu Verboud v. Ste Google Inc. et AFA，Tribunal de Grande Instance de Paris (3rd Chambre, 2nd Section), decision of October 19, 2007.（转引自宋海燕：《中国版权新问题——网络侵权责任、Google 图书馆案、比赛转播权》，商务印书馆2011年版，第25页。）

国 DMCA 虽然更侧重于保护网络服务提供者的利益,但其也规定网络服务提供者获得免责的一个重要前提:"已经采取了并合理地实施了规定在适当情况下对作为反复侵权者的服务提供商系统或网络的用户和账号持有者实施停止服务的政策,并将这一政策通知了服务提供商系统或网络的用户和账号持有者"❶。

2. 移除

"移除"的作用在于使网络服务提供者免于日后承担连带责任。网络服务提供者接到权利人的通知后,应当采取删除或者断开链接的措施移除侵权内容。从《信息网络传播权保护条例》的规定来看,移除措施主要包括"删除"和"断开链接"。

"删除"是指网络服务提供者将侵权内容直接从服务器上删掉。它主要针对侵权内容本身就存储在网络服务提供者的服务器上的情形。例如,BBS 服务提供者删除了含有侵权内容的帖子;视频分享网站删除网友上传的侵犯他人著作权的视频内容。

"断开链接"针对具体侵权内容并不存在于网络服务提供者的服务器上,而是通过设置链接的方式,为访问侵权内容提供了通道。断开链接一般体现为两种形式:一种是网络内容服务提供者在网页上汇集了各类链接,点开这些链接就可以访问具体的内容;另一种是搜索引擎服务提供者通过检索词提供的搜索内容,其提供的是一种访问通道。❷

《侵权责任法》第三十六条第二款吸收了"通知—移除"程序的规定。一方面强调了采取必要措施的时间要求,即"及时性";另一方面,为扩大必要措施的范围预留了法律空间。以屏蔽措施为例,其主要针对的是网址或者 IP 或者其他 ID。例如,基础电信服务商屏蔽某一域名或者 IP 使之无法被访问,其他领域的网络服务提供商屏蔽某一个邮箱、账号等使之无法登录。

3. "反通知—恢复"规则

"反通知—恢复"规则是"通知—移除"规则的必要补充,其合理性

---

❶ 17USC512(i)(1)(A).

❷ 陈怡、袁雪石:《网络侵权与新闻侵权》,中国法制出版社2010年版,第15页。

在于：法律为了在网络环境下合理保护著作权，认定权利人发出的符合法定要求的通知已足以使网络服务提供者知晓其管理的网络系统中存在他人"上传"的侵权内容。网络服务提供者此时如果对被指称侵权的内容不采取必要措施，将承担连带责任，因此除非其有合理的理由认定权利人的通知书内容不实，否则必然会删除被指称侵权的内容或采取断开链接措施。而权利人在通知书中的侵权指称确实有可能失实，在此情况下，合法内容的上传者将会因网络服务提供者的措施而受到损害。"反通知—恢复"规则可以对此提供合理救济。与法律认定网络服务提供者应当信赖权利人通知书中所指称的侵权事实相似，网络服务提供者同样应当信赖用户反通知中对其上传内容不侵权的陈述，并据此恢复被删除的内容。美国 DMCA 和我国《信息网络传播权保护条例》均规定了"反通知—恢复"规则，并规定在网络服务提供者根据反通知恢复了被删除的内容之后，权利人不得再向网络服务提供者发出要求其删除同样内容的通知。因为法律要求网络服务提供者一视同仁地信赖通知与反通知的真实性。在二者发生矛盾时，只能通过司法程序加以裁决，而不能要求网络服务提供者做出判断。❶

4. 错误通知的损害赔偿责任

指控侵权的权利人应当对通知书的真实性负责，而被指控侵权的服务对象也应当对反通知的书面说明的真实性承担责任，因此，由于恶意通知或者通知不实而造成的对方当事人和网络服务提供者的损失，应当由通知做出者承担相应的赔偿责任。

四、责任限制的具体条件

对于责任限制，美国、欧盟和我国等国家和地区都是在立法中区分不同类型的服务提供者，并予以分别具体规定的，以增加规则的确定性，提供明确的行为指引。

---

❶ 王迁、王凌红：《知识产权间接侵权研究》，中国人民大学出版社2008年版，第56-57页。

（一）网络自动接入和自动传输服务提供者的责任限制

美国DMCA第512条（a）对"提供临时性数字网络传输"的网络服务提供者规定的免责条件包括：（1）对材料的传输是由网络服务提供者之外的人发起的或按照其指示进行的；（2）传输、提供路由、连接，或者存储是通过自动的技术过程进行的，网络服务提供者没有对材料进行选择；（3）网络服务提供者没有选择材料的接受者，除非自动地回应一个人的请求；（4）在这种过渡性或临时性存储过程中，网络服务提供者制作的材料没有以能够被预期的接受者以外的任何人以通常能够获得的方式存放在系统或网络上，也没有这样的复制件在超过为传输、提供路由、接入所需要的合理时间后，以预期的接受者通常能够获得的方式存放在系统或网络上；（5）材料在系统或网络传输过程中内容没有发生改变。

欧盟《电子商务指令》第12条对提供"纯粹传输服务"的网络服务提供者规定的免责条件包括：（1）不是首先进行传输的一方；（2）对传输接受者不做选择；（3）对传输的信息不做选择或更改。这种"纯粹传输服务"是指在通信网络中传输由服务接受者提供的信息，或者为通信网络提供接入服务，包括所传输信息的自动、中间性和短暂的存储，其前提是此种行为仅仅是为了在通信网络中传输信息，而且信息的存储时间不得超过进行传输所必需的合理时间。

我国的《信息网络传播权保护条例》第二十条借鉴了美国和欧盟的规定。网络自动接入或自动传输服务提供者的免责条件包括：

（1）所提供的接入服务或传输服务必须是由事先设计好的计算机程序和通信线路根据服务对象的指令自动完成的。体现了技术性和自动性的要求。

（2）对服务对象提供的作品、表演、录音录像制品不进行选择，并且按照各服务对象提供的作品、表演、录音录像制品的顺序逐一传输。体现了被动性的要求。

（3）对服务对象提供的作品、表演、录音录像制品不进行有意的修改或者改变。

（4）按照服务对象的要求传输给指定的对象，并且采取技术措施，防止指定对象以外的其他人获得服务对象提供的作品、表演、录音录像制品。

（二）系统缓存服务提供者的责任限制

系统缓存是网络服务提供者为了提高网络传输效率、加快其服务对象获取其他网站信息的速度而采取的一种技术手段。

欧盟《电子商务指令》第13条规定的免责条件包括：（1）提供者没有更改信息；（2）提供者遵守了获取信息的条件；（3）提供者遵守了更新信息的规则，该规则以一种被产业界广泛认可和使用的方式确定；（4）提供者不干预为获得有关信息使用的数据而对得到产业界广泛认可和使用的技术的合法使用；（5）提供者在得知处于原始传输来源的信息已在网络上被移除，或者获得该信息的途径已被阻止，或者法院或行政机关已下令进行上述移除或阻止获得行为的事实后，迅速地移除或阻止他人获得其存储的信息。

我国《信息网络传播权保护条例》第二十一条借鉴了上述规定，免责条件包括：

（1）没有修改或改变所存储的作品、表演、录音录像制品。

（2）未影响提供作品、表演、录音录像制品的原网络服务提供者掌握服务对象获取该作品、表演、录音录像制品的情况。

（3）在原网络服务提供者修改、删除或者屏蔽该作品、表演、录音录像制品时，根据技术安排自动予以修改、删除或者屏蔽。

（三）信息存储空间服务提供者的责任限制

所谓信息存储空间，是指可以永久存储信息的计算机外部存储器的容量。实践中，有些网络服务提供者控制或者经营多台可以连接到互联网上的服务器，这些服务器的磁盘空间很大，除自己使用外，仍有大量存储空间可以向服务对象提供,其主要形式包括:(1)向他人出租或者免费提供磁盘空间,供不具有独立开办网站能力的组织或者个人通过网络向他人提供信息,营造虚拟的单位网站或者个人主页;(2)开辟公共交流平台,如设立网络聊天室、公共论坛等;(3)向服务对象有偿或免费提供存储服务,存储服务对象的作品、表演、录音录像制品等,如建立家庭相册。❶

美国 DMCA 第512条(c)规定的免责条件包括:(1)并不实际知晓材料或在系统或网络上使用材料的行为是侵权的;在缺乏该实际知晓状态时,没有意识到能够从中明显推出侵权行为的事实或情况;在得以知晓或意识到(侵权行为)后,迅速移除材料或屏蔽对它的访问。(2)在网络服务提供者具有控制侵权行为的权利和能力的情况下,没有直接从侵权行为中直接获得经济利益。(3)在得到侵权通知后,做出迅速反应,移除被指称侵权的材料或侵权行为的内容,或屏蔽对它们的访问。

欧盟《电子商务指令》第14条规定的免责条件是:(1)提供者对违法活动或违法信息不知情,并且就损害赔偿而言,提供者对显然存在违法活动或违法信息的事实或者情况毫不知情;(2)提供者一旦获知或者知晓相关信息,就马上移除了信息或者阻止他人获得此种信息;(3)如果服务接受者是在提供者的授权或控制之下进行活动的除外。

我国《信息网络传播权保护条例》借鉴了美国、欧盟的做法,第二十二条规定的免责条件包括:

(1)明确标示该信息存储空间是为服务对象所提供,并公开网络服务提供者的名称、联系人、网络地址。

这样规定的目的在于避免权利人产生疑虑,以为该服务中存储的作品、表演、录音录像制品是网络服务提供者提供的,避免在涉嫌侵权时权利人将该网络服务提供者告上法庭,增加社会成本。

一些网络服务提供者并未在首页或者主要页面的显著位置做出明显标识,而只是在"关于我们"等栏目的深层页面中标识,而原告公证时几乎不对该栏目的内容进行公证,从已公证的页面上看不出有这种标识。具有

---

❶ 张建华主编:《信息网络传播权保护条例释义》,中国法制出版社2006年版,第84页。

提供信息内容的服务外观意味着从用户角度无法明显感知网络服务提供者的服务性质，也就是说网络服务提供者可能未在其服务界面明显位置体现其服务性质。但是这并不等于说网络服务提供者没有做出明确标识。司法实践中几乎没有因此就直接认定其不能进入避风港的情形，法院通常会根据实际情况认定提供信息存储空间服务的性质，并依据过错等认定是否承担责任。

（2）对服务对象提供的作品、表演、录音录像制品不进行修改或者其他改变。

（3）不知道也没有合理理由应当知道服务对象提供的作品、表演、录音录像制品侵犯了他人的著作权或者相关权利。

（4）没有从服务对象提供的作品、表演、录音录像制品中直接获得经济利益。

（5）接到权利人的通知后，及时移除相关信息。

从我国司法实践来看，涉及信息存储服务提供者著作权侵权责任限制的纠纷较多，法院认定的重点在于（2）、（3）、（4）条件，并形成了一些基本规则：

第一，"不修改或改变"，是指未对作品、表演、录音录像制品的内容进行改变。

如果网站标识和广告是预设在播放器中，在网友点击播放的情况下，都会出现该标识和广告，那么其并未改变作品的内容，但是如果网站对作品的内容进行了加工、处理后再上传到网上，例如删除或增加了部分情节，则构成改变作品内容，此时视频分享网站已经不是单纯的存储空间服务提供者，而是内容提供者。北京市高级人民法院《著作权指南》第9.18条对"改变"进行了定义，并且明确了不构成"改变"的具体情形。即"改变"是指对服务对象提供的作品、表演、录音录像制品的内容进行了改变。仅对作品、表演、录音录像制品的存储格式进行了改变；对作品、表演、录音录像加注数字水印等网站标识；在作品、表演、录音录像之前或结尾处投放广告以及在作品、表演、录音录像中插播广告的行为并不构成"改变"，因此也未改变视频分享网站作为信息存储空间服务提供者的法律性质，换句话说，在这些情况下，视频分享网站仍可适用避风港规则。

第二，作品位置和作品知名度构成判断主观过错的重要因素。

在网乐互联（北京）科技有限公司诉广州市千钧网络科技有限公司、北京我乐信息科技有限公司著作权侵权纠纷案（56网提供电影《兄弟之生死同盟》存储空间著作权侵权纠纷案）中，❶法院认定提供信息存储空间服务的网络服务提供者设置"影视剧场"等栏目，下设推荐、人气等子栏目，并以列表形式展示推荐视频的图标和简介，可认定具有主观过错。在宁波成功多媒体通信有限公司诉北京阿里巴巴信息技术有限公司著作权侵权纠纷案（雅虎中国网站提供电视剧《奋斗》存储空间著作权侵权纠纷案）中，❷法院认为提供信息存储空间的网络服务提供者存储的是处于热播、热映期间的视听作品，且该作品位于首页、其他主要页面或者其他可为服务提供者明显所见的位置，或者对该作品进行宣传、推荐等，可认定具有主观过错。北京市高级人民法院《意见（一）》（试行）第十九条对可以认定为具有主观过错的情形进行了分类，主要包括：（1）存储的被诉侵权的内容为处于档期或者热播、热映期间的视听作品、流行的音乐作品或知名度较高的其他作品及与之相关的表演、录音录像制品，且上述作品、表演、录音录像制品位于首页、其他主要页面或者其他可为服务提供者明显所见的位置的；（2）被诉侵权的作品、表演、录音录像制品位于BBS首页或其他主要页面，在合理期间内网络服务提供者未采取移除措施的；（3）将被诉侵权的专业制作且内容完整的视听作品，或者处于档期或者热播、热映期间的视听作品置于显要位置，或者对其进行推荐，或者为其设立专门的排行榜或者"影视"频道等影视作品分类目录的；（4）对服务对象上传的被诉侵权作品、表演、录音录像制品进行选择、整理、分类的。北京市高级人

---

❶ 北京市朝阳区人民法院（2009）朝民初字第14734号；北京市第二中级人民法院（2010）二中民终字第04007号。

❷ 北京市朝阳区人民法院（2008）朝民初字第04679号；北京市第二中级人民法院（2008）二中民终字第19082号。

民法院《著作权指南》在此基础上进行了进一步的整合和概括。认定信息存储空间服务提供者"应知"需同时具备两个条件：（1）"能够合理地认识到涉案作品、表演、录音录像制品在其存储空间传播"（作品在传播），以及（2）"能够合理地认识到网络用户未经权利人的许可提供涉案作品、表演、录音录像制品"（传播的作品侵权）。❶ 对于以下情形可以推定构成条件（1）：一是涉案作品、表演、录音录像制品或者与其相关的信息位于首页、各栏目首页或者其他主要页面等可被明显感知的位置；或者二是对涉案作品、表演、录音录像制品的主题或者内容主动进行选择、编辑、修改、整理、推荐或者为其设立专门排行榜的；或者三是其他情形。❷ 对于以下情形可以推定构成条件（2）：一是网络用户提供的是专业制作且内容完整的影视作品、音乐作品、表演、录音录像制品，或者处于热播、热映期间的影视作品、知名度较高的其他作品以及相关的表演、录音录像制品；或者二是网络用户提供的是正在制作过程中且按照常理制作者不可能准许其传播的影视作品、音乐作品、表演、录音录像制品；或者三是其他明显的侵权事实。❸ 与北京市高级人民法院《意见（一）（试行）》相比，《著作权指南》在认定信息存储空间服务提供者的"应知"时更加谨慎，同时也提供了司法裁量空间。

第三，非专门针对侵权作品的服务收费和广告收费不属于直接获利。

如果网络服务提供者正在从事合法的经营，并且侵权使用者和非侵权使用者支付同样的费用，则网络服务提供者并未从侵权材料中获取直接的经济利益。在优胜风林（北京）音乐文化有限公司诉北京我乐信息科技有限公司著作权侵权纠纷案（我乐网提供《你到底爱谁》专辑歌曲存储空间著作权纠纷案）中，❹ 法院认定在播放界面上投放广告的行为，不属于从作品、表演中直接获得经济利益。北京市高级人民法院《意见（一）》（试行）

---

❶ 北京市高级人民法院《著作权指南》第9.11。
❷ 北京市高级人民法院《著作权指南》第9.12。
❸ 北京市高级人民法院《著作权指南》第9.13。
❹ 北京市朝阳区人民法院（2009）朝民初字第22278号。

第二十五条也规定了按照时间、流量等向用户收取标准费用的行为不属于直接获取经济利益的行为；因提供信息存储空间服务而收取广告费的行为，一般不属于直接获取经济利益的行为；针对特定作品、表演、录音录像制品投放广告的行为可以在认定网络服务提供者是否存在过错时酌情予以综合考虑。北京市高级人民法院《著作权指南》第9.19条规定了前两种情形。如果出现针对特定作品、表演、录音录像制品投放广告的行为，则需要结合相关证据考量，是构成分工合作的共同提供行为，还是构成帮助侵权行为。

（四）搜索与链接服务提供者的责任限制

美国DMCA第512条（d）规定的免责条件包括：(1)不实际知晓材料或行为是侵权的；在缺乏该实际知晓状态时，没有意识到能够从中明显推出侵权行为的事实或情况；在得以知晓或意识到（侵权行为）后，迅速移除材料或屏蔽对它的访问。（2）在网络服务提供者具有控制侵权行为的权利和能力的情况下，没有直接从侵权行为中直接获得经济利益；以及在得到侵权通知后，做出迅速反应，移除被指称侵权的材料或侵权行为的内容，或屏蔽对它们的访问。

我国《信息网络传播权保护条例》参考了美国的规定，将提供搜索或者链接服务的行为纳入了"避风港"。第二十三条规定的免责条件包括：(1)不明知也不应知所链接的作品、表演、录音录像制品侵权；(2)接到权利人的通知后，及时断开与侵权作品、表演、录音录像制品的链接。

北京市高级人民法院《著作权指南》主要规定了两种"应知"的情形：其一是链接服务提供者对被链接的涉案作品、表演、录音录像制品进行了主动的选择、编辑、推荐，公众可以在设链网站上直接下载、浏览或者通过其他方式获得的；其二是链接服务提供者设置定向链接，且被链接网站未经许可提供涉案作品、表演、录音录像制品侵权行为明显的。❶

---

❶ 北京市高级人民法院《著作权指南》第9.15条。

(五)网吧经营者的责任限制

在我国,网吧除从事营利性活动外,还承载文化消费功能。网吧的经营模式决定其盈利微薄,其经营规模一般不大。在文化等主管部门的推动下,我国网吧行业正在进行经营方式的转变,如影视作品正在由专业化的公司提供,网吧逐渐从专业公司购买有关影视作品的播放权等。考虑到网吧经营的特殊性,以及为贯彻促进网吧经营转型升级的导向,最高人民法院专门规定,网吧经营者能够证明涉案影视作品是从有经营资质的影视作品提供者处合法取得,根据取得时的具体情形不知道也没有合理理由应当知道涉案影视作品侵犯他人信息网络传播权等权利的,不承担赔偿损失的民事责任。❶

北京网尚文化传播有限公司与北京嘉成基业上网服务中心侵犯著作财产权纠纷一案 ❷

案情简介:网尚文化公司享有电视剧《杀虎口》等作品的非独家信息网络传播权,有权以自己的名义对非法使用授权节目的网吧追究法律责任,授权期限为2009年5月1日至2011年4月30日。嘉成上网中心系网吧经营者,经核准的经营范围是"提供互联网上网服务场所"。随机选择嘉成上网中心网吧内的一台电脑,在点击电脑桌面上的"网吧电影"图标后,进入题为"英雄宽频"的页面,该页面网址为 http://hd.365pub.com/web/index/index.asp。在该页面上有对影片按区域和类型分类的具体栏目、近期热播专题以及"影片搜索"等内容。通过搜索"杀虎口",可以获得电视剧《杀虎口》31集的播放列表。从播放列表中选择并点击视频链接,可以在线播放第22集和第31集的视频内容。嘉成上网中心所经营网吧局域网电脑上的"英雄宽频"软件及所含的影视作品系宽娱科技公司收取服务费后提供给嘉成上网中心使用,双方约定因此引起的版权问题由宽娱科技公司负责。

---

❶ 孔祥俊:《网络著作权保护法律理念与裁判方法》,中国法制出版社2015年版,第106页。

❷ 北京市第二中级人民法院(2010)二中民终字第22864号民事判决书。

嘉成上网中心在签约时审核了宽娱科技公司提供的资质文件和"英雄宽频"软件中影视作品的授权材料，但授权材料中没有涉案作品的授权文件。嘉成上网中心也未提供证据证明宽娱科技公司获得了相应授权。宽娱科技公司对"英雄宽频"平台上的影视作品进行远程更新，并且由于宽娱科技公司对该软件进行了加密，技术上完全由宽娱科技公司控制，嘉成上网中心对"英雄宽频"平台上的影视作品无法自行删除。网尚文化公司主张应由嘉成上网中心承担相应的侵权责任。

裁判要点：网吧经营者能证明涉案影视作品是从有经营资质的影视作品提供者合法取得，根据取得时的具体情形不知道也没有合理理由应当知道涉案影视作品侵犯了他人信息网络传播权等权利的，不承担损害赔偿的民事责任。但网吧经营者经权利人通知后，未及时采取必要措施的，应对损害的扩大部分承担相应的民事责任。嘉成上网中心是经工商行政管理部门核准开办、可以依法提供互联网上网服务的经营性网吧，涉案侵权作品提供者宽娱科技公司具有文化部颁布的《网络文化经营许可证》，具备从事互联网视听节目服务以及互联网文化经营活动的资质。宽娱科技公司向嘉成上网中心提供相应的系统软件并提供视频内容，供嘉成上网中心的客户使用，嘉成上网中心为此支付了相应的对价，并且，根据本案查明的事实，嘉成上网中心查验了宽娱科技公司的相关证件，并要求宽娱科技公司保证对发生的版权问题负责，嘉成上网中心在取得涉案影视作品时不知道也没有合理理由应当知道涉案影视作品侵犯了他人信息网络传播权，因此，应当认定嘉成上网中心已经尽到了合理的注意义务，并无过错，不应承担侵权的民事责任。

第四章　网络信息获取者的著作权侵权责任

作为社会成员，我们享有获取公共信息的权利和自由。互联网提供了更快、更便捷的获取公共信息的渠道。但是，如果信息获取者浏览或者下载的信息是他人享有著作权的作品时，其已经跨越了自由的边界，进入到了他人的专有权利范围。然而，对于信息获取者来讲，区分"自由"与"专有"在很多情况下是很困难的。

第一节　网络信息获取者的含义和法律地位

一、网络信息获取者的含义

网络信息获取者，顾名思义，就是从网络上获取信息的个人或者单位。随着网络的普及，我们每天都在通过直接或者间接的方式从网络上获取信息。网络信息获取的直接方式是上网在线浏览信息或者从网上下载信息后，通过计算机、手机、电子书等终端设备进行浏览，或者通过在线打印或者下载后打印进行阅读。获取网络信息的间接方式主要是通过他人的转述，如在与他人的谈话中获知，通过媒体之间的转载获知，以及在单位中上级领导通过下属的网络舆情分析书面报告获知等。本书所论及的是通过上网浏览和下载方式直接获取网络信息的情形。所谓在线浏览，是指将网络上的数字化作品调入终端计算机的内存并通过显示器在屏幕上展示出来，通常是通过自己的客户端浏览器或下载软件将作品从开放的服务器上以文件形式存储到自己的随机存储器中浏览。浏览本身并未使数字化作品永久地固定于计算机终端的存储设备上，而只是通过用户点击作品的链接，在用户计算机随机存储器中暂时复制一份。❶ 所谓下载，是指用户将数字化作品从开放的服务器上存储到计算机硬盘等存储设备中。在线浏览和下载与著作权法上的复制理论密切相关。

二、网络信息获取者的法律地位

网络信息获取者是位于网络输出阶段的作品使用者，他们通过在线浏览、下载等方式从网络上获取并使用作品的复制件。网络信息获取者可以基于学习、欣赏等非商业性的合法的个人目的使用从网络上获取的作品信息，例如，通过浏览作品信息来获取知识、学习思想、休闲娱乐、陶冶情操等；也可以基于故意侵权等不正当的个人目的使用从网络上获取的作品信息，例如，通过文件共享网站和软件发帖"求……热播剧或者热播电影"，并下载浏览等；还可以基于商业性目的使用从网络上获取的作品信息，例如，从网络上大量下载歌曲或者影片并予以销售等。

作为作品信息的使用者和消费者，网络信息获取者是否承担著作权侵权责任，首先取决于其使用方式，即在线浏览行为和下载行为是否属于著作权控制的范围，以及这种使用行为是否构成合理使用等著作权的限制情形；其次还包括网络信息获取者的主观过错等其他要件。

---

❶ 冯晓青、胡梦云：《动态平衡中的著作权法——"私人复制"及其著作权问题研究》，中国政法大学出版社2011年版，第234页。

第二节 在线浏览者的著作权侵权责任

一、问题的提出

网络信息浏览者是否承担著作权侵权责任，这一问题是更加广泛地被探讨的有关在计算机屏幕上展示作品或邻接权客体以及临时复制的版权性质的一部分。数字技术和国际互联网的发展使传统的复制权理论得到延伸适用，同时也使其遭遇了前所未有的困境。在现有技术条件下，有些复制是在互联网的正常使用过程中产生的，例如网络用户浏览互联网上信息时在其计算机内存中产生的临时性复制，网络服务提供者的计算机系统在网络用户信息传输过程中产生的自动复制，以及在计算机硬盘上形成的缓存等。这些临时复制是否能够被界定为著作权法上的复制，一度困扰着国际著作权界。争议的背后反映了不同利益集团的利益诉求：版权人希望将复制权的效力及于临时复制，这样计算机用户在线阅读、欣赏、使用网络上的盗版作品就是未经许可复制作品的行为，可能构成对复制权的侵犯；而使用者的立场则截然相反，因为在网络上的获取和浏览必须经由临时复制，如果版权人控制了暂时复制，就意味着控制了信息的获取。[1] 在这种利益的冲突与较量中，立法者所要做的就是通过规则的制定在信息控制与信息获取之间寻求最佳平衡。

二、国际层面的发展趋势

20世纪90年代初期，由于计算机和通信技术的迅猛发展，各国国内、各地区以及国际社会都对互联网引发的著作权法问题进行了讨论。为解决有关法律问题，国际层面上的探讨至少存在三种主要形式：一是在国内和地区层面的研究；二是在WIPO组织的具有"献计献策"性质的研讨会和

---

[1] 张今：《版权法中的私人复制问题研究——从印刷机到互联网》，中国政法大学出版社2009年版，第68页。

论坛上展开；三是在伯尔尼议定书委员会和新文书委员会上进行。❶

（一）具有代表性的国家和地区研究

1. 美国

美国于1994年7月发表了绿皮书，全称为《知识产权与国家信息基础设施——知识产权工作组的初步草案》。绿皮书指出，在信息基础设施的大多数交易中，都会牵涉到复制权。例如，当一个计算机用户"浏览"存储在其他计算机中的文件时，只有首先在该用户的计算机内存中对该文件加以复制（临时复制），才能在该用户的计算机屏幕上显示有关的图像。绿皮书还强调，美国法律已经明确规定将作品置于计算机内存中的行为构成复制，因为此时在机器或设备的帮助下，作品可以按照法律术语所指出的那样被感知、复制或传播。

在绿皮书发表后，工作组召开了专门的听证会，工作组在研究了公众在听证会上的意见以及书面建议后，于1995年9月又发表了白皮书。白皮书除了在文字上有一些小的变动外，完全照搬了绿皮书相应部分有关复制权的规定。

由此可见，临时复制属于复制权的控制范围，同时有关于复制权的限制内容也适用于临时复制，如《美国版权法》第107条确立的合理使用制度。另外，美国于2002年通过了《科技、教育与著作权整合法案》，即 TEACH 法案，该法案以特别法的形式补充了美国著作权法关于复制权限制的规定，明确了产生于网络教学过程中的一系列临时性的复制行为，不构成侵权。❷2006年美国众议院司法委员会下设的法院、网络以及知识产权附属委员会（CIIP）通过并批准了版权法第115节的修订案（Section 115 Reform Act of 2006, SIRA），在修订案中，第115节 e 款（3）提到，仅为实现数字

---

❶ 【匈】米哈依·菲彻尔：《版权法与因特网》（上），郭寿康等译，中国大百科全书出版社2009年版，第147页。

❷ Teach 法案规定，网络教学过程中产生的复制，包括服务器上的缓存、终端用户计算机上的缓存与 RAM 上的复制，不构成侵害著作权，但是必须是"短暂与临时性的"。

音乐传输所需要的在服务器上的复制和在缓存区中形成的附带性复制,也适用第115节下的强制许可,但这些暂时复制将享受法定的豁免。❶

2. 欧盟

欧盟委员会于1995年7月发表了《绿皮书——信息社会下的版权和相关权》(Green Paper: Copyright and Related Rights in the Information Society)。绿皮书指出,应在《计算机程序指令》所采用的基础上,来定义"复制"。在绿皮书的基础上,欧盟委员会为各利益团体组织了一系列磋商会议,同时收到了大量书面建议和评论,所有这些都反映在委员会通信中。据此,对作品和其他受保护的可以进行数字化,以及扫描、上传或下载数字化的资料,从原则上看,都属于复制权的涵盖范围。基于同样的理由,复制权也可以涵盖瞬时的或其他短暂的复制行为。

欧盟《关于协调信息社会中版权和相关权若干方面的第2001/29/EC号指令》第2条将临时复制纳入了复制权的控制范围,该条规定:"成员国应规定下列授权或禁止直接地或间接地、临时地或永久地通过任何方法和以任何形式全部或部分复制的专有权。"在如此宽泛的复制权范围内,指令也允许特定的临时性复制作为权利的例外。该指令第5条第1款规定:"第2条所指的临时复制行为如果是短暂的或偶然的以及是技术过程中必要的不可分割的组成部分,其唯一的目的是:(a)使作品或其他客体在网络中通过中间服务商在第三方之间传输成为可能,或(b)使作品或其他客体的合法使用成为可能,并且该行为没有独立的经济意义,应免除第2条规定的复制权。"

3. 日本

日本曾坚决反对将临时复制纳入复制权的范围,"临时复制"在日本被称为"一时的蓄积"。早在1973年日本文化厅计算机相关问题委员会在著作权审议会报告书中就对计算机内存中的临时复制现象进行了关注,认为这种内存中的自动存储现象是"转瞬即逝"且具有过渡性特征的,因此,

---

❶ 转引自:张今:《版权法中的私人复制问题研究——从印刷机到互联网》,中国政法大学出版社2009年版,第71页。

该种"一时的蓄积"行为，不是作品的复制。❶

日本文部省著作权课多媒体委员会工作组于1995年2月发表了多媒体报告，全称为《著作权课多媒体委员会工作组讨论报告——多媒体制度问题研究》。报告首先分析了实体法，指出《日本著作权法》将"复制"定义为使用印刷、照相、复印、录音、录像或其他方法进行有形的再制作，因此难以涵盖临时复制。在此基础上，从应然法的角度提出建议指出，临时／暂时复制与其他类型的存储之间，并不一定存在很明显的区别。此外，我们也有必要关注国际发展趋势：目前，为了应对各种作品使用方式的发展，国际上有扩大复制范围的趋势，将具有临时性、暂时性的存储也都纳入复制的涵盖范围中。因此，应在《日本著作权法》中明确规定电子形式的临时复制属于"复制"的范围。

《日本著作权法》对相关问题做出了制度安排：首先，在第二章"作者的权利"、第三节"权利内容"、第三目"著作权包括的权利种类"中规定了"复制权"，即"作者专有复制其作品的权利"。从文义来看，并未对复制权做出特殊的限制，因此应理解为包括临时复制在内的范围宽泛的复制。其次，在第五目"著作权的限制"部分，对"复制权"做出了列举性的限制规定。其中与临时复制相关的主要包括：（1）为保养、修理等的复制（第47条之4）；（2）为防止传播障碍的复制（第47条之5）；（3）为检索信息网络传播信息传播源识别符号的复制（第47条之6）；（4）因信息解析的复制（第47条之7）；（5）在电子计算机中伴随利用作品的复制（第47条之8）；（6）在利用信息通信技术提供信息的准备方面因处理必要信息的使用（第47条之9）。❷

（二）国际研讨会和论坛

1. 哈佛研讨会

实际上，早在1991年3月就在斯坦福大学召开了WIPO人工智能知识产

---

❶ 罗胜华：《网络临时复制问题法律研究》，《知识产权》2004年4月，第23页。
❷ 《日本知识产权法》，杨和义译，北京大学出版社2014年版，第44—46页。

权世界研讨会，这次研讨会对数字技术所引发的某些与版权有关的议题进行了讨论。但是，第一次集中讨论数字技术所引发的版权问题的此种类型的研讨会，1993年3月至4月在哈佛大学召开的 WIPO 关于数字技术对版权与邻接权影响的世界研讨会。会上，托马斯·德莱尔分析了临时复制的版权性质。他指出，在什么情况下，仅仅对受保护的作品进行临时存储，也需要受到版权的限制。与此相关的问题是：在机器内部对受保护的作品进行全部或者部分复制，是否属于版权的涵盖范围。对于这两个问题，我们似乎有以下两种选择。一种选择是：从经济的角度看，如果某些临时复制或部分复制将使人们可以对受保护的作品进行新的、额外的使用时，则此种临时复制或部分复制应属于版权的涵盖范围。例如，如果某种存储可以允许人们展示、打印或者以其他形式使用作品或者作品的实质性部分，则此种存储应属于版权的涵盖范围。另一种选择是：任何在技术上属于复制的行为，都应属于版权的涵盖范围。毋庸置疑，如果我们选择第一种方案，将会产生很大的不确定性；而如果我们选择第二种方案，则需要对复制权规定例外，以使合法的使用者和广大公众受益。他还指出，如果对复制的概念进行限制，将会产生不确定性。可见德莱尔倾向于支持第二种选择。

2. 卢浮宫研讨会

1994年7月，WIPO 与法国文化部在巴黎卢浮宫共同主办了 WIPO 版权与邻接权的未来世界研讨会。会上，塔尔娅·科斯基宁指出，各方对于在计算机内的某些临时存储是否构成复制还存有争议。但是，如果临时存储能够允许使用，例如展示或者打印，则应考虑将此种存储纳入复制权的涵盖范围。安德列·卢卡斯从"无形化"（dematerialization）趋势的角度，对复制权的适用发表了意见，指出我们可以扩张复制概念来适应数字环境，例如认为在计算机上展示作品构成有形固定，从而构成复制。但是，这种做法在某种程度上将会扩张"复制"这一用语的含义，此外，这种做法也有其局限性。

3. 墨西哥城研讨会

1995年5月，由 WIPO 与墨西哥公共教育秘书处在墨西哥城共同主办了 WIPO 全球信息基础设施中的版权世界研讨会。此时与哈佛研讨会和卢浮宫研讨会的情况已经不同。在各国、各地区以及国际层面开展的研究已经取得了重要进展。美国、日本以及欧盟的研究基本上都认为在计算机存储器中存储——包括临时存储——作品的行为，构成复制。此外，伯尔尼议定书委员会也持相同立场。因此墨西哥城研讨会没有再就临时复制的问题进行实质性讨论。

4. 那不勒斯世界论坛

1995年10月，WIPO 关于在信息社会中保护智力创作世界论坛在那不勒斯王宫召开，此次会议由 WIPO 和意大利部长会议以及意大利外交部共同主办。在会议总结中讨论了关于临时复制的问题，并且达成各方共识。根据会议总结，复制概念的范围应当采用某种客观的标准，例如一种新的固定，无论其持续时间有多长，只要人们可以在它的基础上，感知到作品或邻接权客体，或者制作进一步的固定物，就可以认为此种固定构成复制。同时《伯尔尼公约》第9条第（2）款可以限制对于复制的不合理的扩张。我们还可以在专门的条款中明确规定我们希望涵盖的复制形式，同时规定复制权的例外。

由此可见，关于临时复制在著作权法上的性质问题，主要存在两种意见：一些国家和利益集团认为，在计算机存储器中存储作品和邻接权客体，即使是临时存储，也是复制；另一些国家和利益集团认为，在一定的限度以外，非常短暂的存储不应视为复制，过分扩张复制概念的范围，将会对某些合法的复制权的例外造成损害。从上述国家、地区以及国际研讨会的研究情况来看，第一种意见已经成为发展趋势，即临时复制属于复制形式，同时《伯尔尼公约》第9条第（2）款可以限制不合理的扩张，因此特定的临时复制构成复制权的例外。

（三）相关国际条约

上述国际层面的研讨所形成的基本共识也反映在了"互联网条约"以及对于《伯尔尼公约》第9条的解释中。

1．"互联网条约"的规定

在 WCT 草案和 WPPT 草案中分别做出了相关规定：WCT 草案第7条规定，"（1）《伯尔尼公约》第9条第（1）款中授予文学和艺术作品作者以授权复制其作品的专有权，应包括以任何方式或形式直接和间接地对其作品进行无论永久性或临时性的复制。（2）在符合《伯尔尼公约》第9条第（2）款规定的前提下，如果临时复制的目的纯粹为使作品能被感觉到，或该复制属短期或一时的行为，只要此种复制系在经作者许可或由法律准许使用该作品的过程中所为，则对于此种情况下复制权的限制应属缔约方立法的范围。"WPPT 草案第7条规定，"（1）表演者应享有授权以任何方式或形式对其备选方案 A：录音制品中录制的音乐表演；备选方案 B：任何媒体中录制的表演，直接或间接地进行永久性或临时性复制的专有权。（2）在符合第13条第（2）款规定的前提下，如果临时复制的目的纯粹为使录制的表演能被感觉到，或该复制属短期或一时的行为，只要此种复制系在经表演者许可或由法律准许使用该录制的表演的过程中所为，则对于此种情况下复制权的限制应属缔约方立法的范围。"对于上述草案条款，各代表团的意见并不统一，有支持者，也有犹豫或反对者，最终经过磋商，在 WCT 的最终文本中没有对复制权做出专门的规定，但是条约第1条第（4）款要求缔约各方有义务遵守《伯尔尼公约》第1—21条的规定，因此也包括第9条关于复制权的规定。另外，在 WPPT 的最终文本中删除了第（1）款中"永久性或临时性"这一用语，以及删除了整个第（2）款。

2．《伯尔尼公约》第9条

根据 WCT 第1条第（4）款的规定，缔约各方有义务遵守《伯尔尼公约》第9条有关复制权的规定。同时，在关于该条的议定声明中明确规定，《伯尔尼公约》第9条所规定的复制权及其所允许的例外，完全适用于数字环境，尤其是以数字形式使用作品的情况。不言而喻，在电子媒体中以数字形式存储受保护的作品，构成《伯尔尼公约》第9条意义下的复制。

《伯尔尼公约》第9条规定："（1）受本公约保护的文学艺术作品的作者，享有授权以任何方式和采取任何形式复制这些作品的专有权利。（2）本联盟成员国法律得允许在某些特殊情况下复制上述作品，只要这种复制不损害作品的正常利用也不致无故侵害作者的合法利益。（3）所有录音与录像都应视为本公约所指的复制。"

尽管伯尔尼公约没有对"复制"一词进行明确的定义，但是从其制定过程中仍然可以找到一些有关"复制"的构成要素，主要包括：（1）从第9条第（3）款可知，构成复制，并不要求能够直接感知被复制的作品，只要通过适当的设备能够感知被复制的作品，就构成复制。（2）复制是指将作品固定下来，在该固定物的基础上，作品可以被间接地向公众传播或者被进一步复制。复制行为不同于表演行为，在通过固定表演而复制作品的情况下，在表演时，作品不能被直接感知，而只能通过固定物被间接感知。❶（3）以任何现有的或将来出现的方式进行复制。这种表述涉及广泛，足以包括所有的复制方法。由此可见，相关国际条约采取了比较包容的态度，是否对临时复制问题进行明确规定，由各国国内法来确定。

三、我国的选择

从我国现行立法来看，临时复制是否属于复制，似乎尚不明确。❷ 但是，在关于"互联网条约"的外交会议上，我国曾是临时复制建议的反对者，中国代表团曾建议 WCT 和 WPPT 只应分别授予作者、表演者和录音制品制作者享有授权对其作品、录制的表演以及录音制品直接或间接进行

---

❶ 【匈】米哈依·菲彻尔著：《版权法与因特网》（上），郭寿康等译，中国大百科全书出版社2009年版，第126页。

❷ 我国《著作权法》第10条、《计算机软件保护条例》第8条第5款。

第四章　网络信息获取者的　著作权侵权责任

永久性复制的专有权。❶ 因此，可以认为我国现行立法中的复制并不包括临时复制。

在《信息网络传播权保护条例》的起草和征求意见中，临时复制问题引起了激烈争论。一种意见认为，信息网络传播权是一种复合性权利，从技术角度讲，作品及信息网络传输涉及数字化、上载、传输、浏览和下载等多个环节，因而作品的网上传输也涉及一系列权利，其中与复制权的关系尤其密切。因而，《信息网络传播权保护条例》对于临时复制这样一个互联网上的普遍行为应给予明文规定。另一种意见认为，临时复制的法律意义在于控制终端用户在线使用作品，而禁止终端用户非营业性地使用作品不具有可行性，用于控制商业性使用的情形又极少发生。同时，在临时复制问题上国际社会尚有很大争议，不存在一个强制性国际标准，国内对此问题尚未达成清晰的认识，加以明文禁止的可行性不够充分。❷ 最后《信息网络传播权保护条例》未对临时复制问题做出明确规定。

但是，我们不得不关注上述的有关临时复制问题的发展趋势，即临时复制是一种复制形式，但是允许特定的临时复制成为复制权的例外。笔者认为，临时复制是计算机网络传输和输出阶段非常普遍的行为，尤其是用户在线浏览时的临时复制，尽管是短暂、一时、非永久的，但却是人为的，并且可以感知的过程，至少在阅读文本以及研究或者欣赏有关图形作品所必需的时间里，作品被固定了，这实际上就是以页面形式出现的作品的复制品，而且我们也不能排除某些临时复制会对作品形成新的、额外的使用，从而影响作者的利益，例如，组织在线浏览特定的版权作品，并收取一定费用的商业经营活动。因此，立法应当规定临时复制问题。而立法的思路主要有两种：第一种是规定具备某些特征（主要是对作品进行了不当使用，并对著作权人的利益造成了不当影响）的临时复制属于著作权法上

---

❶ 【匈】米哈依·菲彻尔著：《版权法与因特网》（上），郭寿康等译，中国大百科全书出版社2009年版，第183页。
❷ 张今：《版权法中的私人复制问题研究——从印刷机到互联网》，中国政法大学出版社2009年版，第68页。

的复制；第二种是所有在技术上属于复制的行为都属于著作权法上的复制，同时对特定的临时复制规定例外，如欧盟的做法。显然第二种方式是更加具有确定性和可预见性的。而属于除外情形的临时复制主要包括两种：其一是构成计算机网络传输过程的必不可少的环节，此过程我们通常无法感知；其二是对作品进行合法使用时所形成的临时复制，如用户基于合法目的而对作品进行在线浏览等。

在网络空间，浏览是用户利用计算机网络分享知识和信息的基本形式之一，是获取知识和信息的基本途径，也是人们上网的重要目的。❶ 根据上文的分析，在线浏览行为是一种临时复制形式，构成著作权法上的复制方式，但是基于合法使用目的进行的在线浏览行为，并未不合理地损害作者的合法利益，应属于复制权的例外，因此不承担著作权侵权责任。

因此，基于个人学习、欣赏、研究等非商业性目的而上网浏览信息（包括数字化作品），属于复制权的例外。其合理性在于：

其一，从技术方面来讲，在网络环境下，用户浏览网上信息产生临时复制是不可避免的，如果这种情况下的复制尚需要获得著作权人的授权，其结果将是灾难性的，因为这首先在技术上存在困难，而且即使有可能，将侵犯用户获得信息的基本人权，更为重要的是信息的价值在于传播和利用，在这样的制度设计下，网络技术是自取灭亡。❷

其二，从著作权人角度来讲，著作权人将作品数字化后上传到网络空间，旨在利用网络的快捷和无地域性达到广泛传播自己作品的目的，因而，非商业性的浏览可归于著作权人的默示许可范围。❸

其三，从社会公众角度来讲，从作为社会公众的个人浏览者立场来看，

---

❶ 冯晓青、胡梦云著：《动态平衡中的著作权法——"私人复制"及其著作权问题研究》，中国政法大学出版社2011年版，第234页。

❷ 薛虹："因特网上的版权及有关权保护"，载郑成思主编：《知识产权文丛》（第1卷），中国政法大学出版社1999年版，第90页。

❸ 肖燕：《网络环境下的著作权与数字图书馆》，北京图书馆出版社2002年版，第329页；冯晓青、胡梦云著：《动态平衡中的著作权法——"私人复制"及其著作权问题研究》，中国政法大学出版社2011年版，第234页。

他们不具备像法律专业人士那样的对于侵权信息的怀疑和识别的能力，因此网络上存在的没有被采取技术措施以及许可声明的向公众开放的信息，都应当被推定为是合法的和可以被浏览的，否则无异于在网络上为社会公众设下一个法律陷阱。

第三节　下载者的著作权侵权责任

一、下载行为的法律性质

数字技术的出现使作品以数字化的形式高质量地被固定在新型物质载体上，将下载行为定性为著作权法上的复制行为，已经取得了国际层面的共识，例如，关于WCT第1条第（4）款的《议定声明》明确指出，在电子媒体中以数字形式存储受保护的作品，构成《伯尔尼公约》第9条意义下的复制。

在我国，下载行为也属于著作权法上的复制行为。1999年国家版权局颁布的《关于制定数字化制品的著作权规定》规定："将已有作品制成数字化制品，即以数字代码形式固定的有形载体，不论已有作品以何种形式表现和固定，都属于《著作权法》意义上的复制行为。"在中国音乐著作权协会诉康佳公司一案中，❶法院认定康佳公司通过固化在IC卡上的形式将歌曲《渴望》内置为康佳移动电话机的来电提示铃音的行为是对《渴望》曲作品的片段的录制行为。因此将作品固定在移动硬盘、软盘和光盘等媒介上的行为都属于著作权法意义上的复制行为。在网络环境下，这种复制行为主要是指通过计算机硬盘完成的永久复制行为，例如将作品上传至网络服务器硬盘上❷；将作品从网络服务器或他人计算机中下载到本地计算机

---

❶ 北京市第二中级人民法院（2004）二中民初字第11835号民事判决书。

❷ 在2000年大学生杂志社诉京讯公司、李某一案中，法院认定将他人作品上载的行为属于对他人作品的复制。参见：北京市第二中级人民法院（2000）二中知初字第18号民事判决书。

硬盘等。

既然下载行为是著作权法意义上的复制行为，属于复制权的控制范围，那么如果下载者下载的信息是他人享有著作权的作品，而下载者具有主观过错时，就可能承担著作权侵权责任，除非他的下载行为属于复制权的限制情形，如合理使用、法定许可等。《日本著作权法》第119条第3款规定："具有第30条第1款规定的私人使用目的，自己知道侵害有偿作品【是指已进行录音或者录像的作品或者表演（限于受著作权或者著作邻接权保护的），有偿向公众提供或者出示的（限于其提供或者出示不侵害著作权或者著作邻接权的）】著作权或者邻接权的事实，却进行接收自动公众传播（包括是在国外实施的自动公众传播，如果在国内进行则应当构成侵害著作权或者著作邻接权的）并进行数字方式录音或者录像，侵害著作权或者著作邻接权的人，处2年以下有期徒刑或者二百万日元以下罚金，或者并处之。"❶ 据此，在日本立法例中，以私人使用为目的而故意下载侵权作品的行为需要承担相应的刑事责任。

在司法实践中，鲜有追究下载者著作权侵权责任的案例发生，主要是因为举证困难，从著作权人的角度看，与网络信息提供者和网络服务提供者相比，下载者更加不明确。而根据民事诉讼法的规定，追究侵权人的民事责任，需要有明确的被告。此外，下载者的主观过错也是难以认定的，因为作品是由著作权人或者其授权人上传，抑或是由他人擅自上传，从社会公众的角度来看，很多时候是难以分辨的。只要网络信息中没有明示不得擅自下载，或者转载，或者采取技术措施，下载者都不应被推定为具有主观过错，否则对于社会公众来讲，网络将成为一个巨大的法律陷阱。因此，从归责原则的角度来看，网络信息获取者承担严格的过错责任较为合适。

---

❶ 《日本知识产权法》，杨和义译，北京大学出版社2014年版，第83页。

二、基于个人使用目的的下载行为是否属于复制权的例外

（一）问题的提出

受制于复制手段和传播能力的限制，在早期的著作权法和著作权理论中，基于个人使用目的的复制行为被排除在复制权的控制之外。然而，随着技术的发展，个人使用者复制能力得到大幅提高，尤其是网络的出现和普及，为个人无限制的复制和传播提供了技术条件，而使用者传播能力的提高又使公开使用和个人使用的区分出现困难。在这种情况下，私人复制的合法性受到质疑，有关私人复制的法律规定成为著作权法上的一个敏感问题。

（二）三步检验法

《伯尔尼公约》第9条第（2）款规定："本联盟成员国法律得允许在某些特殊情况下复制上述作品，只要这种复制不与作品的正常利用相抵触，也不无理地损害作者的合法利益。"这是第一个在国际层面上规定所谓的"三步检验法"的条款，后来"三步检验法"的适用范围逐渐扩大，不仅扩大到了著作权领域的其他经济权利，[1]而且扩大到了相关权领域，[2]甚至扩大到了某些类型的工业产权。[3]

第9条第（2）款的性质与《伯尔尼公约》有关限制与例外的其他条款不同：其他条款明确规定了允许的限制和/或例外的特定标准的特殊情况，而第9条第（2）款却没有规定任何特定的限制或例外，它只是规定了允许限制和/或例外的规则。与穷尽性地列举严格确定的限制与例外的方式相比，第9条第（2）款这种规定限制与例外的方式，显然更符合"合理使用"或"合理处置"原则所赖以确立的更加灵活、开放的精神。此外，第9条

---

[1] TRIPS 第13条、WCT 第10条。
[2] WPPT 第16条。
[3] TRIPS 第30条，涉及由专利权所赋予的专利权的例外。

第（2）款的规定还为那些遵循民法传统、倾向于在成文法中穷尽列举限制与例外的特殊情况的国家提供了一种更加灵活的立法"模式"。❶

我国2002年9月施行的《著作权法实施条例》第21条也规定了"三步检验法"，即"依照著作权法有关规定，使用可以不经著作权人许可的已经发表的作品的，不得影响该作品的正常使用，也不得不合理地损害著作权人的合法利益。"

关于"三步检验法"的解释，涉及三个要点：其一是"特殊情况"的含义。首先，所涉及的使用必须是为了一个十分明确的目的，不能是一种泛泛的例外。其次，关于这个目的必须有某些"特殊"的内容；"特殊"是指它被某些明确的公共政策方面的原因或其他的例外情况证明是正当的。其二是"与正常利用相抵触"的含义。"利用"是指著作权人运用他的专有权授权对其作品进行复制以获取权利中所蕴含的价值的活动。"正常"通常是指经常的、通常的、典型的、普通的和惯常的。因此，所有具有或者可能具有重大的经济或实际重要性的作品利用方式，都应当保留给作者；对于这些作品，任何可能对作者的利益加以限制的例外都是不容许的。其三是"不合理地损害作者合法利益"的含义。"合法利益"是指法定利益（legal interest），即著作权人根据第9条第（1）款的规定可以最大限度享有和行使复制权的利益。尽管权利人拥有这样的一种合法利益，只要损害没有达到不合理的程度，则这种合法利益还是可以被忽略的。❷ 由此可见，"三步检验法"将著作权人的经济利益作为重要的衡量标准。

（三）基于个人使用目的的下载对于著作权人经济利益的影响

由澳大利亚工业集团委托 Sphere Analysis 公司开展的一项研究表明，2010年澳大利亚人口中据估算有25%或者超过500万消费者进行下载，内

---

❶ 【匈】米哈依·菲彻尔著：《版权法与因特网》（上），郭寿康等译，中国大百科全书出版社2009年版，第407页。

❷ 【匈】米哈依·菲彻尔著：《版权法与因特网》（上），郭寿康等译，中国大百科全书出版社2009年版，第412－418页。

容涉及音乐、电影、电视节目及其他网上内容。该研究报告称，2010年盗版给音乐、电影、电视、软件和视频游戏行业造成了高达9亿美元的损失，估计这一数字到2016年将增长至52亿美元。Tera Consultants 统计预测在2008—2015年，盗版侵权行为，将给欧洲创意产业的累积零售收入带来近2400亿欧元的损失。

具体到音乐产业，盗版在世界范围内对本地音乐产业造成严重的损害。从2004—2010年，数字音乐市场的交易额增加了1000%，但唱片公司的录制音乐收入同期却降低了近31%。在西班牙，2005—2010年，音乐销售额下降了近55%，跌幅率远高于全球平均水平，仅2010年其市场份额就下降了约22%。在欧洲，西班牙拥有最高的非法文件共享率。根据尼尔森公司的调查，2010年西班牙近45%的网络用户使用非法下载服务，当地的艺术家成为这种行为的主要受害者。2004年，每周物理格式和数字格式唱片销售排行榜冠军的周唱片销售额为26000张；截至2010年，这个数字骤减到6000张。

数字盗版曾经仅与音乐联系在一起，但目前数字盗版已经冲击了包括电影、电视、数字出版、游戏等"创意产业"，成为这些产业最大的挑战。Harris Interactive 市场调研公司调查发现2010年英国有14%的网络用户通过非法的 P2P 技术从网上下载电影和电视节目。2010年11月，拥有86年历史的米高梅影业公司宣布破产，电影制片公司发现通过 DVD 的销售来创收会变得越来越困难，这种盈利比率从2009年的9.8%已降到4.7%。电子图书业也受到冲击，根据 Attributor 公司的调查，发现每天有150万～300万人次通过 Google 搜索盗版电子书，2009年8月以来盗版电子书的需求量上升了54%。2010年5月中旬至10月，通过 iPad 下载盗版电子书的需求量增加了近20%，这些行为给相关权利人带来巨大的损失。

可见，即使是基于个人使用目的的下载，也会对著作权人的合法利益造成不合理的损害。因此，这种作品复制方式不应当构成当然的合理使用例外。

第五章　技术发展与网络著作权侵权责任的认定

基于网络的共享性与交互性，以及网络终端设备的丰富和普及，社会普通成员成为网络传播的主体与受益者，他们既是网络信息提供者，也是网络信息获取者。而从产业发展的角度看，"内容为王"已经成为网络产业界的共识，因此，网络服务提供者也正在以各种方式涉足内容服务，在不同程度上充当着网络信息提供者的角色。可见，同一主体在进行不同的行为时，充当着不同的角色，相应地也承担了不同的义务和责任。

正是由于网络环境下主体身份的多重性，以及各主体所负担的注意义务水平的不同，才导致了在网络著作权侵权责任主体认定问题上的诸多争议。例如，某些网络服务提供者在网站的"版权声明"或者"法律声明"中，明确指出其性质是符合避风港规则的某类型的网络服务提供者，但是却从事了网络信息的提供和传播行为，因此应当按照网络信息提供者的身份承担相应的著作权侵权责任。也就是说，在认定网络著作权侵权责任主体的个案中，我们不应该看重其"说了什么"，而应该重点考察其"做了什么"，是其行为决定了其究竟是网络信息提供者、技术提供者还是网络信息获取者，并按照相应的规则承担著作权侵权责任。然而，随着技术的创新发展，网络著作权侵权责任主体的认定并非那么清晰，以下将针对新技术、新商业模式引发的司法实践和学理探讨中的热点问题展开研究。

第五章 技术发展与网络著作权侵权责任的认定

第一节 P2P 技术

一、P2P 技术的基本原理及应用场景

P2P 技术（Peer to Peer，直译为"伙伴对伙伴"），是一种网络用户间的文件共享技术，也是一种网络结构的思想。其特点在于可以直接在接入互联网的计算机之间进行信息交流、共享和传播，改变了目前网络中占据主导地位的客户端/服务器（Client/Server）结构，重返了"非中心化的网络结构"。在同一个 P2P 网络中，用户在下载一个文件的同时，也充当这个文件的服务器，并且为其他下载这个文件的用户提供下载服务。❶ 在我国广为使用的 BT、Kruo、迅雷等均为 P2P 技术。

P2P 软件的工作原理基本相同，以 BT 为例，上传者利用 BT 软件将文件设置为共享，BT 软件的服务器将搜寻到的共享文件地址制作成种子文件，并将共享文件智能地分成了 Z 个数据段，终端用户甲利用 BT 软件以及 BT 平台提供的种子文件可以查找并下载所需文件的第 N 个数据段，终端用户乙在服务器上随机下载了第 M 个数据段，这样甲的 BT 就会根据情况到乙的电脑上去获取乙已经下载好的 M 部分，乙的 BT 就会根据情况到甲的电脑上去"拿"甲已经下载好的 N 部分，这样不但减轻了服务器端的负荷，也加快了用户方的下载速度。❷

P2P 技术是不断发展的。其第一代应用采取集中型 P2P 模式，以 Napster 为代表，使用专门的中央服务器作为连接两个平行节点的中转，在中央服务器上保留每个终端用户的动态 IP 地址和共享资源的目录信息，其承担编目、搜索的工作，类似于电话总台的功能。第二代应用采用分散型 P2P 模型，以 Gnutella 为代表。在这种传输模式下，每一个平行节点在发出搜索指令时，不再经过中央服务器而直接向所有在线的节点进行请求搜

---

❶ 【美】布鲁克斯尔：《Java P2P 程序设计》，常晓波、李静译，中国电力出版社2003年版，第14页。

❷ 牟春华："下载：BT 骡驴时代"，《中国计算机报》2006年12月6日，第34版。

索目标文件。这个搜索指令就像在公告板上张贴广告来寻找所需文件,想要找到某个目标文件必须不断地从目标节点发送搜索请求,直到发现文件。第三代应用采取混合型 P2P 模型,例如迅雷,其本质上是一种 P2SP 技术,包含 P2P 以外,还多了个"S"(Server,即服务器)。P2SP 有效地通过多媒体检索数据库这个桥梁把原本孤立的服务器和其他资源以及 P2P 资源整合在一起。由于服务器的带宽远大于普通 PC,使得下载的稳定性和下载的速度都比传统的 P2P 有了很大的提高,是一种介于集中式和分散式结构之间的折中结构。

二、P2P 技术引发的著作权侵权责任——以中国台湾地区飞行网案为例 ❶

随着 P2P 技术的广泛应用,互联网资源实现了最优化整合和共享,参与复制和传输的网络用户数量和能力都迅速提升,导致唱片、电影、软件等行业的著作权人几乎陷入全民复制的危机之中。共享文件的著作权人不断起诉 P2P 软件开发商、P2P 平台提供商以及 P2P 用户,希望通过司法来保障其权益。

(一)终端用户及其著作权侵权责任

P2P 软件一般要求用户在下载过程中对外传输其下载作品的部分或者全部,因此,尽管终端用户在主观上可能并不乐意对外传输(例如有些终端用户在使用 BT 下载软件时通过"设置限制上传速度"等方式来限制上传),但客观上都不得不从事传输行为,从而成为共享者。由此可见,使用 P2P 软件的终端用户既是网络信息获取者,也是网络信息提供者。终端用户下载音乐作品的行为属于著作权法上的复制行为,如果终端用户具有主观过错,同时又不符合合理使用等著作权限制的条件,将承担著作权侵权责任。

终端用户主张合理使用时,不一定能够成立。根据我国台湾地区"著

---

❶ 台北地方法院1992年诉字第2146号。

作权法"第51条的规定,"供个人或家庭为非营利之目的,在合理范围内,得利用图书馆及非供公众使用之机器重制已公开发表之著作。"同时,第65条第2款规定:"著作之利用是否合于第44条至第63条规定或其他合理使用之情形,应审酌一切情状,尤应注意下列事项,以为判断之基准:一、利用之目的及性质,包括系为商业目的或非营利教育目的。二、著作之性质。三、所利用之质量及其在整个著作所占之比例。四、利用结果对著作潜在市场与现在价值之影响。"在飞行案中,被告陈某通过 Kuro 软件复制 MP3 作品,其下载目的乃为个人娱乐,并因此节省其应支出的购买正版 CD 的费用,显然并非是非营利的教育目的,而可认为属于具有商业性的娱乐目的,并且其属于整首歌曲下载,并非截取片段,下载的数量多达九百七十首,其如此大量下载的结果显然会减少权利人光盘的销售量,影响著作权人的创作意愿及其对数字音乐下载市场的扩展,因此不构成合理使用。❶我国《著作权法》第二十二条规定,为个人学习、研究或者欣赏,使用他人已经发表的作品,可以不经著作权人许可,不向其支付报酬,但应当指明作者姓名、作品名称,并且不得侵犯著作权人依法享有的其他权利。《著作权法实施条例》第二十一条规定,也不得影响作品的正常使用,不得不合理地损害著作权人的合法利益。因此,下载者运用 P2P 软件大量且完整地下载作品,尤其是流行或热门的音乐作品、影视作品、软件、游戏等市场化程度较高的作品时,其本应支付相当的金钱却未支付,实际上是获得了经济利益,相应的权利人本应获得相应的经济报酬却没能获得,其合法利益实际上受到了损害,因此下载者难以成立合理使用抗辩。

终端用户在下载信息的同时,也在上传信息,因此终端用户也是网络信息提供者,他们通过将音乐作品放在电脑的共享目录中,通过 Kuro 软件或者其他方式使这些作品处于可供其他用户下载的状态。根据我国台湾地区"著作权法"第24条第1款的规定,"著作人除本法另有规定外,享有公开播送其著作之权利",因此,终端用户可能侵犯著作权人的公开传输权利。我国《著作权法》第十条第十二项也规定,著作权人享有信息网络传

---

❶ 中国台湾飞行网案判决理由第一(五)段。

播权，即以有线或者无线方式向公众提供作品，使公众可以在其个人选定的时间和地点获得作品的权利。因此，终端用户的上传行为侵犯了权利人的信息网络传播权。

那么，终端用户是否可以"上传是技术所要求的，是不可避免的"，从而"没有主观过错"而免责呢？笔者认为，"共享"意味着不能只获取而不付出，因此网络信息获取者在从互联网中获取信息的同时，也应该积极地向互联网提供信息，只有这样，才能够保证互联网信息的不断更新和流动。因此，P2P技术中下载者同时需要上传的技术设计是无可指责的。但需要注意的是，下载者和上传者所处的法律地位是不同的，因此所负的注意义务也是不同的。上传者是使作品处于可被公众获取状态的传播者，而下载者是使处于公开状态的作品处于个人可处分状态的使用者，因此，上传者对公共利益的影响更甚，理应负有更高的注意义务，如果未经权利人许可，将其作品上传到互联网上，可推定其具有主观过错。P2P软件一般要求用户在下载过程中对外传输其下载作品的部分或者全部，因此对于同一作品的下载和上传是同步的，基于上传者的较高注意义务和过错推定，P2P下载者应当负担比一般的网络信息提供者更高的注意义务，因此，在P2P技术引发的著作权纠纷中，如果下载者下载的作品属于侵权作品，那么将被推定具有主观过错。基于上述分析，P2P技术的终端用户一般需要承担著作权侵权责任。

（二）P2P软件提供商及其著作权侵权责任

P2P技术更加充分地体现了互联网的"共享"精神。其目标在于让所有的客户端都能提供资源，因此，当有节点加入并对系统请求增多时，整个系统的容量也随之增大，用户间的数据传输也更快，这是用户/服务器结构所不能实现的。此外，基于P2P网络在多节点上复制数据的分布特性，也提高了其防止故障发生的能力。因此，从P2P技术的目标或者意义来看，其并不具有一般的引诱侵权的目的性。而且，从P2P技术的应用情况来看，尽管有用户利用该技术进行侵权作品的网络传输，但是该技术仍可被用于传输合法作品，因此具有非侵权的实质用途，符合技术中立原则的要求。因此，P2P 技术的开发者并不必然承担著作权侵权责任。

但是特定的 P2P 技术提供者仍然可以基于其引诱或帮助侵权的主观过错，而承担著作权侵权责任。而这种主观的不良状态体现在技术推广过程中的一系列商业行为之中，同时根据一个普通人的常识来判断是否构成主观不良状态。例如，在 Grokster 案中，❶（1）在 Napster 陷入盗版侵权危机而破产后，Grokster 试图取而代之，在广告宣传中声称是与"Napster 相类似"的公司，以及是"Napster 最佳的替代品"，"表明了一种主要的，即使不是唯一的，促成版权侵权的意图"；（2）Grokster 虽然没有直接对软件收费，但是将广告嵌入软件中，他们的收入主要来源于大量用户对其 P2P 软件的侵权性使用；（3）Grokster 没有尝试开发过滤工具，以将享有版权的音乐和电影从用户下载的文件中过滤掉。基于上述一系列行为，美国联邦最高法院认为 Grokster 具有引诱侵权主观过错的高度盖然性。但是，我们也应该看到，对于主观状态的探究实际上仍然是一个价值评判的过程，具有一定的不确定性，尤其是对于没有中心服务器的 P2P 技术提供者，其实际上提供的仅仅是产品或者工具，并且之后终端用户的使用行为与技术提供者基本上不再有任何关联，因此对于 P2P 技术提供者的主观过错的认定更应谨慎。仅仅在软件说明或者广告中宣称："超强的 MP3 搜索、下载、播放、刻录功能，赢得了全球数百万音乐爱好者的肯定"以及"更有海量潮歌等你来 High，实属 K 歌发烧友的必备软件"尚不足以认定技术提供者具有引诱侵权的故意。

对于提供中央目录服务器的 P2P 技术提供者，其并没有主动监督侵权的法定义务，而其承担帮助侵权的连带责任的前提是明知或应当知道用户的具体的侵权行为的存在，而非概括性地知道侵权行为的存在。在这一点上，我国台湾地区和大陆地区的法院都采取了比较不利于 P2P 技术提供者的态度，即使并非对于具体特定的侵权行为的知道，也可能构成帮助侵权。台北地方法院认为，"飞行网至少在技术方面应有能力过滤档案名称与档

---

❶ MGM Studios v. Grokster, Ltd., 545 U.S.787(2005).

案内容相同且由告诉人等享有著作权之档案，以减少会员非法大量下载有著作权档案之情形发生，唯其仍舍此不为，放任会员无限下载，益见其对于会员会发生违法下载之行为显可预见，并不违背其本意，且与会员间系在有意识、有意愿地交互作用下，有共同重制之决意或犯意联络。"❶北京市第二中级人民法院认为 kuro.com.cn 网站对其中的音乐文件进行了选择和编排，进行了多层次、体系化的分类，提供了多种搜索下载方法，提供了歌曲试听和光碟烧录的功能，并进行了大量广告宣传以吸引用户，具有主观故意。❷可见，司法实践还是给予了网络服务提供商一定的监督侵权的义务的。

第二节　快照技术

一、快照技术的技术原理及应用场景

网页快照（Web Cache），又称网页缓存，是指搜索引擎在收录网页时，对网页进行备份，存在自己的服务器缓存里，当用户在搜索引擎中点击"网页快照"链接时，搜索引擎将 Spider 系统当时所抓取并保存的网页内容展现出来。❸网页快照的作用主要在于提高搜索引擎的效率性和安全性：一是能保留网页修改前的内容信息；二是能体现蜘蛛爬行网站的频率；三是能作为现有网站内容和蜘蛛抓取内容的参照；四是能体现网站阶段性的内容更新状况；五是能体现阶段性搜索引擎的信任度。从普通网络用户角度看，在网站服务器暂时中断、堵塞、网速过慢、链接更改、内容删除等情况下，可以选取网页快照来达到自己查阅搜索内容的目的。❹

快照技术目前主要应用于三种服务场景：（1）网页快照。搜索引擎在

---

❶ 中国台湾飞行网案判决理由第一（七）段。
❷ 北京市第二中级人民法院（2005）二中民初字第13739号。
❸ 百度百科，http://baike.baidu.com/view/522994.htm，2012-03-16。
❹ 北京市第三中级人民法院（2013）三中民终字第01229号民事判决书。

收录网页过程中，根据技术安排自动将被搜索网站"网页"的 HTML 编码保存到搜索引擎服务器中进行备份，该备份即"网页快照"。目前的网页快照，仅针对文本文件进行备份，对于音频、视频等其他格式的文件并不适用。与普通搜索引擎服务相比，网页快照服务的特点主要是：网页快照存储在搜索引擎服务器中，因而查看网页快照的速度往往比直接访问网页要快；搜索的关键词用"高亮"显示，用户可以点击高亮关键词直接快速找到关键词出现位置；当搜索的网页被删除或链接失效时，可以使用网页快照来查看这个网页原始的内容。（2）缩略图快照。为使用户对被搜索到的图片具有直观认识，并便于在网页上显示数量众多的图片搜索结果，搜索引擎在提供图片搜索时，通常会将被搜索到的图片进行一定比例的缩小，该被缩小的图片即是"缩略图快照"。其同样被保存在搜索引擎服务器，用户点击该缩略图可以进入被链网站查看原图。（3）歌词快照。用户在进行歌曲搜索时，搜索引擎在提供歌曲结果的同时提供该歌曲所对应的歌词。该歌词源于第三方网站，但搜索引擎将其备份至其服务器，并直接从其服务器为用户提供该歌词。司法案件中主要涉及两种形式：其一，在歌曲的搜索结果或列表中标明"歌词"选项，用户点击该选项即可获得相关歌词；其二，在提供歌曲试听的音乐盒服务中，同时滚动提供歌曲对应的歌词。在提供上述服务时，搜索引擎可能标明出处，也可能不标明出处。

二、对快照法律性质的争议

对快照服务的法律性质，存在不同的认识：

（1）快照实际上是搜索链接技术的组成部分，或者应当为搜索链接所吸收，应适用搜索链接的法律规定，或者说应当按照搜索链接技术认定其法律属性。如在闻晓阳诉北京阿里巴巴信息技术有限公司侵犯著作权纠纷案中，❶法院判决指出："在搜索照片过程中所形成的涉案照片的缩略图，是为实现照片搜索的特定目的，方便网络用户选择搜索结果的具体方式，

---

❶ 北京市第二中级人民法院民事判决书（2009）二中民终字第00010号。

不是对涉案照片的复制，闻晓阳目前证据也不能证明阿里巴巴公司网站上存储有缩略图库；涉案照片的缩略图和大图页面中也显示了涉案照片的来源，不会使网络用户产生涉案照片来源于阿里巴巴公司网站的误认。因此，阿里巴巴公司的上述行为不能改变其提供的服务属于搜索链接服务的性质，亦不能证明其对涉案照片的搜索结果是否侵权属于'应知'。"

（2）快照系以复制为前提，搜索引擎服务商在复制的基础上制作备份数据库，其向用户提供的网页、缩略图及歌词快照均来源于其备份数据库。因此，快照服务已经构成受著作权直接控制的复制行为及信息网络传播行为。如在原告中国音乐著作权协会与被告北京百度网讯科技有限公司歌词快照著作权纠纷案中，❶ 法院判决指出："在正常情况下，搜索引擎的使用系帮助互联网用户在海量信息中迅速准确地查询定位其所需要的信息，向用户提供来源网站的信息索引和网站地址的连接方式，引导用户到第三方网站浏览搜索内容，不应代替第三方网站直接向用户提供内容。而原告通过公证证实，百度网歌词搜索功能搜索的结果可以向用户提供涉案歌词的全部内容，无论是点击'打印预览'，还是'LRC 歌词'，弹出文件下载对话框注明的发送者地址均属于被告服务器，显示的页面下方为百度字样，且只有部分歌词有来源网站的信息；点击进去歌词'试听'，播放时亦有滚动的全部歌词内容，页面虽有来源网站的消息，但通过属性查询，其主数据内容存储于百度网站服务器。因此，可以认定百度网直接将歌词放置在其服务器上，由用户点击歌词搜索按钮的方式，向用户提供歌词的行为属于复制和上载作品的行为，并通过网络进行了传播。被告虽强调其搜索采用了重定向技术，且通过快照方式自动缓存，展示了存储在第三方网站的内容，但其提供的内容明显经过选择，对第三方网站中的其他内容有所删减，并非应访问用户的要求自动形成。而且，本案的主要问题在于，歌词这种表达形式具有内容较为简短的特点，使得一般情况下只能显示来源网站部分内容的快照显示了歌词作品的全部内容。所以，虽然被告提供

---

❶ 北京市海淀区人民法院（2008）海民初字第7404号民事判决书；北京市第一中级人民法院（2010）一中民终字第10275号民事判决书。

了部分来源网站的网络地址,且上述内容最初可能确实来源于第三方网站,但由于被告在其快照等页面下提供了歌词的全部内容,使大多数用户在一般情况下无需再行选择点击来源网站的网址以获得歌词,即无论其是否提供来源网站的信息,用户可直接从百度网站页面获得全部歌词信息。百度网的上述操作方式已经实际起到了替代来源网站提供歌词的作用,被告所称的搜索已经失去其提供信息索引和来源的基本特征,客观上起到了让用户直接从其服务器上获取歌词的作用。因此,被告以其所称快照方式提供歌词的行为,并非合理使用范围内的搜索引擎服务,且不符合法律规定的免责条款,侵犯了原告对50首涉案歌曲享有的信息网络传播权。"

从司法实践来看,对"快照"的法律性质的认识经历了一个变化的过程,初期存在诸多争议,曾将其等同于搜索、链接服务;后来逐渐明确了网页快照属于复制行为,通过信息网络向公众提供网页快照属于直接的提供行为,而非搜索、链接服务。现在法院已基本形成共识:从直接侵权角度进行认定。如《北京市高级人民法院关于网络著作权纠纷案件若干问题的指导意见(一)(试行)》第十一条规定:"网络服务提供者在提供搜索服务时以'快照'形式在其服务器上生成作品、表演、录音录像制品的复制件并通过信息网络向公众提供,使得公众能够在选定的时间和地点获得作品的,构成信息网络传播行为。"

三、《规定》(2012)的规定

《规定》(2012)第五条规定:"网络服务提供者以提供网页快照、缩略图等方式实质替代其他网络服务提供者向公众提供相关作品的,人民法院应当认定其构成提供行为。前款规定的提供行为不影响相关作品的正常使用,且未不合理损害权利人对该作品的合法权益,网络服务提供者主张其未侵害信息网络传播权的,人民法院应予支持。"这是目前针对快照行为的主要法律适用规定。

与之前的司法文件相比,提供快照服务侵犯信息网络传播权的构成要件发生了变化:(1)提供快照行为本身不必然构成作品提供行为;(2)提供快照服务导致对其他网络服务提供者的实质替代效果的才构成提供行为;(3)提供快照服务纵使实质替代了其他网络服务提供者,构成了提供行为,如果不影响相关作品的正常使用,且未不合理损害权利人对该作品的合法权益的,也不构成侵犯信息网络传播权。

关于如何判断"实质替代"?目前尚无明确的解释。有关司法判例提供了大概的一些标准。如在北京三面向版权代理有限公司、人民搜索网络股份公司、北京铁血科技有限责任公司侵害信息网络传播权纠纷案中,❶法院认为:"网页快照作为一种技术服务,本质上是搜索引擎的蜘蛛系统在收录网页时对网页进行的备份。在 junshishu.com(来源网页)和'即刻快照'均正常访问的情况下,网络用户无需进入来源网页也可获得涉案作品;在 junshishu.com 已将涉案作品删除的情况下,网络用户仍能通过'即刻快照'获得涉案作品。因此,人民搜索公司提供的'即刻快照'达到了网络用户对来源网站访问的实质性替代作用,属于'未经许可,通过信息网络提供权利人享有信息网络传播权作品'的提供行为。"目前来看,"实质性替代"可作两层含义理解:其一,在来源网页和网页快照均可正常访问的情况下,网页快照可以使得网络用户无需进入来源网页即可获得相关网页内容;其二,在来源网页已经不可访问的情况下,网络用户仍能通过网页快照来获得相关网页内容。

四、搜索引擎服务提供者提供快照服务时的著作权侵权责任

在我国现有法律框架下,搜索引擎服务提供者提供快照服务可能承担著作权侵权责任,具体而言:

(一)不属于提供技术服务,排除间接侵权责任

快照服务是搜索引擎服务提供者提供的一种超出了"搜索引擎"目的范围的服务类型。"搜索引擎"的一个根本特征在于"被动查询、指明路径",是用户在浩如烟海的网络信息中准确定位自己想要的信息的一个必

---

❶ 北京市第三中级人民法院(2013)三中民终字第01229号民事判决书。

不可少的工具,因此搜索引擎是用户上网的一个重要入口和公共设施。正因如此,立法上才会对搜索引擎提供者的法律责任有所限制,为其提供避风港保护。但是快照服务的目的并非"指明路径",而是直接进行了"内容展示",这已经突破了法律保护的"搜索引擎"的目的范围。

在百度案中,百度既是网络快照技术的提供者,同时也是网络快照技术的使用者。就技术提供者来讲,基于技术中立原则,其不承担著作权侵权责任。但是就技术使用者而言,其行为表现已经超出了系统缓存服务提供者被动性、自动性和技术性的要求,而成为网络信息提供者。具体表现为:其一,百度网向互联网用户提供了涉案50首歌词的全部内容,歌词直接存储于百度公司服务器,且只有部分歌词有来源网站的信息。百度网提供的所谓快照内容明显经过选择,仅凸显歌词内容,对第三方网站中的其他内容有所删减。其二,虽然百度网提供了部分来源网站的网络地址,且上述内容最初可能确实来源于第三方网站,但由于快照提供了歌词的全部内容,使得大多数用户在一般情况下无需再行选择点击来源网站的网址以获得歌词,即无论其是否提供来源网站的信息,用户均可直接从百度网站页面获取全部歌词信息。百度公司所称的搜索失去其提供信息索引和来源的基本特征,客观上起到了让用户直接从其服务器上获取歌词的作用。

(二)是作品的复制、提供者,可能承担直接侵权责任

从网页快照技术的原理来看,网页快照是将源网站的内容以纯文本文档的形式备份到搜索引擎服务器的数据库中,使公众能够在其个人选定的时间和地点获得,因此属于复制、提供行为。但是,这种行为具有如下特点:(1)自动性。这种复制行为是由 Spider 系统自动完成的,并非人工的过程。(2)临时性。网页快照随着源网页的变动而不断更新,因此,该复制可能并非永久性复制。但是由于技术发展的局限,网页快照的更新与源网页的更新并非同步,往往滞后于源网页的更新。而影响快照的因素包括网站内容质量、更新频率、网站内部结构、权重、友情链接和外部链接等。因此,即使侵权作品在源网页上已经不存在或者源网站已经被弃用,但通

过网页快照仍然可能被浏览到。

(三) 可依法构成合理使用

我国《著作权法》和《信息网络传播权保护条例》规定了有限的合理使用情形，其中并不包括快照行为。《规定》(2012) 规定："前款规定的提供行为不影响相关作品的正常使用，且未不合理损害权利人对该作品的合法权益，网络服务提供者主张其未侵害信息网络传播权的，人民法院应予支持。"该规定以"三步检验法"为标准扩张了可构成合理使用的情形。这里存在一个问题就是能否以司法解释来突破《著作权法》所确立的封闭式列举模式？有一种观点认为《著作权法实施条例》第二十一条规定："依照著作权法有关规定，使用可以不经著作权人许可的已经发表的作品的，不得影响该作品的正常使用，也不得不合理地损害著作权人的合法利益。"引入"三步检验法"从而突破了《著作权法》的封闭模式。笔者认为，从《著作权法实施条例》第二十一条的文义来看，应当理解为：在进行《著作权法》所列举的合理使用具体行为时也应当遵循"三步检验法"。而不是运用这一标准衡量一种非法定行为，从而将其认定为一种新的合理使用情形。因此，在《著作权法》修改前，以司法解释来增设合理使用情形只能是权宜之计，并不妥当。比较稳妥的做法应当是修改《著作权法》的封闭模式，采用列举+兜底（引入"三步检验法"）的方式来规定合理使用制度，同时在授权在《信息网络传播权保护条例》中增设快照构成合理使用的具体情形。

另外需要注意的问题是北京市高院《著作权指南》中的规定与《规定》(2012) 并不完全一致。《著作权指南》第9.22条规定："网络服务提供者在提供搜索服务时以快照形式在其服务器上生成作品、表演、录音录像制品的复制件并通过信息网络向公众提供，使得公众能够在选定的时间和地点获得作品的，构成提供内容的行为。"因此，构成"提供内容的行为"并不要求《规定》(2012) 的"实质替代其他网络服务提供者"要件，单纯采用了"服务器标准"。从文件效力上来看，在司法实践中仍然需要以《规定》（2012）为准。但是从规定内容的合理性来看，笔者较为赞同《著作权指南》中的规定内容，因为"实质替代"标准所衡量的是网络服务提供者与网络服务提供者之间的关系，或者市场竞争关系，而不是网络服务提供者与著作权人之间的关系，前者属于竞争法的范畴而非著作权法的范畴，将竞争法标准引入著作权法可能会对著作权造成不合理的限制，以及法律适用的混乱。

第三节　流媒体技术

一、流媒体技术的基本原理及应用场景

流媒体（Webcache）是采用流式传输的方式在互联网上播放的媒体格式。流媒体技术是多媒体技术中的一种。流媒体技术对信息传播技术的影响主要体现在数字化的信息可以跨越传统传播媒介，实现如广播电视、电话、因特网等三者之间的无障碍流转，尤其对广播与因特网相结合的网络广播技术的产生具有奠基作用。❶ 流媒体技术使声音信息或视频信息以压缩的形式存储于网站服务器，用户在下载的过程中可以同时获得视频、音频信息，从而达到观看与下载同时进行的效果。相较于以往需要先将视频信息、声音信息下载到本地服务器后才能观看、试听的传输技术，在传输方式上有很大的突破。流媒体技术主要通过预先下载一定量的数据信息创建缓冲区，保证在网络信息获取者的网络实际连线速度与播放速度不一致时，利用缓冲区内数据保证信息获取的流畅。

流媒体技术并不是一种单一的技术，一个完整的流媒体技术实施包括了从内容采集到捕捉到发布多个过程，每个环节都需要多种技术的支持。互联网的迅猛发展，特别是网络宽带的发展，使获取音频、视频等的方式

---

❶ 赵双阁、艾岚:《流媒体技术对我国广播组织权制度的挑战》,《当代传播》2017年第5期，第55页。

不再局限于下载，通过流媒体技术，网络使用者在观看视频、试听音乐时可以一边下载一边播放。流媒体技术的使用为信息交流带来颠覆性的改变，大大提高网络使用者获取信息的便捷性。

流媒体技术应用十分广泛，特别是在网络视频播放、在线直播、实时视频会议、远程医疗等信息服务的各个方面。在视频网站中点击播放就可以观看各个学校的教授授课；不需要支出昂贵的门票费用和路费，在家就可以清楚地观看世界各地的球赛、音乐会、演唱会直播；不用身处会议现场就可以通过实时视频会议参加到会议之中，发表见解和参与讨论；各个地区各个国家的顶尖医生通过网络互联，直接参与会诊和手术指导。第五代移动通信网络的到来将使流媒体技术的应用更加广泛。

二、非交互式网络传播的法律定位

随着三网融合的推进，网络直播、网络实时转播、网络定时播放等非交互式网络传播所引发的网络著作权侵权纠纷已经在司法实践中出现，并且引起了理论争议，主要包括：

（一）视为交互性传播，纳入信息网络传播权的调整范围

在宁波成功多媒体通信有限公司诉北京时越网络技术有限公司侵犯网络著作权纠纷案中，❶被告对于《奋斗》的传播属于网站即时播放行为，即在指定时间、按照预先定好的节目时间表通过网络向公众提供作品。法院通过解释"个人选定的时间"将定时播放纳入信息网络传播权的调整范围。具体而言，只要网络用户通过信息网络在其选定的时间可以获得作品的部分内容，作品传播者就构成了《著作权法》所规定的"使公众可以在其个人选定的时间和地点获得作品"。法律并未规定要使公众在其选定的时间获得作品的全部或任意一部分内容，通过信息网络传播作品才构成对作品信息网络传播权的行使。本案的公证书表明，虽然网络用户在其选定的时

---

❶ 北京市海淀区人民法院（2008）海民初字第4015号民事判决书，及北京市第一中级人民法院（2008）一中民终字第5314号民事判决书。

间不能够获得《奋斗》的全部或任意一集的内容，但却能够获得网站正在播放的那一集的内容，因此，时越公司的行为构成对《奋斗》的信息网络传播权的行使。

（二）属于非交互性传播，纳入"其他权利"的调整范围

在安乐影片公司诉北京时越网络技术有限公司、北京优视互动科技有限公司侵犯网络著作权纠纷案中，❶时越网络公司作为涉案网站"悠视网"的经营者，在该网站上向公众提供涉案《霍元甲》的定时在线播放服务和定时录制服务，使网络用户可以在该网站确定的时间和用户选定的计算机终端观看和下载涉案影片《霍元甲》。一审法院认为，被告时越网络公司的上述行为侵犯了安乐影片公司对该影片享有的著作权中的通过有线和无线方式按照事先安排之时间表向公众传播、提供作品的定时在线播放、下载、传播的权利，依法应当承担法律责任。二审法院更加明确地指出，我国著作权法规定的信息网络传播权针对的是交互式网络传播行为，即网络用户对何时、何地获得特定作品可以主动选择，而非只能被动地接受传播者的安排。"优视网"提供的对涉案电影作品的定时在线播放服务和定时录制服务，网络用户只能在该网站安排的特定时间才能获得特定的内容，而不能在个人选定的时间得到相应的服务，因此，这种网络传播行为不属于信息网络传播权所限定的信息网络传播行为。同时，因该种行为亦不能由著作权法第十条第一款所明确列举的其他财产权所调整，因此应认定属于著作权法第十条第一款第（十七）项"应当由著作权人享有的其他权利"的调整范围。

当前的司法实践中多采取此种观点。如《北京市高级人民法院关于网络著作权纠纷案件若干问题的指导意见（一）》（试行）第十条规定："网络服务提供者通过信息网络按照事先安排的时间表向公众提供的在线播放的，不构成信息网络传播行为，应适用著作权法第十条第一款第（十七）

---

❶ 北京市第二中级人民法院（2008）二中民初字第10396号民事判决书；北京市高级人民法院（2009）高民终字第3034号。

项进行调整。"《浙江省高级人民法院关于审理网络著作权侵权纠纷案件的若干解答意见》第二十一条规定:"由于网络定时播放行为不允许用户选定时间,且系通过有线方式进行传输,不完全符合信息网络传播权和广播权的定义,在《著作权法》未对此类行为的性质进一步明确的情况下,可根据《著作权法》第十条第一款第(十七)项的规定,按照'应当由著作权人享有的其他权利'的兜底性条款来规范网络定时播放行为。"

(三)准用广播权规定

非交互式网络传播之所以不能构成对信息网络传播权的侵权,主要因为:首先,从传播效果上看,网络用户只能在传播者单方指定的时间欣赏被传播的作品,而不能在个人所选定的时间选择作品加以欣赏,因此这种传播不能使公众在其个人选定的时间和地点获得作品。其次,从传播的技术特征看,它采用"点对多"模式,而非"点对点"模式。因为不同用户在同一时刻登录服务器的同一频道,能够欣赏到的作品是完全相同的。这与传统的广播电台、电视台通过无线电波或电缆播送作品的方式完全相同,绝非信息网络传播权所控制的交互式网络传播。因此,采用信息网络传播权来规制更接近于广播权的非交互式网络传播行为似乎不妥。❶

(四)属于非交互式网络传播行为,区分情况分别适用

在央视国际网络有限公司与北京百度网讯科技有限公司、北京搜狐互联网信息服务有限公司侵犯信息网络传播权纠纷案中,❷对于网络实时转播行为的定性问题,法院认为,网络实时转播行为不具有交互式特点,网络用户不能按照其所选定的时间或地点获得该转播内容,故不属于信息网络传播权的调整范围。对于网络实时转播的内容的初始传播行为采取的是"无线"方式,应适用《著作权法》第十条第一款第(十一)项的广播权予以

---

❶ 王迁:《我国〈著作权法〉中"广播权"与"信息网络传播权"的重构》,《重庆工学院学报》(社会科学版)2008年第9期。

❷ 北京市第一中级人民法院民事判决书(2013)一中民终字第3142号。

调整；如其采用的是"有线"方式，则应适用《著作权法》第十条第一款第（十七）项的兜底条款予以调整。

之所以有这些争议，主要是我国立法对于非交互式网络传播行为未设明文规定，主要依靠司法实践中的法律解释来解决有关纠纷。从法律适用方法角度看，对于网络定时播放等行为是否纳入信息网络传播权的保护范围，不仅涉及诠释现行法律规定的文义和考证其来源，还要从实际出发并做到符合实际，能够恰当地解决实际问题和有效发挥实际作用；仅仅是静态解释法律条文是不够的，还必须进行动态考量和与时俱进。❶

第一，《著作权法》第十条第一款第十二项的交互性规定的文义是清晰的，且当时条约的背景也是清晰的，通常情况下这意味着立法意图很明显，即只适用于交互式网络传播行为，其他传播行为的保护交给其他相关规定，用其他相关规定衡量是否给予保护。在立法已有明确取舍的情况下，司法应当遵从，除非实践中有不容回避的特殊需求，一般不宜再扩张解释和进行突破性适用。这是一种最为可靠和安全的司法思路，也是一种常规性解释和适用路径。这种态度看起来也很符合上述《条约》有关"伞式解决方案"的方法。

第二，网络广播（webcast）是一种媒体的文件传播方式，其利用互联网的流媒体技术❷将单一来源内容面向广大的听众/观众传播，既可以通过实时方式（live），也可以通过随选方式（on demand），从实质来讲，网络广播是一种经由互联网的"广播"。❸随着网络广播技术的发展，出现了网

---

❶ 孔祥俊：《网络著作权保护法律理念与裁判方法》，中国法制出版社2015年版，第92页。

❷ 所谓流媒体技术就是把连续的影像和声音信息经过压缩处理后放上网站服务器，让用户一边下载一边观看、收听，而不要等整个压缩文件下载到自己的计算机上才可以观看的网络传输技术。该技术先在使用者端的计算机上创建一个缓冲区，在播放前预先下一段数据作为缓冲，在网络实际连线速度小于播放所耗的速度时，播放程序就会取用一小段缓冲区内的数据，这样可以避免播放的中断，也使得播放品质得以保证。（参见百度百科，http://baike.baidu.com/view/495922.htm?fr=ala0-1，2012-03-10。）

❸ 参见维基百科，http://en.wikipedia.org/wiki/webcast，2012-03-10。

络视频的定时播放技术。国内著名的众源网络公司（PPS）、上海聚力传媒技术公司（PPLIVE）均采用这种技术。从技术特征来看，定时播放是用户被动接收来自服务提供商的信息，在节目播放过程中，客户端接收信息，但不能控制信息，数据包的单独一个拷贝发送给网络上的所有用户，用户不能暂停、快进或后退播放的节目，也不能在选定的时间播放节目。因此，定时播放属于非交互式的广播形式。如前所述，信息网络传播权仅仅涵盖了交互式网络传播，因此对于非交互式的网络广播难以纳入其中。

第三，非交互式网络广播也难以纳入我国现行《著作权法》中规定的广播权的控制范围。根据我国《著作权法》第十条第一款第十一项的规定，广播权包括三层含义：其一是"公开广播或传播作品"，必须是以"无线方式"；其二是通过"有线方式"，如通过有线广播或者有线电视传播或者转播无线电台、电视台"广播的作品"，而不是直接以有线的方式传播作品；其三是通过扩音器等工具传播电台、电视台"广播的作品"，而不是直接以扩音器等工具传播作品。❶ 由此可见，广播权的控制范围并不包括直接以有线的方式传播作品的行为。

第四，目前的司法实践主要是运用《著作权法》第十条第一款第十七项的兜底条款来控制这类行为。❷ 而这是否会导致今后兜底条款被滥用，也不无疑虑。因此，对此问题，最好的方法是以立法形式进行明确规定。《著作权法》（修订草案送审稿）在权利内容部分将广播权修改为播放权，适用于非交互式传播作品，以解决实践中网络的定时播放和直播等问题，将信息网络传播权适用于交互式传播作品。在未对各类传播权进行更一般的整合的现有权利体系框架内，将非交互式传播行为纳入播放权的控制范围，而不是信息网络传播权的控制范围更加符合信息网络传播权的设立初衷。

---

❶ 胡康生主编：《中华人民共和国著作权法释义》，法律出版社2002年版，第56页。

❷ 《意见（一）》第10条规定："网络服务提供者通过信息网络事先安排的时间表向公众提供作品的在线播放的，不构成信息网络传播行为，应适用《著作权法》第10条第1款第17项进行调整。"

第四节 深层链接技术

一、深层链接的基本原理及应用场景

深层链接（Deep Linking）是指虽然链接设置者并未下载相关资源，但其通过技术手段使得网络用户在设链网站上就能够直接获得被链接网站的具体内容资源，而无须逐层进入被链接网站的网页。❶在深层链接模式中，通过技术手段将所链接内容的网址隐藏于本网站中，使浏览者无法直接感知所访问内容的真正地址，直接将被链接内容展示于网络页面。深层链接可以分为外部深链接和内部深链接。在网络页面中发布其他url地址，通常通过搜索引擎可以获取该网页信息，此类发布的链接被称为外部深链接。而同一网站域名之中网页之间互相建立的链接，称作内部深链接。

深层链接模式与浅层链接模式相对应，所谓浅层链接，是指网络传播过程中一种普遍采用的简单链接，在这种没有经过太多技术加工的链接传播中，网络用户可以看见链接的存在，也能够看到这种链接所导引的文件指向。❷通常情况下，浅层链接模式在著作权纠纷中受到有关规则的保护，例如由美国司法实践首先提出的"避风港规则"。浅层链接模式下的信息传播往往表明信息来源，得到法律认可。但深层链接模式下的信息传播由于具有很高的隐蔽性，有关知识产权的侵权频发，成为重点规制对象。

深层链接被大量应用在音乐、视频网站。网络使用者在某一音乐或视频网站对想获取的音乐或视频信息进行搜索，就可以直接获得有关信息进行试听或观看。整个搜索、试听观看，甚至下载的过程都可以在同一音乐或视频网站内实现，但是网络使用者想获取的信息并没有存储在该网站的服务器中。该网站通过深层链接来提供指引，获取有关信息。

随着技术的相互渗透，移动应用中的聚合式移动客户端兴起。聚合式移动客户端是通过各类插件收集用户的关注数据，针对用户的关注要点，

---

❶ 王志刚：《新媒体传播中的链接侵权及其规制》，《中州学刊》2014年第11期，第81页。
❷ 王志刚：《新媒体传播中的链接侵权及其规制》，《中州学刊》2014年第11期，第81页。

使用网络爬虫筛选各类信息，以转载或链接的方式将聚合作品呈现给用户的一类移动客户端。聚合经营方式是对某种提供某一类内容或功能客户端的总称。这里所说的聚合，是指内容上的聚合。例如目前常见的视频类聚合、音乐类聚合、新闻类聚合、游戏类聚合等。聚合经营能很好地满足消费者对某一类内容或应用功能的需求。聚合式移动客户端可以利用深度链接技术，通过与深链接模式相似的方式储存作品。目前深层链接的应用非常广泛，几乎渗透到所有的网络页面中。

二、深层链接技术引发的著作权侵权问题

近年来，深层链接技术引发的著作权侵权问题在我国司法实践和理论界引起了较大争议，从裁判标准来看并不统一。

（一）采用服务器标准者认定为技术服务提供者

如在浙江泛亚电子商务公司诉百度侵犯著作权纠纷案中，❶ 法院指出："根据我国《著作权法》的规定，信息网络传播行为是指将作品上传至或以其他方式将作品置于向公众开放的网络服务器中，使公众可以在选定的时间和地点获得作品的行为……百度网站的服务器上并未上载或储存被链接的涉案歌曲。因此，被告所提供的是定位和链接服务，并非信息网络传播行为。被告不构成对原告相关信息网络传播权的直接侵犯。"

（二）采取用户感知标准认定为信息内容提供者

如在中国三环音像社诉北京衡准科技有限公司侵犯著作权纠纷案中，❷ 法院指出："e准网提供了《士》剧的分集视频，用户可以点击进行在线播放，从播放时直接呈现在视频上的标志、视频右侧显示的来源地址等信息，可以确认上述内容来源于酷溜网、土豆网等多个视频网站。被告表示 e 准网是搜索引擎服务的提供者，应当通过软件程序对网络资源进行搜索，找

---

❶ 北京市高级人民法院民事判决书（2007）高民初字第1201号。
❷ 北京市海淀区人民法院（2008）海民初字第22561号民事判决书。

出与关键词相关的网络资源，向用户提供索引和来源网页的链接地址，网络用户可以直接到来源网站浏览搜索内容，而不应由搜索网站直接展示内容。原告公证的内容证实 e 准网在点击播放《士》剧的分集视频时，网页地址始终在 ezhun.com 项下，上述情形并非搜索引擎服务的提供方式，而是由 e 准网直接向用户提供视频内容的浏览，只是该内容由 e 准网从其他家网站获取。e 准网通过上述方式，为用户提供《士》剧的分集视频，上述行为应定性为直接使用传播的行为。"

三、美国 Perfect 10 案的启示

从比较法角度来看，美国 Perfect 10 案❶的分析具有代表性及启发性。在该案中，Perfect 10 销售享有版权的裸体图片，其中包括在互联网上开设订阅网站。订阅者通过月缴费，在该网站的"会员区域"观看 Perfect 10 的图片，但进入该区域需要通过口令。Google 在其索引和数据库中均无这些受口令保护的图片。Perfect 10 许可 Fonesatarz Media 销售和传播其压缩版的版权图片，供下载和在移动电话上使用。一些网站发布者未经许可转发 Perfect 10 的图片，一旦有转发的情形，Google 的搜索引擎可以自动索引含有这些图片的网页，并应用户的请求提供缩略图片。在 Perfect 10 一案中，原告 Perfect 10 主张被告 Google 通过搜索引擎进行的内链和加框链接侵犯其公开表演权和发行权。原告主张采用"植入标准"（the incorporation test），即仅仅根据用户的视觉进行判断，认定加框链接是否侵权。被告 Google 主张采用"服务器标准"（the server test），即以是否在网站上存储及是否直接向用户提供侵权材料为标准。

联邦加州中区法院指出，将图像存储为电子信息并将该信息直接提供给用户（即物理上将1与0通过互联网发给用户的浏览器）的计算机所有人，是在表演该电子信息而侵犯版权人的专有表演权。反之，没有存储并向用户提供该电子信息的计算机所有人，即便是内链或者加框链接该信息，也

---

❶ 508F.3d1146(9th Cir.2007).

并未表演该信息。该标准被称为"服务器标准"。该案的判决认为"服务器标准"既是最为合适的标准,也是最为直接的标准。其理由对于研判深层链接引发的著作权侵权问题颇具启发性:

第一,该标准是基于用户浏览网页的技术原理,因而反映了相关内容在用户的计算机上显示之前如何在互联网上流动的现实。用户在点击Google图像搜索引擎上的缩略图后显示的原始图像,并未存储在Google的服务器上,因而不是在Google的浏览器上观看的,而是直接链接到第三方网站上,该第三方网站对于这些内容负有责任。

第二,采用服务器标准既不会导致诸如Google之类的搜索引擎的版权侵权活动,也不会绝对排除这些活动的责任。该标准只是排除搜索引擎对于第三方网站存储的内容的内链或者加框链接行为承担直接责任。正如Perfect 10那样,版权所有人仍可寻求使引入如此内容的网站承担间接责任或者替代责任。判定此种间接责任要求分析多种因素。

第三,网站经营者可以轻而易举地理解服务器标准,法院适用该标准也相对容易。植入标准也确实不难适用,但该标准未能认可网络的互联性,包括其物理上的和逻辑上的互联性,以及从多个来源同时整合和提供内容的属性。

第四,最初的侵权行为人是盗取Perfect 10的原始图像并将其上传到因特网上供世人观看的网站,如果不是此种行为,也就不会引起Perfect 10的起诉。

第五,不论多么不易,服务器标准维持了版权法所追求的鼓励创造性作品创作与鼓励信息传播之间的敏感性精细平衡。仅在网络上进行索引,以便用户可以更容易地找到其需要的信息,这不应构成直接侵权,但持有并提供侵权内容可能导致直接侵犯版权。

美国联邦第九巡回上诉法院在Perfect 10上诉案中认为地区法院的上述分析符合版权法的文义,因而同意地区法院对于该案应当采用服务器标准的认识,并指出"尽管内链(in-line linking)和加框链接(framing)可能导致某些计算机用户相信其只在浏览Google的页面,但与商标法不同,版权法并不保护客户免受消费者混淆。"

四、我国应将深层链接技术引发的著作权侵权定位为间接侵权

本书认为我国在认定"作品提供行为"时应当采用以服务器标准为基础的法律标准。这意味着一方面，在服务器标准下，深层链接技术提供者仍然是技术服务提供者而非信息内容提供者，从而保证了著作权法对于链接服务的一致性评价。如北京市高院《著作权指南》第9.14条规定，"存在以下情形之一的，可以初步认定其提供的是链接服务。"其中第二种情形就是"涉案作品、表演、录音录像制品的播放虽在被告网站进行，但其提供的证据足以证明涉案作品、表演、录音录像制品置于第三方网站的"。另一方面，也需要看到，某些深层链接技术应用场景在作品传播效果方面与转载或者转发是十分相似的，对于著作权人利益的损害程度也是相似的，但是前者可能构成间接侵权责任，这是一种过错责任，一般由原告权利人承担举证责任；后者可能构成直接侵权责任，这是一种过错推定责任（也有认为是严格责任）。二者责任成立的难易明显不同。笔者认为对著作权人权益损害效果相似的不同性质的行为的法律评价不宜差异过大。因此，可以考虑依据法律标准在服务器标准的基础上降低著作权人的举证责任或者提高深层链接服务提供者的注意义务。

第五节　技术中立原则的思考

一、索尼案

1984年1月18日，美国最高法院以5比4的多数对"索尼案"[1]做出了判决：为了在家庭中"改变观看时间"使用录像机录制电视节目构成对版权

---

[1] Sony Corporation of America v. Universal City Studios, Inc.464 U.S. 417（1984）。

作品的"合理使用";索尼公司出售具有"实质性非侵权用途"的录像机并不构成"帮助侵权"。这是自1976年美国重新制订版权法以来最高法院第一次就"合理使用"和"帮助侵权"这两个版权法中的复杂问题做出判决。由于"索尼案"解决的实际上是高科技引发的版权问题,在之后美国有关网络版权侵权的重大诉讼及学术研究中,"索尼案"成为频繁引用的对象。❶其在我国网络著作权侵权责任制度建立的学理及实务研究中亦具有重要地位。

该案中,索尼公司是一家生产和销售家用录像机设备的企业,用户购买该产品后,主要用于两个目的:一是为了节目收藏目的,即将公开播放的电视节目录制下来进行收藏;二是达到改变观看时间(time-shifting)目的,即当人不在家时把电视节目录制下来以便日后观看。环球影视公司拥有一些向公众播放的电视节目的版权,因此提起诉讼指控消费者通过家庭录像机录制其拥有版权并在商业电视台播放的节目,侵犯了权利人的版权。索尼公司作为这些产品的生产者和销售者,提供了用于侵权的工具,并且它被推定知晓将发生的侵权行为,因此应该为用户的行为承担间接侵权责任。本案一审始于1976年。区法院判决索尼公司胜诉。第九巡回上诉法院推翻一审判决书,认定索尼公司构成帮助侵权,并责令区法院给予适当的救济措施。最高法院又推翻了上诉法院的判决。最高法院确认索尼公司没有参与任何用户的使用行为,也没有诱导用户以侵权方式使用该录像机。法院参考专利法上的"通用商品原则"(staple article of commerce doctrine),创设了版权法上的"实质性非侵权用途"标准,又称为"技术中立原则"。

二、Stevens 法官在判决中的论证 ❷

最接近的类比来源于专利法。由于专利法和版权历史上的亲缘关系,在版权案件中参考专利法案例是合适的。

在专利法上,侵权和帮助侵权的概念都有明确的含义。帮助侵权仅仅

---

❶ 王迁:《"索尼案"二十年祭——回顾、反思与启示》,《知识产权研究》2004年第4期。
❷ 译文来自崔国斌:《著作权法》,北京大学出版社2014年版,第730页。

限于故意出售专门用于实施特定专利的产品部件。专利法并没有指出，特定专利的专利权人可以因为一项产品可以用于实施其他专利（非前述特定专利）而反对出售该产品。而且，该法明确指出，出售可以用于实质性非侵权用途的通用产品不是帮助侵权。

当一项帮助侵权指控完全基于销售一种商品后购买者用它侵害专利权这一事实时，公众获取该商品的公共利益就不可避免地受到影响。认定帮助侵权成立，当然不会导致该商品彻底退出市场。不过，这将该商品的有效控制权交给了专利权人。的确，认定帮助侵权通常与认定诉争产品落入专利权人的垄断权范围具有同等的功能。

正因为如此，在专利法下的帮助侵权案件中，法院总强调"不能许可专利权人将垄断权延伸到授权范围之外"的重要性。这些案例拒绝承认专利权人对非专利产品的销售享有任何控制权，除非该产品没有任何商业上的非侵权用途。除非一项商品除了用于实施专利方法外没有其他用途，否则专利权人无权宣称销售该产品的行为构成帮助侵权。要构成帮助侵权，该产品必须几乎只能用于组成专利发明的一部分。如果一项产品既可以用于侵权目的，又可以用于非侵权目的，则销售这一产品的行为本身，并不足以使得销售者成为帮助侵权者。否则，帮助侵权规则会阻碍商业的发展。

我们认识到，专利法和版权法之间有实质性的差别。但是，在这两个领域，帮助侵权学说都植根于这样的认识：为了有效保护一项垄断权，法院需要在"实际复制一项装置或出版物"的范围之外，关注那些使得此类复制成为可能的产品或活动。通用商品学说（The staple article of commerce doctrine）必须在版权人的有效而不是象征性的法律保护和他人在不相关的商业领域的经营自由之间维持一种平衡。因此，如果复制设备被广泛用于合法的无可非议的目的，则销售该复制设备与销售其他商品一样，并不构成帮助侵权。的确，它只要能够有实质性非侵权用途（substantial non-infringing use）。

因此，这里的问题是 Betamax 录像机是否能够有商业上重要的非侵权用途。为了回答这一问题，我们不需要逐一考虑该设备的所有的不同用途是否侵权。相反，我们只需基于区法院发现的事实，考虑是否有重要数量（a significant number of）的用途是非侵权的。而且，我们也不需要准确回答一项用途达到什么程度（how much use）就具有商业上的重要性。Betamax的一项潜在用途（time-shifting，时间转换）就满足这一标准，尽管这一用途被认为是私人的、非商业的。之所以如此，是因为（1）被申请人无权阻止其他版权人授权以"时间转换"方式使用其节目；（2）区法院查证的事实表明即便是未经授权的家庭内的"时间转换"性使用也是合法的合理使用。

索尼案的一个重要贡献就是创设了版权法上的"实质性非侵权用途"标准或称技术中立原则，即一种技术产品只要符合"实质性非侵权用途"标准，就不构成帮助侵权，而不管这种技术是否被用于合法或有争议的目的。

三、技术中立原则的意义域

技术中立原则已成为保护科技创新免受版权侵权指控的重要原则，尤其是在网络技术及服务模式创新方面，成为新技术、新应用及新服务引发的著作权侵权纠纷中的一项重要抗辩理由。但是我们也需要看到，技术中立原则本身并非无懈可击，我们需要准确把握技术中立原则的内涵及外延，防止技术中立原则的泛化和滥用。

（一）技术中立原则并未改变帮助侵权责任理论，主观意图仍是主要考量因素

索尼案成为美国相关司法审判中的重要先例。直到 Grokster 案，[1]由索尼案创设的技术中立原则受到了挑战。在该案中，Grokster 公司的同名软件"Grokster"具有如下特点：（1）不需要主服务器处理即可在 P2P 网络上

---

[1] Metro-Goldwyn-Mayer Studios Inc. v. Grokster, Ltd., 545 U.S. 913, 125 S. Ct. 2764.（2005）. 译文引自宋海燕：《中国版权新问题——网络侵权责任、Google 图书馆案、比赛转播权》，商务印书馆2011年版，第208-224页。

进行信息和文件的交换，因此 P2P 网络对主服务器的带宽容量、存储空间的要求相对较低。对终端用户而言，只需在 P2P 网络在线，即可互相交流、共享文件，很少受主服务器的影响。（2）P2P 网络具有分散性，因此被告两公司并不知情被下载的具体文件及下载时间。（3）由于同一文件可能存在于很多终端用户的电脑，运用 P2P 网络下载文件的速度非常快。基于上述安全、低成本和高效率等优点，P2P 软件技术被很多大学、政府机关、公司、图书馆用于文件的网络存储和传送；但个人用户也是 P2P 用户群的一部分，他们一直在未经授权的情况下分享版权音乐、电影文件，直接侵犯了版权，因此版权人决定提起诉讼。

审理该案的两级法院——加利福尼亚州中区地方法院和第九巡回上诉法院均认定被告清楚地知道许多用户经常使用其提供的 P2P 软件进行版权侵权。但是，两法院援引"索尼案"的结论，认为两被告提供的 P2P 软件具有"实质性非侵权用途"，如用户可以使用它们"分享"莎士比亚戏剧、免费软件、政府文件等处于公共领域的作品或文件，因此不能推定两被告提供 P2P 软件的目的在于帮助用户进行版权侵权并要求其承担"帮助侵权责任"。关于"替代责任"，法院指出：两被告在提供软件之后，就无法再阻止他人使用该软件进行版权侵权了，而不像 Napster 公司那样可以通过停用账号的方法随时中断向从事侵权行为的用户提供搜索服务。因此法院认定两被告没有任何监督用户行为的权利和能力，因此也不承担"代位责任"。❶ 虽然两级法院严格适用了技术中立原则，但其结果却很难说是公平的。虽然 P2P 软件确实可被用于"分享"不受版权保护的文件，具有"实质性非侵权用途"，但如果用户的这种合法行为相对于"分享"版权作品的侵权行为而言，仅仅是少量和附带性的，换言之当软件被主要应用于分享侵权作品时，软件提供者应当承担降低或者消除软件运用所造成的侵权风险的法律责任。

联邦最高法院意识到了援引索尼案所产生的问题。在其判决中对索尼案再次进行了阐释。

---

❶ 王迁："'索尼案'二十年祭——回顾、反思与启示"，《知识产权研究》2004 年第 4 期。

（1）索尼案并未改变帮助侵权责任理论——要让销售商承担帮助侵权责任，仍要基于过错责任原则，不能忽视可够证明被告非法目的的证据。只是在索尼案中，并无直接证据证明销售商有鼓励用户使用其产品直接侵权的目的，法官才引入了通过物原则。事实上，索尼案所设立的规则只是从所出售的产品用途的角度限制了对销售非法目的的推定。

（2）引入引诱侵权责任。虽然索尼案的判决并未改变有关间接责任的理论，判决的内容实在太过难懂，我们不希望类似第九巡回区法院误读索尼案的事件重演。与引入通用物原则类似的是，从专利法领域将"引诱侵权责任理论"引入版权领域，也是有其合理性的。我们认为：以鼓励用户用其产品实施版权侵权行为为目的而销售或发布产品者，应当为其导致的第三方直接侵权行为承担责任；该销售者或发布者的目的既可以是明示的，也可以是其促成侵权行为的积极措施所表明的。

（3）本案和索尼案有极大的不同。索尼案中，法官仅基于索尼是否出售了具有合法用途和非法用途的录像机、是否知晓一些用户会将产品用于非法用途这两个事实，决定被告是否承担责任。为了在保护版权和鼓励技术革新之间取得平衡，法官认为：因为该产品具备实质性合法用途，因此不能对销售商进行过错推定并要求销售商承担基于该推定的间接侵权责任。本案中，虽然被告两公司发布的 P2P 软件也有合法用途，但承担责任的基础不同于索尼案。两家发布商的言行已表明，其意在鼓励用户使用 P2P 软件实施直接侵权行为并从中获利，因此，被告两公司最后可能承担的引诱侵权责任并非基于过错推定，而是基于其言行中所显示的非法目的。

（二）技术中立原则应主要保护技术研发者，对于技术使用者并不当然适用

技术中立原则旨在在保护版权与鼓励技术革新之间达到平衡，在版权侵权认定中不轻易对技术革新本身进行否定评价。技术革新的价值则在于运用技术改善产品制造或者提升服务质量，从而创造经济价值和社会价值。从索尼案来看，其直接适用的对象范围是产品，即生产出来的物品，是与

生产者、销售者完全分离而独立存在的客体物。因此，对于产品的使用意志主要来源于消费者，也就是说消费者决定是将产品用于摆设，或者使用其某一些功能，或者用于非法用途。生产者和销售者一般并不参与产品的使用的过程。而服务不同于产品，服务是为集体（或者别人的）利益或为某种事业而工作，与服务者密切相关，需要服务者的意志和行为参与其中。因此，技术中立原则可以应用于鼓励网络技术创新发展，但是不应当然适用于网络服务。因此，在涉及网络技术创新引发的网络服务提供者的著作权间接侵权责任时，尽管满足了"实质性非侵权用途"标准，还应重点考察网络服务提供者的主观意图，即是否具有引诱和帮助侵权的非法目的。

（三）当一种网络服务模式引发了高版权侵权风险时，网络服务提供者应当承担尽力消除这种风险的责任

索尼案所确立的技术中立原则只是反映了一种大概的价值评价。"我们不需要逐一考虑该设备的所有的不同用途是否侵权。相反，我们只需基于区法院发现的事实，考虑是否有重要数量（a significant number of）的用途是非侵权的。而且，我们也不需要准确回答一项用途达到什么程度（how much use）就具有商业上的重要性。"而后续的案例表明一种产品或者服务不仅存在侵权与非侵权用途，而且在侵权与非侵权用途的使用程度上也存在不同。如在 Groskter 案中，法院认可的证据表明 P2P 软件交换的文件中有90%是享有版权的作品。因此，尽管该 P2P 软件具有实质性非侵权用途，但是侵权用途却成为了其在运用中的主要方面。此时，软件提供者的行为引发了高侵权风险，应当承担消除这种风险的责任。承担侵权责任无疑是促使其承担起这种责任的一种途径。正如索尼案中少数法官所指出的，"如果产品实际上的一切用途就是去侵权""没有人会单独为非侵权的目的去购买产品，则制造商明显是有意从侵权行为中获利要求其承担责任是合适的。"否则，网络服务提供者可能会怠于完善其服务模式，甚至故意设计这种经营方式，以避免承担版权间接侵权责任，同时从非法吸引客户中获得经济利益。

第六章　我国网络著作权侵权责任制度的完善

总体来看，我国现阶段的网络著作权侵权责任体系是以《侵权责任法》《著作权法》为基础，以《信息网络传播权保护条例》和《规定》(2012) 为基本架构的。从立法模式来看，上述规范性文件是由不同的机关制定，并且处于不同的效力等级上的。此外，还存在许多行政法规和部门规章作为补充，例如《中国公众多媒体通信管理办法》《软件产品管理办法》《互联网出版管理暂行规定》《互联网文化管理暂行规定》《互联网著作权行政保护办法》《互联网视听节目服务管理规定》《电子出版物出版管理规定》等。从立法内容来看，无论是《著作权法》第四十七条、第四十八条，还是《信息传播权保护条例》第十八条、第十九条都是针对具体侵权行为的列举，并没有关于网络著作权侵权行为的一般性规定。虽然《著作权法》第四十七条做了一个"兜底性"的规定，但是并未解决归责原则等基本问题。

第一节　制度价值层面的完善

一、权利保障

法谚有云："无救济即无权利。"网络著作权侵权责任制度是网络著作权的救济与保障机制。我国台湾学者曾世雄先生对民事责任的意义有精辟的阐述:"责任,缘人类社会生活,有相互依存之生活面,如以物易物,彼此得利,各可取得所需生活资源,称之为生活正态面。人类社会生活,亦有侵害破坏之生活面,如抢劫他人之生活资源或拒付应付之生活资源,称之生活反态面。人类在生活正态面下发生之私法法律关系,乃权利、法益或义务关系;人类在生活反态面下发生之私法法律关系,乃权利或责任关系。正态面下之权利(或法益),乃原权利(或原法益);反态面下之权利,乃救济权。正态面下之义务,一转变为反态面时,即为责任。"❶ 网络著作权是一种具有专有性的民事权利,权利人对其创作的作品享有独占权,没有法律规定或者未经权利人许可,任何人不得使用该作品,即他人负有不作为的义务。如果他人未经许可而侵犯了网络著作权人的权利时,权利人基于网络著作权的原权利产生损害赔偿请求权的救济权。加害人基于民事不作为义务的违反而需承担相应的民事侵权责任。在这种权利义务与责任的转换中,实现了对权利的救济与保障。

权利保障机制要求法律制度的设计具有有效性和充分性,具体而言,法律制度不仅能够保障权利人在其权利受到侵害后及时地找到承担侵权责任的人,而且能够保障权利人从侵权责任人处及时地获得相应的损害赔偿。❷ 因此,在实体法上,由网络服务提供者来承担侵权损害赔偿责任是符合权利保障机制的制度价值的。❸ 因为权利人想要找到侵权行为人(网络信息提供者或者网络信息获取者)通常是比较困难的,甚至是无法实现的。比较而言,网络服务提供者则更加容易定位,以及更加具有赔偿能力。另外,侵权法上的共同侵权责任理论或者第三人责任理论为网络服务提供

---

❶ 曾世雄:《损害赔偿法原理》,中国政法大学出版社2001年版,第3页。

❷ 侵权责任制度以赔偿权利人为标准,通过由侵权人进行金钱赔偿的方式来填补权利人的实际的全部的损害。同时,基于在著作权侵权中,实际损害通常难以计算的特点,侵权责任制度还设计了相关的补救规则,并且这些补救规则仅在实际损失难以计算的情况下方可适用,可见其目的仍在于使权利人的损害能够得到相对充分的填补,如《中华人民共和国著作权法》第49条。

❸ 在程序法上,主要体现为诉前临时措施、财产保全和证据保全规则等,如《中华人民共和国著作权法》第50条、第51条。

者承担侵权责任提供了法理基础，因此，在制定法中出现了网络服务提供者承担侵权责任的具体规定。而司法实践也表明，网络服务提供者承担侵权责任的制度设计对于保障权利人利益来说是至关重要的，如上文所述，在进入我国司法程序的网络著作权案件中，被告绝大多数是各种类型的网络服务提供者。

需要指出的是，这种权利保障机制是以权利人的损失填补为基础实现的，也就是说，权利人从侵权责任制度中获得的利益不应超过其权利受到侵害所遭受的损失，权利人不应从侵权损害赔偿中谋利。

二、预防损害

损害的预防胜于损害的补偿。侵权责任法规定何种不法侵害他人权益的行为，应予负责，借着确定行为人应遵行的规范，及损害赔偿的制裁而吓阻侵害行为，具有一定程度的预防功能。❶ 具体而言，行为人承担侵权责任具有两方面不利后果：其一，在法律上其行为获得了否定评价，被确认为违法行为，行为人也必然因此而获得社会的某种否定评价。如果行为人是公民，这种否定评价不利于其人格尊严，也不利于其未来的社会交往。如果行为人是法人，则这种否定评价不利于其商业信誉以及未来的经营活动。其二，行为人因此要履行一定的义务，或为财产上的给付，如赔偿一定数额的金钱，或为非财产上的义务性作为，如赔礼道歉。侵权责任在警戒侵权行为人的同时，也必然地警戒社会的其他成员。其他公民和法人吸取侵权行为人"前车之鉴"的教训，为避免自己也陷入上述不利境地，也会自觉地严格约束自己的行为，遇事遇人施以"诚信善良之人"应有的注意。❷ 因此，预防损害机制的理想效果是可以控制和减少侵权活动的发生，即对于侵权人再次侵权的威慑，以及对于其他人将要侵权的警示。

在网络著作权侵权案件中，网络信息提供者是侵权行为人，应当承担著作权侵权责任，网络服务提供者可能承担侵权的连带责任，其前提是网

---

❶ 王泽鉴：《侵权行为》，北京大学出版社2009年版，第10页。
❷ 张新宝：《侵权责任法原理》，中国人民大学出版社2006年版，第22页。

络信息提供者进行了侵权行为，因此网络信息提供者才是网络著作权侵权的源头。目前的制度设计使得几乎所有的网络著作权案件都指向了网络服务提供者，而非网络信息提供者，因此，导致的结果是网络服务提供者在处理纠纷上投入更多的成本，以及在开发新的商业模式中更加谨小慎微。而网络信息提供者则即使多次反复地进行侵权活动，也能够逃脱侵权责任的制裁，可见，预防损害机制的功能并未有效发挥。

因此，预防损害机制要求加强对于网络信息提供者侵权责任的追究，所要解决的问题首先是能够准确找到网络信息提供者，也就是说网络的可溯源性，我国实行网络实名制正是朝着这个方向发展。其次是网络服务提供者的信息提供义务，也就是说，权利人在起诉网络信息提供者侵权时，网络服务提供者有提供网络信息提供者注册信息的义务。当然，此过程中会有个人信息安全的法律问题，需要专门的法律制度来配合。

三、利益平衡

在现代社会中，由于存在著作权限制与反限制的多元选择，存在创作者、传播者、使用者在行使权利中一定程度的对峙等现实，著作权法在实现其促进文化事业发展、保障作者及其他主体利益、实现社会公平等多重价值目标的过程中，必须统筹兼顾，平衡协调各种可能相互冲突的因素，才能真正发挥作用。从这个意义上说，平衡是现代著作权法的基本精神。❶

在网络著作权侵权责任制度构成上，平衡性主要体现为：（1）行为违法与抗辩事由之间的平衡。这是由著作权的扩张和限制之间的平衡所决定的。随着网络传播方式的出现，对作品的交互式传输落入了著作权人的控制范围。而基于文化知识传播的公益考虑，传统著作权法中的权利限制制度，例如合理使用，也需做出相应的调整，以使著作权的扩张与限制达到新的平衡。权利与权利限制的平衡决定了行为违法与正当的平衡。（2）网络服务提供者的侵权责任与责任豁免之间的平衡。网络服务提供者的侵权

---

❶ 吴汉东：《著作权合理使用制度研究》，中国政法大学出版社2005年版，第14页。

责任制度意味着著作权侵权责任追究的扩大，也意味着著作权的权利有了更多的保障，因此使得著作权人的权利在一定程度上得到了扩张，原有的利益平衡格局被打破。互联网业为了避免被卷入因第三方行为引发的网络著作权纠纷，不仅要求建立和扩大责任免除制度，而且要求法律具有明确性和可预见性，只有这样，他们才能明确知道何时以及如何对网络著作权侵权行为承担责任。因此，网络服务提供者间接侵权责任的确立和责任豁免制度的法定化是平衡网络著作权人利益和网络服务提供者利益的重要体现。（3）侵权责任法的固有平衡机制。例如，在确定归责原则时，考虑到权利人与侵权人之间举证能力的差异，而出现了过错责任原则之下的过错推定规则。另外，在认定过错主观要件时，采用"理性人"的评判标准，而理性人本身就是折中的抽象人。此外，在确定法定赔偿金额时也会权衡权利人与侵权人的利益，运用合理赔偿原则。

需要特别指出的是，著作权法上的利益平衡是以著作权人利益为中心来进行的，表现在网络著作权侵权责任制度上，就是在制度设计和法律适用中需要平衡著作权人利益与网络服务提供者利益；平衡著作权人利益与社会公众利益。如前文所提到的，对于提供快照服务引起的著作权侵权责任问题，"实质替代"标准所衡量的就不是著作权人利益与网络服务提供者利益，而是网络服务提供者与网络服务提供者之间的利益关系，或者是市场竞争关系。其后果就是可能对著作权造成不合理的限制，同时引起法律适用混乱。

四、公平正义

作为一般意义上的法的目的的公平正义，对于防范利益衡量的过分扩张及滥用具有重要意义。本书中一直在追问一个法律问题："究竟是谁动了著作权人的'奶酪'——作品？"这是著作权侵权问题的核心所在，也是网络著作权侵权问题的核心所在。在后者，由于间接侵权如此耀眼，以至于一度覆盖了这一问题，使得网络著作权侵权责任直指网络服务提供者。尽管由网络服务提供者来承担损害赔偿责任对于著作权人的利益保障来说是充分的（满足了权利保障价值），同时也符合经由利益衡量的所谓利益平衡原则。但是，这样的一种制度设计却违反了"每个人都应当为自己的违法行为承担法律责任"的公平正义原则。无论如何，侵权行为的实施者都应当是侵权责任的第一承担人，否则预防损害、公平正义的社会价值都将难以实现。

也是基于公平正义的考量，间接侵权责任的适用必须得到限制，换言之，在法律制度整体架构上，间接侵权责任应当是一种对著作权人的补充性或者替代性救济，而不应当成为著作权人的主要法律救济手段。网络著作权所控制的仍然是对于作品在网络媒介下的复制及传播。

第二节 制度构成层面的完善

一、归责原则：关于网络著作权侵权责任的一般规定

归责原则是立法者根据社会实际需要而确定的一套抽象的、普遍的法律规则体系，是用来确定行为人的侵权责任的根据和标准，它所解决的是侵权责任的基础问题。因此，网络著作权侵权责任制度应首先明确归责原则问题。在网络信息提供者和网络信息获取者承担侵权责任的情况下，损害赔偿责任的承担应当遵循过错原则之下的过错推定规则，停止侵害等其他侵权责任的承担应当遵循无过错责任原则；在网络服务提供者承担连带责任的情况下，侵权责任的承担应当遵循过错责任原则。

在进行立法规定时，我们还需要考虑立法层级和法律术语等问题。在立法层级方面，主要是《著作权法》和《信息网络传播权保护条例》的选择，前者是法律，后者是行政法规，前者是著作权基本法律，处理著作权保护的一般问题，后者是授权立法，处理专门问题。归责原则所依附的法律规定通常为侵权责任的一般规定，属于基础性法律问题，因此放在《著作权法》中较为妥当。在法律术语方面，《侵权责任法》对于网络侵权主

体的规定是网络服务提供者和网络用户。网络服务提供者可以是网络信息提供者，从而作为单独的侵权行为人承担著作权侵权责任，也可以是单纯的网络服务提供者，从而在一定条件下与网络信息提供者（网络用户）承担连带责任。网络用户通常既是网络信息提供者也是网络信息获取者，因此，他们作为侵权行为人承担著作权侵权责任。如果使用网络信息提供者、网络服务提供者和网络信息获取者的用语，更能够体现其在作品的网络传播中所扮演的角色和所处的法律地位，而使用网络服务提供者和网络用户的用语，更加符合现实的语言习惯。为了法律体系的协调和法律术语的一致，我们选择《侵权责任法》中的用语。

【《著作权法》：归责原则与一般规定】

网络服务提供者、网络用户利用信息网络侵犯他人著作权的，应当承担侵权责任，但是能够证明自己没有过错的可以不承担损害赔偿责任。

网络用户利用网络服务实施侵犯著作权行为的，被侵权人有权通知网络服务提供者，要求其采取删除、屏蔽、断开链接等必要措施。网络服务提供者接到通知后未及时采取必要措施的，对损害的扩大部分与该网络用户承担连带责任。网络服务提供者明知或者应知网络用户利用其网络服务侵害他人著作权而未及时采取必要措施的，与该网络用户承担连带责任。

二、网络服务提供者的过错判断：有限的客观化

尽管在过错的认定标准上，我们试图采取客观标准，但是毕竟过错是一种主观状态，是因人而异的，因此再客观的标准也不可绝对化，在过错的认定上没有绝对客观化的标准，我们只能综合相关要素以"理性人的注意义务"为标准来再现性描述和判断行为人在行为时的主观状态。

从立法层级来看，网络服务提供者的过错判断是司法运用中的问题，为法官审理案件提供指引，同时也约束法官的自由裁量权，因此通过司法解释的形式进行规定较为合适。相关因素主要是围绕具体侵权行为的显而易见性以及网络服务提供者的一般注意水平，如：（1）网络服务提供者的类型，包括提供信息存储空间、搜索、链接、P2P服务等，以及属于综合

性网络服务或者专业性网络服务。（2）被诉侵权的作品类型，如文字作品、音乐作品、影视作品等。（3）被诉侵权作品的档期及知名度，如是否处于档期、热播、热映期间，是否具有较高的知名度或者较为流行等。（4）被诉侵权作品、表演、录音录像制品所处的位置，如是否位于首页或者主要页面等显著位置等。（5）网络服务提供者是否对被诉侵权的作品、表演、录音录像制品进行选择、整理、分类以及推荐等。

【《司法解释》：考虑因素】

人民法院在认定网络服务提供者为其网络用户提供网络服务存在过错时，需要将网络用户实施侵犯著作权行为的明显性和网络服务提供者的一般注意水平相结合，可以根据网络服务提供者的类型、被诉侵权的作品类型、被诉侵权作品的档期及知名度、被诉侵权的作品、表演、录音录像制品所处的位置、网络服务提供者是否对被诉侵权的作品、表演、录音录像制品进行选择、整理、分类以及推荐等因素进行综合判断。

需要指出的是，社会公共服务的完善将会有助于过错判断规则的客观化。这种社会公共服务的完善可以是围绕著作权人进行，例如由政府机构或者著作权集体管理组织建立和维护登记作品、知名作品、申请作品的数据库，数据库中包括作者信息、独占被许可人信息、作品信息等。网络服务提供者可以建立反盗版系统，与该数据库进行对接，那么如果平台上出现数据库中的作品，且上传者并非作者或者独占被许可人，则系统自动要求提供授权证明（形式审查）；如果没有出现数据库中的作品，则无需进一步提供授权证明。一方面促使权利人积极采取行动来预防侵权，另一方面如果网络服务提供者完成了上述流程，那么司法机关可以认定网络服务提供者对明显的直接侵权行为尽到了注意义务。这种社会公共服务的完善也可以由围绕网络服务提供者来进行，例如由互联网协会根据相关法律规定，制定针对各种类型网络服务提供者的技术和行为规范指南，司法机关在认定网络服务提供者过错时可以参考该标准作为"理性人标准"。

三、责任限制：一般与特殊相结合

责任限制制度包括网络信息提供者的责任限制，也包括网络服务提供者的责任限制，前者如合理使用，后者如避风港制度，二者都面临着封闭性列举模式所带来的难以适应未来网络技术与商业模式创新的变化需求，需要在《著作权法》层面通过"一般与特殊相结合，并对一般进行严格限制"的方式来进行完善。

首先，目前网络信息提供者的合理使用和法定许可所列举的情形比较有限而且封闭，并未对技术与商业模式的创新发展预留制度空间，难以适应网络技术与商业模式创新的变化需求。面对现实需求的变化，司法实践已经开始尝试突破，如《北京市高级人民法院关于网络著作权纠纷案件若干问题的指导意见（一）（试行）》规定："网络服务提供者以提供网页'快照'的形式使用他人网站上传播的作品、表演、录音录像制品，未影响他人网站对作品、表演、录音录像制品的正常使用，亦未不合理地损害他人网站对作品、表演、录音录像制品的合法权益，从而未实质性代替用户对他人网站的访问，并符合法律规定的其他条件的，可以认定构成合理使用。"最高人民法院《关于审理侵害信息网络传播权民事纠纷案件适用法律若干问题的规定》也规定这种情况不构成侵犯信息网络传播权。因此，可以考虑在《著作权法》中在合理使用列举情形之外引入"三步检验法"作为判断合理使用的一般性规范，同时，为了防止"三步检验法"被滥用，还须以司法解释的方式对"三步检验法"的具体考量因素做出明确规定。

其次，从避风港规则的产生来看，其立法目的是为提供技术中介服务的网络服务提供者提供明确的行为指引，使其在完成法律所要求的特定行为后，可免除损害赔偿的责任。我国在借鉴了美国、欧盟的立法规定后，针对网络自动接入和自动传输服务提供者、系统缓存服务提供者、信息存储空间服务提供者以及搜索与链接服务提供者分别规定了具体的免责条件。这种立法模式具有较强的确定性，但同时技术是不断发展的，是否会出现其他的技术中介服务类型是不确定的，因此，从法的稳定性角度来讲，仍有必要通过一般性规定来涵盖将来可能出现的技术服务类型，因此可以在规定网络自动接入和自动传输服务提供者、系统缓存服务提供者、信息存储空间服务提供者以及搜索与链接服务提供者的免责条件之前，增加"提供技术中介服务的网络服务提供者不知道也没有合理理由应当知道网络用户利用其网络服务进行著作权侵权行为的，在得到权利人的通知后，及时采取必要措施的，可以减轻或者免除损害赔偿责任"的一般性规定。从立法层级来看，所涉及的问题是有关网络著作权侵权责任的限制问题，与网络著作权侵权责任的一般规定密切相关，规定在《著作权法》中较为合适。

【《著作权法》：一般规定】

提供技术中介服务的网络服务提供者不知道也没有合理理由应当知道网络用户利用其网络服务进行著作权侵权行为的，在得到权利人的通知后，及时采取删除、屏蔽、断开链接等必要措施的，可以免除损害赔偿责任。

四、多次侵权问题：国际实践与启示

"三振出局"原是棒球运动术语，指击球手如果三次都未击中投球手所投的球，则必须出局。美国于20世纪90年代中期开始借用这一概念来强化对重罪累犯者的刑罚。近年来，三振出局概念被引入知识产权领域，用于解决网络环境下的著作权多次侵权问题，即在互联网环境下，使用者每侵犯一次著作权，他将会收到一次侵权通知，如果在特定时间内使用者收到了三次侵权通知，他可能会在特定的时间段内被暂停部分或全部互联网服务。目前，韩国（2009）、法国（2010）、英国（2010）、新西兰（2011）及我国台湾地区（2009）都通过立法规定了三振出局制度。但是，也有包括德国、西班牙、瑞士及我国香港地区在内的国家和地区反对这一制度。还有一些国家，如澳大利亚和新加坡，虽然没有直接进行立法，但是也采用了类似方式。❶

---

❶ Eldar Haber, "The French Revolution 2.0:Copyright and the Three Strikes Policy", 2 Harv. J. Sports & Ent. L. 297, 2011.

(一)法、韩三振出局制度的内容

从制度内容来看,法国和韩国的三振出局制度规定得较为细致,并且各具特点。

1. 法国

法国是较早通过立法解决非法文件共享的国家之一。2007年,法国成立了技术措施监督管理机构 ARMT(I'Autoritj de Rigulation des Mesures Techniques)。2007年11月,法国政府、版权产业和 ISP 经过磋商签订了 Elysie 协议,由法国政府进行反盗版立法实行三振出局,后法国政府提交了 HADOPI 法案(A Law Promoting the Distribution and Protection of Creative Works on the Internet /Creation and Internet Act)。该法案于2009年5月12日获得国民议会通过,次日获得参议院通过。但是,2009年6月10日宪法委员会宣布该法案无效,因为宪法规定公民享有通信和表达自由的基本人权,以及无罪推定;因此,法律制裁只能通过司法程序来施加。后该法案经过修改,于2009年10月22日获得宪法委员会的批准,并于2010年1月1日起开始实施。❶

根据 HADOPI 法案,成立了名为 HADOPI 的监督管理机关,取代了之前的 ARMT,法律授权其负责查找互联网环境下的版权侵权活动,并监督 ISP 对三振出局的执行情况。三振出局按照如下方式运作:首先,知道权利受到侵犯的权利人通知 HADOPI,并向 HADOPI 提供侵权使用者的 IP 地址和侵权活动的细节情况,包括受侵犯的版权作品。接着,HADOPI 通知使用者的 ISP。ISP 通过 E-mail 向侵权使用者发出第一次通知,建议使用者停止非法活动,表明受诉侵权活动的具体时间和日期。如果第一次通知后,HADOPI 在6个月内再次收到针对同一 IP 地址侵权的通知,HADOPI 将再次向 ISP 发出通知,ISP 将向使用者发出第二次通知,这次采用平信方式,表明第二次侵权。如果在第二次通知后的1年内,针对同一 IP 地址进行了

---

❶ Eldar Haber, "The French Revolution 2.0:Copyright and the Three Strikes Policy", 2 Harv. J. Sports & Ent. L. 297, 2011.

第三次通知，主管机关将在一个特殊的司法程序中指控该使用者，这个司法程序由法官独任。法官有权判处使用者罚金，并终止网络接入服务2个月到1年。❶

（2）韩国

为了符合国际标准的要求，韩国著作权法已经进行了数次修改，最近的一次在2009年，旨在将计算机保护法案（Computer Protection Act）的内容整合进著作权法。根据新法规定，文化、体育和旅游部（Minister of Culture, Sports and Tourism/ MCST）有权：（1）命令在线服务提供商（online service providers /OSP）删除非法复制品；（2）命令OSP中断传输非法复制品；（3）命令OSP向侵权者发出警告通知；（4）命令OSP暂停侵权者的账户；（5）命令OSP暂停在线公告牌服务；以及（6）授权韩国著作权委员会（the Korea Copyright Commission /KCC）发布整改建议。❷

三振出局制度主要用于暂停侵权者账户的命令。即如果侵权者已经收到3次警告通知，MCST可以发布最高6个月的暂停账户命令，但不适用于E-mail服务。发布命令前，MCST需与KCC事先协商，而且必须给予OSP和用户陈述的机会。OSP必须在收到命令后10日内采取行动，并向MCST报告结果。当账户被暂停时，OSP必须在执行前7日内通知侵权者账户将要被暂停，并提供时间保存相关材料。如果OSP没有执行命令或者没有通知侵权者账户将被暂停，则将会被罚以最高10000000韩元（约9000美元）的罚金。❸

从三振出局制度的内容来看，法国和韩国有共同点也有不同点。从相同点方面看，两国都通过专门的行政机关负责监督互联网环境下的版权侵权活动，因此，ISP/OSP并不承担主动监督侵权的义务，而且"出局"也

---

❶ Eldar Haber, "The French Revolution 2.0:Copyright and the Three Strikes Policy", 2 Harv. J. Sports & Ent. L. 297, 2011.

❷ SSun-Young Moon & Daeup Kim : "The 'Three Strikes' Policy in Korean Copyright Act 2009: Safe or Out?", 6 Wash. J. L. Tech. & Arts 171, 2010-2011.

❸ Sun-Young Moon & Daeup Kim : "The 'Three Strikes' Policy in Korean Copyright Act 2009: Safe or Out?", 6 Wash. J. L. Tech. & Arts 171, 2010-2011.

都是渐进而有期限的。而二者的不同点主要表现在两个方面，其一，"出局"措施不同。法国的出局措施是中断网络接入服务，而韩国的出局措施只是暂停违法者在 OSP 的账户，因此违法者仍可以通过在 OSP 注册其他的账户来从技术上进行规避。这意味着，法国的出局措施更加严厉，对于公民言论自由权利的影响也更大，而韩国的三振出局主要适用于信息平台而非所有的文件共享活动；其二，"出局"程序不同。基于出局措施的差异，法国在最后阶段引入了司法程序，而韩国则仍然运用行政程序。

（二）关于三振出局制度的探讨

尽管三振出局制度在一定程度上使权利持有者、网络服务提供商和广大使用者三者都受益，但是其合宪性一直是饱受争议的，并且导致相关法案几经波折才获通过，这主要表现在以下三个方面：

一是在言论自由权方面。公民的言论自由是民主政治制度的基石，法国1789年《人权宣言》明确宣称："自由交流思想和意见是人最宝贵的权利之一，每个公民都有权自由发表言论、写作和出版，除非这种自由被滥用而为法律所禁止。"在数字网络时代，互联网提供了极为广泛的言论自由行使空间和便利的行使方式。法国宪法委员会指出，鉴于当今通信手段的现状，既有的公共在线通信服务的广泛发展及其对民主参与思想表达自由的重要性，其权利本身即暗含着自由地获得此种服务（网络通信服务）。❶因此，中断网络接入服务的措施将会妨碍公民言论自由权的行使。

二是在三权分立原则方面。"三权分立"理论的思想可以追溯到古罗马时代。柏拉图在《法律篇》中就提出了由37人组成最高委员会的行政机关，同时在四个不同等级的公民阶层中选90人组成立法机构。后亚里士多德在其著作《政治学》一书中最早提出分权思想，即将政府的机能分为立法机能、行政机能和审判机能三个要素。"三权分立"理论的集大成者是法国思想家孟德斯鸠，他主张立法权代表国家意志，应由人民集体享有，人民通过代表制定法律，同时将立法机关分为贵族院和众议院，使贵族和

---

❶ 宋廷徽："'三振出局'法案全球化路径之探讨"，《知识产权》2010年第3期。

平民可以相互制约、自我保护；行政权由君主掌控，有权制止立法机关的越权行为，通过"反对权"参加立法，但是不参与立法事项的讨论；法院专掌司法权，由人民阶层选举产生，法官按照法律的规定行使权力。通过如此分配，使三种权力和三个机关互相制约、互相均衡，从而保障政治自由。❶因此，对于违法事件的裁决以及对公民基本权利的限制和剥夺应当是司法的职能，在三振出局制度中，将判断版权侵权是否存在，以及将实施中断网络服务措施或发布整改命令的权力授予行政机关而非司法机关，这种安排是否违反了三权分立原则，不无疑问。

三是在正当程序原则方面。正当程序（Due Process）或正当法律程序（Due Process of Law）作为宪法的一项基本原则，肇始于英国的自由大宪章，完善于美国宪法第5条和第14条修正案。正当程序原则包括程序性正当程序和实质性正当程序。❷程序性正当程序是指："要求一切权力的行使在剥夺私人的生命、自由或财产时，必须听取当事人的意见，当事人具有要求听证的权利。"❸实质性正当程序是指："要求国会所制定的法律，必须符合公平与正义。如果国会所制定的法律剥夺了个人的生命、自由或财产，不符合公平与正义的标准时，法院将宣告这个法律无效。"❹目前，正当程序作为宪法的一项基本原则，已广为世界宪法采纳。《公民权利和政治权利公约》等也做了相应的规定。但是，各国关于正当程序的确认和适用，在方式和方法上不尽相同，除美国之外，其他国家均只是采纳了程序性正当程序的理念和制度。❺因此，能否保障当事人在三振出局制度中充分享有知情、听证和申辩等权利，将决定该制度是否符合正当程序原则的要求。

从法国和韩国的立法过程来看，法案在通过前都在合宪性方面进行了修改和完善。如法国在采取断网措施阶段引入了特殊司法程序，由法官来

---

❶ 刘晔："论'三权分立'中司法权与行政权的关系"，《法制与社会》2009年第1期。
❷ 1856年美国纽约州法院对"怀尼哈默案"的判决，标志着正当程序原则由单纯的程序性原则转化为既包括程序限制也包括实质限制的原则。
❸ 王名扬：《美国行政法》（上），中国法制出版社1995年版，第383页。
❹ 王名扬：《美国行政法》（上），中国法制出版社1995年版，第383页。
❺ 汪进元："论宪法的正当程序原则"，《法学研究》2001年第2期。

裁判对于公民权利的剥夺。而韩国仅采取了封号措施，以减少对公民言论自由权的冲击，以及给当事人提供陈述的机会，以满足正当程序的要求。尽管两国法案都已实施，但仍有质疑。如在法国，断网争端由法官独任采取简易程序处理，在这种简易诉讼中不包括对抗辩论或公众听证，并且没有任何事前的司法调查就做出了裁定。由于法案规定如果互联网用户没有使他的链接处于安全状态，一旦他人利用互联网用户的链接来交换享有版权的资料，也会被处罚。鉴于行政机关是对涉及知识产权的以点对点方式进行网络传输的 IP 地址进行收集，而法官在此基础上做出裁决。但是由于用于 IP 地址欺诈软件的流传，事实上通过 IP 地址确认侵权用户的方法，错谬性很高，这些都会给当事人带来沉重的诉讼负担。❶因此，三振出局制度的改革和完善仍在继续。

（三）对我国相关立法的启示

我国也面临着互联网文件共享引发的著作权侵权实际问题，并且正在尝试多种途径解决这些问题，但是否要通过立法引入三振出局制度，仍需谨慎考量，以下两方面因素值得关注：

一是著作权国际保护的立法动态。著作权的国际保护是指参加了著作权国际公约或者缔结了著作权多边条约的国家，通过立法等国家行为来履行本国参加或者缔结的国际条约的义务，使本国的法律与所参加或者缔结的国际条约保持一致，或者不存在冲突。国际条约的内容大体分为实体部分和行政部分，实体部分又分为"最低要求条款"和"可选择条款"，行政部分是参加国或者缔结国必须承认的。实体部分只有"最低要求条款"才是著作权保护的国际标准，也是各个参加国或者缔结国对著作权保护必须达到的标准。在司法实践中，遇到国际法有规定而国内法无规定，或者国内法与国际法的规定冲突时，大陆法系国家一般适用国际法优先于国内法的基本原则。❷因此，著作权国际保护的立法动态将会影响参加国或缔

---

❶ 宋廷徽："'三振出局'法案全球化路径之探讨"，《知识产权》2010年第3期。
❷ 徐家力主编：《知识产权律师实务》，人民法院出版社2006年版，第26页。

第六章 我国网络著作权侵权 责任制度的完善

结国是否有义务引入三振出局制度。

二是我国法律体系的协调性问题。在这方面，法国、韩国等国家和地区的立法经验和教训值得借鉴。我国宪法规定了公民享有言论的自由，❶规定了国家机关的职责分工，❷也规定了正当程序。❸因此，如果引入三振出局制度，首先需要符合宪法的相关规定。另外，我国《信息网络传播权保护条例》针对"提供信息存储空间"或者"提供搜索、链接服务"的网络服务提供者规定了"通知—删除"的简易程序，以及针对网络服务提供商的免责，引入三振出局制度将涉及与现有机制的协调问题。此外，还涉及网络监视、隐私权、创作者权利保护等法律问题。正如学者所言，引入该制度关涉网络环境下新的权利利益平衡机制的建立，必将引起更为激烈的斗争，而这已不局限于法律，更关乎法律中的政治。❹

因此，尽管已有许多国家和地区通过修改立法规定了三振出局制度，并且有越来越多的国家和地区开始考虑进行相关立法，但是应用该制度的实例仍不多见，尚无法评判在消除互联网上非法文件共享方面，三振出局制度的全球化是否会成功。因此，在不承担国际条约的相关义务的情况下，我国尚不宜仓促立法，有待谨慎观察。

五、孤儿作品的使用规则

我国现行《著作权法》没有对孤儿作品的使用规则做出特殊规定，因此对于孤儿作品的使用仍应遵循"先许可、再使用"的一般规则来进行。这样使用者就会面临两难境地：其一，使用者未经许可使用了孤儿作品，将可能构成侵犯著作权，但是由于现实中作者身份不明或者联系不到作者，而使得使用者的侵权责任无法得到实际追究，但是其行为的违法性质是确定的，侵权风险是客观存在的；其二，使用者因避免侵权风险而不使用孤

---

❶ 《中华人民共和国宪法》第35条。
❷ 《中华人民共和国宪法》第3条、第135条。
❸ 《中华人民共和国宪法》第37条。
❹ 宋廷徽："'三振出局'法案全球化路径之探讨"，《知识产权》2010年第3期。

儿作品，将会导致孤儿作品大量"沉没"，尤其是在公共文化的数字化传播方面，既不利于文化、艺术及科学思想的传播和发展，也不利于作品与权利人重新建立联系，以及权利人从作品的利用中获得收益。为此，我国《著作权法》（修订草案送审稿）增设了孤儿作品的使用规则，第五十一条规定："著作权保护期未届满的已发表作品，使用者尽力查找其权利人无果，符合下列条件之一的，可以在向国务院著作权行政管理部门指定的机构申请并提存使用费后以数字化形式使用：（一）著作权人身份不明的；（二）著作权人身份确定但无法联系的。前款具体实施办法，由国务院著作权行政管理部门另行规定。"在此基础上进行分析可知：

第一，关于孤儿作品的利用，世界范围内主要存在以美国为代表的责任限制模式、以欧盟为代表的法定许可模式以及以加拿大、日本、韩国为代表的强制许可模式。我国《著作权法》（修订草案送审稿）主要借鉴了强制许可模式，由使用者向专门机构提出使用申请，在申请获得批准并提存使用费用后，可使用"孤儿作品"。但是由于该许可来自于法律上的强制而非著作权人的意愿，使用费来自于行政定价而非市场定价，因此对著作权人而言可能会受到一定程度的不利影响。因此对于该许可的设定立法应持审慎态度。

第二，强制许可模式仍然遵循了"先许可、后使用"的原则，只是许可来自法定专门机构的批准。与美国的责任限制模式相比，该模式更加体现了以保障著作权人权益为出发点和中心的思想。

第三，强制许可模式的优势在于孤儿作品利用的法律后果预期明确，可以避免使用者被追诉侵权的风险。其缺点在于其运作成本较高，强制许可要求使用者逐一提出申请，严重降低了孤儿作品的使用效率。同时，随着孤儿作品数字化需求数量的激增，审核机构还要花费大量的时间和人力逐案审查，不仅增加了各方的成本，同时也滞后了时间。❶ 因此，这种模

---

❶ 王从奎、王本欣："孤儿作品版权信息与登记系统的构建——欧洲 ARROW 项目的实践与启示"，《新世纪图书馆》2015年第9期。

式对行政程序的效率性以及版权信息基础设施的要求比较高。

第四，尽管《著作权法》（修订草案送审稿）明确了基本的使用制度，但是对其中所涉及的关键性实体和程序问题并未进行明确和具体规范，在实施办法出台前，该条规定难以获得有效实施。《实施办法》应对以下内容做出具体规范：尽力调查义务的评判标准；合理使用费的确定；许可申请、审批、使用费提存、提存费转付等流程及期限；孤儿作品版权信息登记与授权系统等。

参考文献

一、中文书籍

[1] [美]保罗·戈斯汀.著作权之道——从古登堡到数字点播机[M].金海军译.北京：北京大学出版社，2008：22.

[2] 郑成思：版权法[M].修订本.北京：中国人民大学出版社，1997：2.

[3] 张今.版权法中私人复制问题研究——从印刷机到互联网[M].北京：中国政法大学出版社，2009.

[4] [美]Paul Goldstein著.捍卫著作权——从印刷术到数位时代的著作权法[M].叶茂林译.台北：台湾五南图书出版有限公司，2000.

[5] 王迁.著作权法[M].北京：中国人民大学出版社，2015.

[6] 马骏，等.中国的互联网治理[M].北京：中国发展出版社，2011.

[7] 张建华，等.信息网络传播权保护条例释义[M].北京：中国法制出版社，2006.

[8] 孔祥俊.网络著作权保护法律理念与裁判方法[M].北京：中国法制出版社，2015.

[9] 李明德，许超.著作权法[M].北京：法律出版社，2009.

[10] 吴汉东.知识产权法[M].北京：法律出版社，2003.

[11] 最高人民法院侵权责任法研究小组.《中华人民共和国侵权责任法》条文理解与适用[M].北京：人民法院出版社，2016.

[12] 吴汉东.著作权合理使用制度研究[M].北京：中国政法大学出版社，1996.

[13] 联合国教科文组织.版权法导论[M].北京：知识产权出版社，2009.

[14] 王泽鉴.侵权行为.北京：北京大学出版社，2009.

[15] 王泽鉴.民法学说与判例研究[M].第一册.北京：北京大学出版社，2009.

[16] 史尚宽.债法总论[M].北京：中国政法大学出版社，2000.

[17] 曾世雄.损害赔偿法原理[M].北京：中国政法大学出版社，2001.

[18] 张新宝.侵权责任法原理[M].北京：中国人民大学出版社，2005.

[19] 郑成思.知识产权论[M].北京：法律出版社，1998.

[20] 丛立先.网络版权问题研究[M].湖北：武汉大学出版社，2007.

[21] 王迁.网络版权法[M].北京：中国人民大学出版社，2008.

[22] 汤宗舜.知识产权的国际保护[M].北京：人民法院出版社，1999.

[23] 孟祥娟.版权侵权认定[M].北京：法律出版社，2001.

[24] [德]约格·莱茵波特，西尔克·冯·莱温斯基.WIPO因特网条约评注[M].万勇译.北京：中国人民大学出版社，2008.

[25] 罗瑶.法国民法外观理论研究[M].北京：法律出版社，2011.

[26] [日]中山信弘.多媒体与著作权[M].北京：专利文献出版社，1997.

[27] 王云斌.互联网法[M].北京：经济管理出版社，2001.

[28] 徐家力.知识产权在网络及电子商务中的保护[M].北京：人民法院出版社，2006.

[29] 杨小兰.网络著作权研究[M].北京：知识产权出版社，2012.

[30] [美]马克·A.莱姆利.软件与互联网法[M].张韬略译.北京：商务印书馆，2014.

[31] 谢铭洋.智慧财产权入门[M].济南：元照出版社，2008.

[32] [美]朱莉·E.科恩.全球信息化经济中的著作权法[M].北京：中信出版社，2003.

[33] [匈]米哈依·菲彻尔.版权法与因特网[M].郭寿康译.北京：中国大百科全书出版社，2009.

[34] 徐爱国.英美侵权行为法[M].北京：法律出版社，1999．

[35] [德]克雷斯蒂安、冯·巴尔著.张新宝译.欧洲比较侵权行为法[M].北京：法律出版社，2002.

[36] 宋海燕.中国版权新问题——网络侵权责任、Google图书馆案、比赛转播权[M].北京：商务印书馆，2012.

[37] 全国人大常委会法制工作委员会民法室.侵权责任法立法背景与观点全集[M].北京：法律出版社，2010.

[38] 王家福.民法债权[M].北京：法律出版社，1991.

[39] 王卫国.过错责任原则：第三次勃兴[M].北京：中国法制出版社，2002.

[40] 张新宝.侵权责任构成要件研究[M].北京：法律出版社，2009.

[41] 王利明.中华人民共和国侵权责任法解读[M].北京：中国法制出版社,2010.

[42] 王迁,王凌红.知识产权间接侵权研究[M].北京：中国人民大学出版社,2008.

[43] 陈怡,袁雪石.网络侵权与新闻侵权[M].北京：中国法制出版社,2010.

[44] 冯晓青,胡梦云.动态平衡中的著作权法——"私人复制"及其著作权问题研究[M].北京：中国政法大学出版社,2011.

[45] 日本知识产权法[M].杨利义译.北京：北京大学出版社,2014.

[46] 肖燕.网络环境下的著作权与数字图书馆[M].北京：北京图书馆出版社,2002.

[47] [美]布鲁克斯尔著.Java P2P程序设计[M].常晓波、李静译.北京：中国电力出版社,2003.

[48] 胡康生.中华人民共和国著作权法释义[M].北京：法律出版社,2002.

[49] 崔国斌.著作权法[M].北京：北京大学出版社,2014.

[50] 曾世雄.损害赔偿法原理[M].北京：中国政法大学出版社,2001.

[51] 王名扬.美国行政法[M].北京：中国法制出版社,1995.

[52] 米哈依·菲彻尔.二十一世纪来临之际的版权与相关权[M]//郑成思.知识产权研究（第七卷）.北京：中国方正出版社,1995.

[53] 范思泓.欧盟与美国法律中的互联网服务商版权侵权责任[M]//范思泓,丛林.我们眼中的欧洲法律——中欧法律和司法合作项目学术论文精选.北京：中国法制出版社,2005.

[54] 薛虹.再论网络服务提供者的版权侵权责任[M]//知识产权文丛第四卷.北京：中国政法大学出版社,2000.

二、中文论文

[1] 刘波林译.安妮法[J].中国版权,2005（2）.

[2] 郭寿康,万勇.信息网络传播权保护条例评介[J].电子知识产权,2006（10）.

[3] 尚志龙,陈敏建.网络著作权侵权问题探析[J].中国海洋大学学报(社会科学版),2003（5）.

[4] 蒋志培.论网络传输权设立[J].科技与法律,1999（3）.

[5] 冯晓青,杨利华.试论信息技术挑战下中国现行著作权法的修改与完善[J].知识产权,1998（4）.

[6] 刘福东.试论作品在互联网上向公众传播行为的法律性质[J].知识产权,1998（4）.

[7] 蒋志培，张辉.依法加强对网络环境下著作权的司法保护——谈最高人民法院网络著作权案件适用法律的司法解释［J］.人民司法，2001（2）.

[8] 蒋志培.最高人民法院对网络环境下著作权的司法保护——如何理解和适用最高人民法院关于网络著作权纠纷案件的司法解释[C].曹建明.知识产权审判指导，2004（1）.

[9] 左婕.论网络著作权侵权责任的归责原则［D］.咸宁学院学报，2004（5）.

[10] 郭花.网络著作权侵权归责原则研究[J].湖南师范大学硕士学位论文，2005.

[11] 吴汉东.知识产权保护论[J].法学研究，2000（1）.

[12] 蒋志培.TRIPS协定的知识产权侵权赔偿的归责原则和赔偿原则[J].法律适用，2000（10）.

[13] 王迁.网络环境下版权直接侵权的认定[J].东方法学，2009（2）.

[14] 刘家瑞.为何历史选择了服务器标准——兼论聚合链接的归责原则[J].知识产权，2017（2）.

[15] 芮松艳.深层链接行为直接侵权的认定——以用户标准为原则，以技术标准为例外[J].中国专利与商标，2009（4）.

[16] 孔祥俊.论信息网络传播行为[J].人民司法，2012（7）.

[17] 应明.作品数字化转换的著作权法律性质[J].著作权法，1997（2）.

[18] 寿步.中国计算机软件著作权保护的回顾与展望[J].暨南学报（哲学社会科学版），2010（6）.

[19] 张吉豫.计算机软件著作权保护对象范围研究——对美国相关司法探索历程的分析与借鉴[J].法律科学，2013（5）.

[20] 冯珏.论侵权法中的抗辩事由[J].西北政法大学学报，2011（4）.

[21] 董永飞，马海群.谷歌数字图书馆计划发展历程与版权问题分析[J].情报资料工作，2010（4）.

[22] 冯晓青.著作权法之激励理论研究——以经济学、社会福利理论与后现代主义为视角[J].法律科学，2006（6）.

[23] 吴汉东.论网络服务提供者著作权侵权责任[J].中国法学，2011（2）.

[24] 刘家瑞.版权法上的转承责任研究[J].知识产权，2011（3）.

[25] 李扬.日本著作权间接侵害的典型案例、学说及其评析[J].法学家，2010（6）.

[26] 魏振瀛，王小能.论民事责任条件中的过错[J].中国法学，1985（5）.

[27] 陈锦川.网络服务提供者过错认定的研究[J].知识产权,2011（2）.

[28] 薛虹.在线服务提供者在版权法中的地位和责任[J].电子知识产权,1997（4）.

[29] 陈锦川.关于网络服务中"避风港"性质的探讨[J].法律适用,2012（9）.

[30] 王迁.《信息网络传播权保护条例》中"避风港"规则的效力[J].法学,2010（6）.

[31] 陈锦川.网络环境下著作权审判实务中的几个问题[J].法律适用,2009（12）.

[32] 罗胜华.网络临时复制问题法律研究[J].知识产权,2004（4）.

[33] 赵双阁,艾岚.流媒体技术对我国广播组织权制度的挑战[J].当代传播,2017(5).

[34] 王迁.我国著作权法中"广播权"与"信息网络传播权"的重构[J].重庆工学院学报,2008（9）.

[35] 王志刚.新媒体传播中的链接侵权及其规制[J].中州学刊,2014（11）.

[36] 王迁."索尼案"二十年祭——回顾、反思与启示[J].知识产权研究,2004(4).

[37] 宋廷徽."三振出局"法案全球化路径之探讨[J].知识产权,2010(3).

[38] 刘晔.论"三权分立"中司法权与行政权的关系[J].法制与社会,2009(1).

[39] 汪进元.论宪法的正当程序原则[J].法学研究,2001(2).

三、中文报纸

[1] 金海军.解析"中国WTO知识产权争端第一案"专家组报告[N].法制日报,2009-02-26.

[2] 张先明.加强网络环境下著作权保护 促进信息网络产业健康发展——最高人民法院知识产权庭负责人答记者问[N].人民法院报,2012-12-27.

[3] 王迁.认定信息网络传播行为应采用"服务器标准"[N].检察日报,2017-07-02(3).

[4] 姜旭.龙源期刊网版权纠纷案引发业界讨论[N].知识产权报,2010-07-02（9）.

[5] 牟春华.下载：BT 骡驴时代[N].中国计算机报,2006-12-06.

四、中文网站

[1] 网络著作权,如何寻求司法保护[DB/OL].光明日报.http://www.sipo.gov.cn/sipo2008/mtjj/2010/201002/t20100209_494273.html,2011-03-18。

[2] 蔡赴朝.发展现代传播体系 提高社会主义先进文化辐射力和影响力[DB/OL]. http://www.sarft.gov.cn/articles/2011/11/07/20111107103457360412. html,2012-03-14。

[3] 中国网络电视台简介[DB/OL].http://www.cntv.cn/cntv/01/index. shtml,2012-03-14。

五、外文文献

[1] Oliver Wendell Holmes Jr., The Path of Law [J], Harvard Law Review, 1897.

[2] Douglas Lichtman, William Landes, Indirect Liability for Copyright Infringement: An Economic Perspective [J], Harvard Journal of Law and Technology, Spring, 2003.

[3] Eldar Haber, The French Revolution 2.0:Copyright and the Three Strikes Policy [J], 2 Harv. J. Sports & Ent. L., 2011.

[4] Sun-Young Moon & Daeup Kim, The "three strikes" policy in Korean Copyright Act 2009: safe or out?[J], 6 Wash. J. L. Tech. & Arts, 2010-2011.

[5] Senate Report on the Digital Millennium Copyright Act of 1998[R].

[6] House Judiciary Comm. Hearing on WIPO Treaty & Online Copyright Legislation[R]. September, 1997.

[7] Information Infrastructure Task Force, Intellectual property and the National information Infrastructure[R].The Report of the Working Group on Intellectual Property Right, 1995.

[8] Peter S. Menell & David Nimmer, "Unwinding Sony", UC Berkeley Public Law Research[EB/OL].http:// www.ssrn.com.

[9] Alfred C. Yen, "Sony Tort Doctrines, and the Peer-to-Peer" [EB/OL]. http:// www.ssrn.com.